나사렛 여인,
마리아

신학을 전공한 정신과 의사의
성경 인물 이야기, 두 번째

나사렛 여인,
마리아

지은이 | 최관호
표지디자인 | 한영애
펴낸이 | 원성삼
펴낸곳 | 예영커뮤니케이션
초판 1쇄 발행 | 2022년 11월 22일
등록일 | 1992년 3월 1일 제2-1349호
주소 | 03128 서울시 종로구 대학로3길 29, 313호 (연지동, 한국교회100주년기념관)
전화 | (02) 766-8931
팩스 | (02) 766-8934
이메일 | jeyoung@chol.com
ISBN 979-11-89887-59-9　(03230)

값 16,000원

모든 인간은 하나님의 형상을 닮은 존귀한 존재입니다. 사람은 인종, 민족, 피부색,
문화, 언어에 관계없이 모두 다 존귀합니다. 예영커뮤니케이션은 이러한 정신에 근
거해 모든 인간이 존귀한 삶을 사는 데 필요한 지식과 문화를 예수 그리스도의 사랑으로 보급
함으로써 우리가 속한 사회에 기여하고자 합니다.

신학을 전공한 정신과 의사의
성경 인물 이야기, 두 번째

나사렛 여인,
마리아

최관호 지음

예영

Mary

이제 후로는 만세에 나를 복이 있다 일컬으리로다

나도 한때는 그이의 손을 잡고

내가 온 세상 주인공이 된 듯

꽃송이의 꽃잎 하나하나까지

모두 날 위해 피어났지

이 시대의 '아티스트(Artist)'[1] 아이유(IU)의 자작곡 '드라마(Drama)'의 첫 도입부 가사다. 이제는 여러 아이의 엄마가 되어 일상의 노곤함에 찌든 여성이 처녀 시절 찬란했던 시간을 회상하며 듣기에 적당한 노래라는 생각을 했다.

다시 누군가 사랑할 수 있을까

예쁘다는 말 들을 수 있을까

---

1 예술가(藝術家)

하루 단 하루만 기회가 온다면

죽을힘을 다해 빛나리

1절 가사의 마무리는 이렇게 끝이 난다. 어쩌면 여자로 태어나 평범한 일상 가운데 꿈꾸게 되는 아름다움이 이게 아닐까 싶다. 대중문화계에서 주목받는 아티스트들은 사람들의 마음 한가운데 심겨 있는 꿈과 희망을 읽어내어, 그 꿈과 희망을 세상을 향하여 대신 이야기해주는 데 천재적인 감각이 있는 것 같다.

천사 가브리엘로부터 수태고지(受胎告知)를 받던 시절, 마리아의 마음 한가운데 가득했던 꿈과 희망 또한 아이유(IU)가 불렀던 노래 가사와 다르지 않았을 것이다. 어쩌면 요셉과 정혼(定婚)한 뒤, 요셉이 그녀를 위해 만드는 집이 완성되어가던 모습을 보던 때였을 것이다. 목수였던 요셉이 만드는 신혼집은 마리아의 눈에는 '그녀의 온 세상'이었을 것이다. 경제적인 사정으로 집을 구성하는 재료가 빈약하다고 한들 문제가 되지 않았을 것이다. 조그맣지만 요셉의 사랑이 가득 담긴 그 집이 형체를 갖추어갈수록 마리아는 온 세상의 주인공이 된 듯한 느낌을 받았을 것이다. 집 주변에 핀 작은 들꽃 하나, 이름 없는 들풀 하나하나까지 모두 마리아를 위해 피어나는 것처럼 느껴지던 시절이었다.

그러던 시절에 느닷없이 받은 수태고지였다. "주의 여종이오니 말씀대로

내게 이루어지이다."[2] 마리아의 이 고백은 요셉이 모르는 아이가 그녀의 태
중에 자라기 시작하는 것을 받아들이겠다는 이야기였다. 천사 가브리엘이
떠나간 뒤, 아이유(IU)의 노래 가사처럼 마리아의 마음속에는 어쩌면 이 질
문이 떠올랐을지 모른다. '다시 누군가 사랑할 수 있을까? 예쁘다는 말 들을
수 있을까? 요셉, 그의 따뜻한 눈빛을 다시 받을 수 있을까?'

"하루 단 하루만 기회가 온다면, 죽을힘을 다해 빛나리."
아이유(IU)가 노래했던 것처럼, 이 가사는 시대를 초월하여 모든 여성의
아련한 꿈과 희망일 것이다.

천사 가브리엘의 수태고지에 "주의 여종이오니 말씀대로 내게 이루어지
이다."라고 화답했을 때, 마리아 그녀가 그녀의 마음속에서 접은 꿈과 희망
은 무엇이었을까? 사랑하는 이와 약혼한 뒤, 그녀의 세상이 이제 막 그녀
의 눈앞에 모습을 드러내던 때였다. 그녀를 위해 꽃잎 하나하나까지 피어났
던 꽃이 뿌리까지 뽑히는 아픔을 기꺼이 감수하기로 한 고백이었다. 아이유
(IU)는 가사 가운데 "하루 단 하루만 기회가 온다면"이라고 그녀의 희망을
노래했지만, 천사의 수태고지에 화답한 마리아의 고백은 현실적으로 그 단
하루의 희망마저 포기하게 만드는 선언이었다. 그리고 이 고백으로부터 시
작된 '하나님과의 동행' 가운데 마리아는 '하나님의 사람'으로 성장하기 시작

---

2 "마리아가 이르되 주의 여종이오니 말씀대로 내게 이루어지이다 하매 천사가 떠나가니라"(누
가복음 1:38).

했다. 그렇게 모든 것을 포기한 뒤 시작된 '하나님과의 동행' 가운데 마리아는 비로소 '구세주의 어머니'로 만들어져 갔다.

그리고 우리는 모두 마리아의 결국을 알고 있다. '하나님의 은혜를 받은 마리아'[3]는 예수님 이후 오고 가는 모든 여성 가운데 '가장 빛나는 존재'[4]가 되었다. 이 모든 것은 하나님의 은혜로 이루어진 일이었다.

이 책은 마리아에게 제자리를 찾아주는 여정(旅程)을 다루게 될 것이다.[5] 앞서 펴낸 『하나님을 위한 변명』[6] 이후, 두 번째 성경인물 설교집으로 『나사렛 여인, 마리아』가 쓰이게 된 배경은 이러하다. 먼저 『하나님을 위한 변명』 독자로부터 '밧세바'에 대한 '성경인물 설교'를 해달라는 요청이 있었다. 2년간의 안식년이 끝난 상황, 새 학기에 한국누가회(CMF)[7] 캠퍼스에서 설교할 요량으로 '밧세바'에 대한 성경인물 설교문을 써 내려가기 시작했다. 그러다

---

3 "[26]여섯째 달에 천사 가브리엘이 하나님의 보내심을 받아 갈릴리 나사렛이란 동네에 가서 [27]다윗의 자손 요셉이라 하는 사람과 약혼한 처녀에게 이르니 그 처녀의 이름은 마리아라 [28]그에게 들어가 이르되 **은혜를 받은 자여 평안할지어다** 주께서 너와 함께 하시도다 하니"(누가복음 1:26-28).

4 "[46]마리아가 이르되 내 영혼이 주를 찬양하며 [47]내 마음이 하나님 내 구주를 기뻐하였음은 [48]그의 여종의 비천함을 돌보셨음이라 보라 이제 **후로는 만세에 나를 복이 있다 일컬으리로다**"(누가복음 1:46-48).

5 로마 가톨릭의 주장처럼 '천상(天上)의 모후(母后), 성모(聖母) 마리아'도 아닌, 그렇다고 그 반작용으로 생긴 마리아에 대한 무관심도 아닌 '하나님의 사람'이자 우리 모두의 '신앙의 선배'로서의 제자리 말이다.

6 최관호, 『하나님을 위한 변명』, 예영커뮤니케이션, 2022.

7 한국누가회(CMF : Christian Medical Fellowship)는 의료사회에서 예수 그리스도의 주되심을 인정하는 의료인(의사, 치과의사, 한의사, 간호사)과 예비의료인(의대생, 치대생, 한의대생, 간호대생)으로 구성된 복음적인 초교파적 신앙 운동체다.

가 '아차' 하는 생각이 들었다. 2년 만에 만나는 캠퍼스였다. 게다가 코로나로 지난 2년간 거의 만나지 못했던 지체들과 거기에 더해 신입생들 앞에서 처음 하는 성경인물 설교가 "밧세바?", '이건 좀 아니지 않은가?'라는 생각이 들었다.

서둘러 다른 인물을 찾아보았다. 신약 성경을 읽기 시작했다. "예수 그리스도의 나심은 이러하니라 그의 어머니 마리아가 요셉과 약혼하고 동거하기 전에 성령으로 잉태된 것이 나타났더니"[8], "마리아?", 개학까지 시간이 얼마 남지 않은 상황, 선택의 여지가 없었다. 그 순간부터 마리아를 묵상하기 시작했다. 그렇게 시작된 마리아 인물 설교였다.

그리고 1학기 중반이 넘어 문득 궁금했다. 다른 설교자들은 마리아에 대해 어떻게 언급했을까? 인터넷 서점에 들어가 마리아를 검색해 보았다. 그리고 우리 한국 교회에서 출판된 마리아에 대한 책이 전무(全無)하다는 사실을 알게 되었다.[9] 순간, 설교문을 쓰는 내 어깨가 무거워지는 것을 느꼈다. '세상에 한 권도 없다니 ⋯.'

일면(一面) 이해되는 부분이 있기는 했다. 누구나 예상할 수 있듯이, 우리 한국 교회에서 마리아를 소홀히 다루게 된 배경에는 '천주교에서 마리아를 대하는 태도'가 중요한 몫을 차지했기 때문이다. '천상(天上)의 모후(母后), 성모(聖母) 마리아', 마리아에 대한 로마 가톨릭의 정식 입장이다. 물론 한국천주교는 "삼위일체 하나님께는 흠숭(欽崇)을 올려 드리는 반면, 성모 마리아

8　마태복음 1:18
9　내가 검색해 본 결과가 그러했다. 로마 가톨릭 측의 저자들은 몇 검색되었다.

에게는 공경을 올려 드린다.”라고 주장한다. 그들의 말로는 하나님과 마리아를 향한 신심(信心)이 서로 다르다고 주장한다. 하지만, 흠숭의 흠은 ‘공경할 흠(欽)’이다. 그리고 신심의 신은 ‘믿을 신(信)’이다.[10]

이러한 로마 가톨릭의 '마리아 우상화'에 대한 반작용으로 한국 교회는 '하나님의 은혜를 입은 여인 마리아'의 일생을 자세히 다루지 않았다. 앞에서도 언급했지만, 이러한 상황 가운데 이 책은 마리아에게 제자리를 찾아주는 의미 있는 여정이 될 것이다.

한국누가회(CMF) 캠퍼스에서 선포된 마리아의 인물 설교를 묶어 책으로 내기로 마음먹은 후, 책 제목을 생각할 때 고려했던 점이 바로 이 부분이다. 마리아에게 하나님의 사람으로서의 정당한 자리를 찾아주고 싶은 마음이 강렬했다. 참 신앙인으로서 마리아의 정당한 자리를 되찾아주고 싶었다. 이러한 맥락에서 나온 제목이 바로 “나사렛 여인, 마리아”다.

가장 흔하게 생각할 수 있는 제목은 “예수의 어머니, 마리아”[11]였다. 가장 무난한 제목이라고 생각했다. 마리아는 분명히 ‘예수님의 어머니’다. 우리

---

10 이 책은 ‘성경인물 설교집’이지 ‘교리(敎理) 책’이 아니다. 그러한 연유로 마리아의 일생을 다루는 중, 마리아의 인생(人生)을 해석하는 데 있어서 영향을 줄 수 있는 교리적 논쟁만을 각주로 다룰 것이다. 로마 가톨릭의 성모론(聖母論)에 대한 논쟁은 '칼빈'의 『기독교 강요』를 참조하기 바란다. 이 부분에 대해서 자세히 공부해 보고 싶은 독자에게는 『1559년 라틴어 최종판 직역 기독교 강요 1-4권 세트』(존 칼빈 저, 문병호 역, 생명의말씀사)와 『30주제로 풀어 쓴 기독교 강요』(문병호, 생명의말씀사) 그리고 『기독론』(문병호, 생명의말씀사)를 권한다. 참고로 이 책을 쓴 저자는 '총신대학교 신학대학원 문병호 교수님'으로부터 교리를 배웠다.

11 “사흘째 되던 날 갈릴리 가나에 혼례가 있어 **예수의 어머니도 거기 계시고**”(요한복음 2:1).

주 예수 그리스도의 성육신 이후 예수님의 '인성(人性)을 따라' 그러하다.[12]
그러나 마리아는 우리 주 예수 그리스도의 '신성(神性)을 따라'서도 예수님의
어머니는 아니다.[13] 마리아는 분명히 삼위일체 하나님의 '피조물(被造物)'이
다. 조금 전에도 언급했지만, 나는 마리아에게 하나님의 사람으로서의 정당
한 자리를 찾아주고 싶었다. 다만, 성경에 나오는 여러 마리아 중 누구를 가
리키는지를 위해 부제(副題)로 적당하다는 생각을 했다.

---

12 우리 주 예수 그리스도는 성육신(成肉身) 후, 우리와 동일본질(同一本質)이신 참 사람이 되셨
다. 즉 우리 주 예수 그리스도의 성육신 후 예수님에 대한 바른 신앙고백은 이러하다. "그분은
100% 참 하나님이신 동시에, 우리와 동일본질이신 100% 참 사람이시다. 그러므로 그분은 우
리를 위한 삼위일체 하나님이시다." 성자 하나님이신 예수님께서 사람이 되신 이유는 이러하
다. 태초 전에 삼위일체 하나님께서는 인류를 대속(代贖)의 방법으로 구원하시기로 결정하셨
다. 우리의 죄를 대신 갚는 방식으로 우리를 구원하시기로 결정하셨다. 그런데 사람의 값은 오
직 사람으로만 치를 수 있는 것이다. 즉 우리의 죗값을 대신 치르실 분은 사람이셔야 했다. 동
시에 우리의 죗값을 대신 치르시는 분은 죄가 없어야 했다. 죄가 있는 존재는 어떤 명분을 가
져온다고 해도, 다른 사람의 죗값을 치를 수는 없는 것이다. 그런데 죄가 없는 존재는 하나님
밖에 없지 않은가? 즉 인류의 죗값을 대신 치를 수 있는 존재는 사람인 동시에 하나님이셔야만
했다. 그러한 이유로 성자 하나님이신 우리 주 예수 그리스도는 사람이 되셨고, 마리아의 태에
서 성령으로 잉태되셨다. 이 진리는 이 책에서 의도적으로 반복 서술될 것이다. 그 과정을 통
하여 이 진리가 독자들에게 체화(體化)되기를 기도한다.
13 물론 성자 하나님이신 우리 주 예수 그리스도께서 성육신하신 이후, 예수님께서 인성을 따라
하신 일은 모두 예수님께서 하신 일이다. 예수님의 인성은 곧 예수님이시다. 또한 성육신하신
이후, 예수님께서 신성을 따라 하신 일은 모두 예수님께서 하신 일이다. 마찬가지로, 예수님의
신성은 곧 예수님이시다. 이와 같은 논리로 예수님의 '인성을 따라' 예수님의 어머니인 마리아
는 성자 하나님이신 예수님의 어머니가 맞다. 그러한 의미로 마리아를 '하나님의 어머니'라고
칭(稱)하는 것은 정당하다. 그러나 이 경우 로마 가톨릭처럼 마리아를 '하나님의 피조물'이 아
닌 '천상의 모후 성모 마리아'로 우상화할 위험이 존재한다. 즉 교리(敎理)는 건덕(建德)을 위해
서 가르쳐야 한다고 권면한 칼빈의 조언처럼 자세히 가르치지 않는 경우 오히려 부작용이 많
은 개념이 바로 '예수님의 어머니, 마리아'이다. 이 개념을 처음 접하는 독자들에게는 이 설명
이 쉽게 납득하기 어려울 수 있다. 이 부분에 대해 자세히 알고 싶은 독자들에게는 칼빈의 『기
독교 강요』를 권한다. 요약하면 이와 같다. 마리아는 우리 주 예수 그리스도의 '인성을 따라' 예
수님의 어머니가 맞다. '인성을 따라' 예수님께서 하신 모든 일은 예수님께서 하신 일이다. 그
러므로 마리아는 '성자 하나님이신 예수님의 어머니'다. 그러나 '신성을 따라서도' 성자 하나님
이신 예수님의 어머니는 아니다. 마리아는 '삼위일체 하나님의 피조물'이다. 이 개념 또한 이
책에서 의도적으로 반복 서술될 것이다.

두 번째로 생각한 제목은 "나사렛 처녀, 마리아"였다. 예수님의 '동정녀 탄생'을 강조한다는 점에 있어서 좋은 제목이라고 생각했다. 그러나 로마 가톨릭이 주장하는 마리아의 "평생 동정설" 교리 때문에 포기했다.[14] 이 또한 마리아에 대한 비성경적인 오해를 불러일으킬 가능성이 있다고 생각했다. 마리아는 예수님의 탄생까지 동정이었음이 분명하지만, 예수님 이후 많은 자녀를 낳았다. 마리아는 하나님께 은혜를 입은 여인이었다. 그런데 당시는 자녀가 없거나 적은 여인은 하나님께 징벌과 저주를 받았다고 여겨지던 시절이었다. 성경의 기록대로 마리아는 다산(多産)의 복을 누렸다.

하지만, "나사렛"이라는 지명(地名)이 자꾸 마음을 끌었다. "나사렛"이라는 지명에 내 마음이 그렇게 끌린 것은 예수님을 향하여 "나사렛 예수"라고 했던 이유일 것이다. 성육신의 순간부터 우리 주 예수 그리스도의 구원 사역에 처음부터 마지막까지 가장 가까운 거리에서 동행한 사람은 마리아 아니던가? 그렇다면, 마리아는 "나사렛 예수"의 가장 소중한 동역자로 불릴 자격이 있지 않은가? 그런 점에서, 하나님의 사람으로서 마리아에게 가장 정당한 자리는 "나사렛 여인"이지 않을까? 생각이 여기까지 미치자, 마치 이 말이 오랜 시간 입에 익숙했던 말처럼 들렸다.

---

14 로마 가톨릭에서 마리아를 우상화하기 위해 주장하는 '마리아 4대 교리'는 이와 같다. 첫 번째, 마리아는 '신성을 따라서도' 예수님의 어머니다. 두 번째, 마리아는 평생 동정으로 지냈다. ("성경에 나오는 예수님의 동생들은 친척 동생이다."라고 주장한다. 이 점에 대해서는 본문에서 자세히 설명했다.) 세 번째, 마리아는 원죄 없이 태어났다. 네 번째, 마리아는 죽음을 맛보지 않고 승천했다.

"나사렛 여인, 마리아!"

이 책은 예수님께서 이 땅에 오셨던 시절, 나사렛에서 이제 막 약혼자와의 아름다운 일상을 꿈꾸던 한 여인의 삶을 자세히 따라가 본 결과물이다. 성경을 묵상할수록, 나는 마리아의 고백처럼 그녀만큼 복된 인생이 없다는 생각을 했다. 이제, 그녀의 꿈과 희망 그리고 하나님께서 은혜로 이루어 주신 그녀의 복된 인생을 따라가 보자.

"이제 후로는 만세에 나를 복이 있다 일컬으리로다."[15]

---

15 "[46]마리아가 이르되 내 영혼이 주를 찬양하며 [47]내 마음이 하나님 내 구주를 기뻐하였음은 [48]그의 **여종의** 비천함을 돌보셨음이라 보라 **이제 후로는 만세에 나를 복이 있다 일컬으리로다**"(누가복음 1:46–48).

들어가는
이야기

엄마 아빠를 선택해서
태어난 아이

마리아 인물 설교는 필연적으로 로마 가톨릭이 마리아를 '천상의 모후, 성모 마리아'로 우상화하는 과정에서 세운 '마리아 4대 교리'와 부딪힐 수밖에 없다.[1]

이 주제에 대해 생각하다가, 문득 하나님의 입장이 궁금했다. 왜 하나님은 여자의 후손으로 오시기로 결정하셨을까?

내가 너로 여자와 원수가 되게 하고 네 후손도 여자의 후손과 원수가 되게 하리니 **여자의 후손은 네 머리를 상하게 할 것이요 너는 그의 발꿈치를 상하게 할 것이니라** 하시고(창세기 3:15)

---

1 로마 가톨릭이 주장하는 '마리아 4대 교리'에 대해서는 서문 각주에서 간략히 설명해 두었다.

전지전능(全知全能)하신 하나님께서는 훗날 타락한 많은 사람들이 마리아를 '신성(神性)을 따라서도 하나님의 어머니'라고 주장하며 하나님의 영광을 피조물인 그녀와 나누려는 시도를 알고 계셨다.[2] "그런데 왜?", 전지전능하신 분이시니 다른 방법을 선택하실 수도 있었을 텐데. … "굳이 왜?", 여자의 후손으로 오셔야만 했을까?

온 인류를 대속(代贖)의 방법으로 구원하시기로 결정하신 순간, 성자 하나님께서는 사람이 되셔야 했다. 사람만이 사람의 죄를 대신할 수 있기 때문이다. 하나님만이 죄가 없으신 존재이기 때문이다.[3] 대속의 방법으로 인류를 구원하시려면 죄 없는 사람이 죗값을 치러야 했다.[4] 그래서 우리 주 예수 그리스도께서는 사람이 되셨다. 그리고 사람이 되시기 위해 여자의 후손으로 태어나셨다. 동정녀(童貞女)의 태(胎)에서 잉태(孕胎)되어 영아(嬰兒)로 태어나신 '성자 하나님, 우리 주 예수 그리스도'.

피조물의 아들이 되신 하나님, 이 땅에 오셔서 당신이 지으신 피조물을 어머니로 순종하며 받드신 하나님.[5] "왜? 누구 때문에? 무엇을 위해서?"

---

2 "나는 나를 위하며 나를 위하여 이를 이룰 것이라 어찌 내 이름을 욕되게 하리요 내 영광을 다른 자에게 주지 아니하리라"(이사야 48:11).

3 "⁹그러면 어떠하냐 우리는 나으냐 결코 아니라 유대인이나 헬라인이나 다 죄 아래에 있다고 우리가 이미 선언하였느니라 ¹⁰기록된 바 의인은 없나니 하나도 없으며 ¹¹깨닫는 자도 없고 하나님을 찾는 자도 없고 ¹²다 치우쳐 함께 무익하게 되고 선을 행하는 자는 없나니 하나도 없도다"(로마서 3:9-12).

4 "하나님이 죄를 알지도 못하신 이를 우리를 대신하여 죄로 삼으신 것은 우리로 하여금 그 안에서 하나님의 의가 되게 하려 하심이라"(고린도후서 5:21).

5 "예수께서 함께 내려가사 나사렛에 이르러 순종하여 받드시더라 그 어머니는 이 모든 말을 마음에 두니라"(누가복음 2:51).

"바로 우리 때문에!", "우리의 구원을 위해서!"

우리를 위해서 피조물을 어머니로 순종하며 섬기신 성자 하나님의 마음을 묵상하며 아래 인용한 성경을 읽어보기 바란다. 초대교회 당시 우리의 신앙의 선배들이 예배 때마다 다 같이 소리 내어 암송했던 구절로 알려진 말씀이다.

> [5]너희 안에 이 마음을 품으라 곧 그리스도 예수의 마음이니 [6]그는 근본 하나님의 본체시나 하나님과 동등됨을 취할 것으로 여기지 아니하시고 [7]오히려 자기를 비워 종의 형체를 가지사 사람들과 같이 되셨고 [8]사람의 모양으로 나타나사 자기를 낮추시고 죽기까지 복종하셨으니 곧 십자가에 죽으심이라 [9]이러므로 하나님이 그를 지극히 높여 모든 이름 위에 뛰어난 이름을 주사 [10]하늘에 있는 자들과 땅에 있는 자들과 땅 아래에 있는 자들로 모든 무릎을 예수의 이름에 꿇게 하시고 [11]모든 입으로 예수 그리스도를 주라 시인하여 하나님 아버지께 영광을 돌리게 하셨느니라 (빌립보서 2:5-11)

우리 가운데 자신의 부모님을 선택해서 태어난 사람은 없다. 태어나 보니 정해져 있는 것이 엄마와 아빠다. 그래서 부모 자식 관계를 '천륜(天倫)'이라고 한다. 하나님께서 정해 주셨다는 뜻이다. 그런데, 사람으로 태어나신 분 가운데 유일하게 하나님 아버지의 뜻에 순종하여 당신의 엄마 아빠를 선택해서 태어나신 분이 계신다. 바로 사람이 되신 하나님, 우리 주 예수 그리스도시다.

> [11]오늘 다윗의 동네에 너희를 위하여 구주가 나셨으니 곧 그리스도 주시
> 니라 [12]너희가 가서 강보에 싸여 **구유에 뉘어 있는 아기**를 보리니 이것
> 이 너희에게 표적이니라 하더니(누가복음 2:11-12)

가난한 목수의 아들로 짐승의 먹이통에 태어나신 것은 다른 이의 선택이
아니라 오직 우리를 구원하시기 위한 하나님 당신의 선택에 의한 것이었다.
그리고 이러한 성자 하나님의 마음을 가장 가까이서 목격한 증인이 있었으
니, 그녀는 바로 '나사렛 여인, 마리아'였다.

> 빨리 가서 **마리아와 요셉과 구유에 누인 아기를 찾아서**(누가복음 2:16)

이토록 낮아지신 성자 하나님의 마음을 가장 가까이서 '어머니의 마음'으
로 느끼고 새겼던 여인이 바로 마리아다. 그런 그녀가 오늘날 로마 가톨릭
의 '마리아 4대 교리'를 볼 때 무슨 생각을 할까?

> 예수께서 함께 내려가사 나사렛에 이르러 순종하여 받드시더라 **그 어머**
> **니는 이 모든 말을 마음에 두니라**(누가복음 2:51)

천사 가브리엘의
첫 번째 수태고지

제사장 사가랴,
세례 요한의 아버지

³⁴마리아가 천사에게 말하되 **나는 남자를 알지 못하니 어찌 이 일이 있으리이까** ³⁵천사가 대답하여 이르되 성령이 네게 임하시고 지극히 높으신 이의 능력이 너를 덮으시리니 이러므로 나실 바 거룩한 이는 하나님의 아들이라 일컬어지리라 ³⁶보라 네 친족 엘리사벳도 늙어서 아들을 배었느니라 본래 임신하지 못한다고 알려진 이가 이미 여섯 달이 되었나니 ³⁷대저 하나님의 모든 말씀은 능하지 못하심이 없느니라 ³⁸마리아가 이르되 **주의 여종이오니 말씀대로 내게 이루어지이다** 하매 천사가 떠나가니라(누가복음1:34-38)

누가복음은 '세례 요한의 잉태(孕胎) 기사'에 이어지는 '우리 주 예수 그리스도의 수태고지(受胎告知)'로 복음(福音)의 문을 열어 보인다. 세례 요한의 잉태 기사는 요한의 부모에 대한 소개로 시작된다.

[5]유대 왕 헤롯 때에 아비야 반열에 **제사장 한 사람이 있었으니 이름은 사가랴요** 그의 아내는 아론의 자손이니 이름은 엘리사벳이라 [6]**이 두 사람이 하나님 앞에 의인이니 주의 모든 계명과 규례대로 흠이 없이 행하더라** [7]엘리사벳이 잉태를 못하므로 그들에게 자식이 없고 두 사람의 나이가 많더라(누가복음 1:5-7)

누가의 이러한 본문 배치는 대단히 의도적이다. '사가랴'의 이름 뜻은 '여호와께서 기억하고 계신다'이다. 여호와 하나님께서는, 인류 구원을 위해 '그 메시아'[1]를 보내시겠다는 구약성경에 기록된 약속을 기억하고 계셨다. 그리고 때[2]가 이르자, 마리아와 사가랴에게 천사 가브리엘을 보내 '여호와 하나님의 구원의 시작'을 알리신다.

---

1 "'메시아'는 '기름 부음을 받은 자'를 뜻한다"라는 이야기는 들어보았을 것이다. 구약성경에서 '메시아'는 하나님의 백성을 구원하기 위하여 '하나님으로부터 직분을 받은 존재'를 가리키는 호칭(呼稱)으로 사용되었다. 시대마다 하나님으로부터 이러한 직분을 받은 존재가 있었기에 메시아라는 명칭(名稱)은 고유명사가 아닌 보통명사였고, 이러한 보통명사로서의 '메시아'와 구별하기 위하여 우리 주 예수 그리스도를 호칭할 때는 유일한 존재를 의미하는 정관사 'The'에 해당하는 '그'를 붙여 '그 메시아'라고 구별해서 부른다.

2 '그리고 때가 이르자'에서 '때'는 '하나님의 때'를 의미한다. 교회에서 '카이로스'와 '크로노스'라는 시간 개념을 들어본 기억이 있을 것이다. 시간의 개념을 나타내는 헬라어에는 '카이로스'(Καιρός: Kairos)와 '크로노스'(Χρόνος: Chronos)'가 있다. 이 두 낱말은 혼용되는 경향이 있으나 굳이 구분하자면, '크로노스'는 누구에게나 공평하게 흘러가는 직선적인 개념의 시간인 반면(물리적 개념의 시간이라고 표현하기도 한다.), 성경에 기록된 '때'에 주로 사용되는 '카이로스'는 하나님의 구원 역사에서의 중요한 시점을 의미한다. 즉 크로노스는 누구에게나 똑같이 흘러가는 수평적인 시간인 반면, 카이로스는 영원하신 하나님과의 관계에서의 시간을 의미한다. 영원한 현재자(現在者)이신 하나님과의 수직적인 관계에 의해 영원(永遠)과 현재(現在)라는 시간이 만나는 의미에서의 시간을 '카이로스'라고 한다. 설명이 어려웠나? (이 책에 나오는 이러한 표현들은 저자가 평생 청년사역을 한 흔적이다.) 일단 앞의 문장들을 마음에 품고 오랜 시간 묵상해 보기 바란다.

세례 요한의 아버지 사가랴는 하나님 앞에 의인이며 주의 모든 계명과 규례대로 흠이 없는 사람인 동시에 제사장 신분이었다. 누가복음 1장의 배경이 되는 시대가 비록 로마의 식민통치를 받던 시절이었으나 로마 제국의 관용정책(寬容政策)에 따라 대제사장과 제사장들은 피지배민(被支配民)인 이스라엘 백성을 대표하는 사람들이었다. 즉 팔레스타인 지역 전체의 통치권은 로마 황제가 임명한 분봉왕이나 로마 총독에게 있었으나 일상적인 행정업무는 대부분 제사장 조직을 통해 이루어지던 시절이었다. 이에 반해 당시 사회에서 여자와 아이는 온전한 사람 취급을 받지 못했다. 이러한 시대 분위기 덕분에 당시 유대인 남성들은 기도할 때마다 하나님께 세 가지를 감사했다고 전해지는데, 그 첫 번째는 자신이 이방인으로 태어나지 않은 것이었고 두 번째는 여자로 태어나지 않은 것이었으며 세 번째는 노예로 태어나지 않은 것이었다고 한다.

그런데 제사장 신분의 남자였던 사가랴는 아들이 태어날 것이라는 천사의 말을 믿지 않은 반면, 스무 살이 채 되지 않은 어린 나이의 마리아는 남자를 알지 못하는 몸임에도 불구하고 천사가 전한 예수님의 수태고지에 "주의 여종이오니 말씀대로 내게 이루어지이다."라고 답한다. 구약의 율법을 읽어본 사람이라면 누구나 아는 바와 같이 약혼한 몸으로 아직 동거(同居)도 하기 전에 임신한다는 것은 돌에 맞아 죽을 수도 있다는 것을 의미했다. 그러니 마리아의 "주의 여종이오니 말씀대로 내게 이루어지이다."라는 대답은 목숨을 건 신앙고백이었다. 누가는 이러한 마리아와 사가랴를 대조하고 있는 것이다.

¹⁸사가랴가 천사에게 이르되 **내가 이것을 어떻게 알리요 내가 늙고 아내도 나이가 많으니이다** ¹⁹천사가 대답하여 이르되 나는 하나님 앞에 서 있는 가브리엘이라 이 좋은 소식을 전하여 네게 말하라고 보내심을 받았노라 ²⁰보라 이 일이 되는 날까지 네가 말 못하는 자가 되어 능히 말을 못하리니 이는 네가 내 말을 믿지 아니함이거니와 때가 이르면 내 말이 이루어지리라 하더라(누가복음 1:18-20)

세례 요한의 아버지 사가랴에게 천사 가브리엘이 나타났던 때, 이들 부부는 이미 나이가 많아 늙은 몸이었다. 제사장이었던 사가랴에게 성전에 들어가 분향할 기회가 왔을 때였다.

⁸**마침** 사가랴가 그 반열의 차례대로 하나님 앞에서 제사장의 직무를 행할새 ⁹**제사장의 전례를 따라 제비를 뽑아 주의 성전에 들어가 분향하고** ¹⁰모든 백성은 그 분향하는 시간에 밖에서 기도하더니 ¹¹**주의 사자가 그에게 나타나 향단 우편에 선지라** ¹²사가랴가 보고 놀라며 무서워하니 ¹³천사가 그에게 이르되 **사가랴여 무서워하지 말라 너의 간구함이 들린지라 네 아내 엘리사벳이 네게 아들을 낳아 주리니 그 이름을 요한이라 하라**(누가복음 1:8-13)

누가복음 1장 8절이 '마침'이라는 단어로 시작되는 이유는 이것이다. 사가랴가 성전에 들어가 분향했던 시절, 성전에서 하나님을 섬기는 일을 하던

제사장의 수는 18,000명[3] 정도였다고 한다. 당연히 이 많은 수의 제사장들이 한꺼번에 성전 안에 들어가 하나님을 섬길 수는 없었을 것이다. 그래서 당시에는 성전에 들어가 하나님 앞에 직접 분향하는 영광스러운 일을 감당할 제사장을 매일 해가 뜰 때와 해가 질 때 제비뽑기로 결정했다고 한다. 그리고 한번 제비 뽑혔던 제사장은 그 후로는 제비뽑기에서 제외되었다. 그러니 이날 성전 안에 들어가 직접 분향할 기회를 얻은 것은 사가랴 입장에서는 일생동안 꿈꾸어왔던 감격스러운 일이었을 것이다.

그토록 꿈꾸어왔던 일이 사가랴에게 일어났다. '여호와께서 기억하고 계신다.'라는 사가랴의 이름처럼 '수많은 제사장 중에 한 명인 사가랴'가 아니라, 한 여인의 남편이며 어린 시절부터 제사장 훈련을 받는 가운데 꿈을 키워온 '온전한 한 세상으로서의 사가랴'[4]가 바로 거기 있었음을 하나님께

3　약 2만 명 정도였다는 설(說)도 있다. 즉 성전에 들어가 지성소 앞에 있는 분향단에 향을 피우는 기회를 얻는다는 것은 제사장에게 있어서 일생에 한 번 주어지는 엄청난 영광이었다.

4　정말이다. 한 사람은 하나의 세상이다. 그러므로 한 사람이 나에게 다가온다는 것은 '하나의 세상이 나에게 오는 기적'을 의미한다.: 원고를 퇴고하는 과정에서 앞의 문장이 '정현종 시인'의 '방문객'이라는 시를 오래 전에 읽은 후 내 마음속에 떠돌다 나온 것임을 알게 되었다. 여기 '정현종 시인'의 '방문객'을 소개한다.

방문객 - 정현종

사람이 온다는 건
실은 어마어마한 일이다.
그는
그의 과거와
현재와
그리고
그의 미래와 함께 오기 때문이다.
한 사람의 일생이 오기 때문이다.
부서지기 쉬운

서는 잊지 않고 기억하고 계셨던 것이다.

사가랴가 주의 성전에 들어가 분향하자 천사 가브리엘이 향단 우편에 나타났다. 성전에 있는 향단⁵은 하나님께 올려 드리는 하나님의 백성들의 기도를 상징하는 기구였다. 이렇듯 백성들의 기도가 하나님께 올라가는 향단 우편에 주의 사자가 서서 세례 요한의 탄생을 알렸던 것이다. "천사가 그에게 이르되 사가랴여 무서워하지 말라. 너의 간구함이 들린지라. 네 아내 엘리사벳이 네게 아들을 낳아 주리니 그 이름을 요한이라 하라." 천사 가브리엘의 말 중에 있는 "너의 간구함이 들린지라."로 미루어볼 때, 자식이 없었던 사가랴는 성전 안에 들어가 분향할 기회가 생기자 오랫동안 기도해왔던 자신의 소원을 다시 한번 하나님께 빌었던 것으로 보인다. 물론 세례 요한의 탄생은 하나님의 계획안에서 일어난 일이다. 하지만 사가랴의 입장에서 이것은 그의 기도에 대한 '하나님의 즉각적인 응답'이었다.

게다가 이어지는 천사 가브리엘의 말을 볼 때, 하나님께서는 자식을 달라는 사가랴의 기도에 생각지도 못한 복을 더하여 주셨음을 알 수 있다. 세

그래서 부서지기도 했을
마음이 오는 것이다 – 그 갈피를
아마 바람은 더듬어볼 수 있을
마음,
내 마음이 그런 바람을 흉내낸다면
필경 환대가 될 것이다.

5 "그 두루마리를 취하시매 네 생물과 이십사 장로들이 그 어린 양 앞에 엎드려 각각 거문고와 향이 가득한 금 대접을 가졌으니 **이 향은 성도의 기도들이라**"(요한계시록 5:8). "³또 다른 천사가 와서 제단 곁에 서서 금 향로를 가지고 많은 향을 받았으니 이는 모든 성도의 기도와 합하여 보좌 앞 금 제단에 드리고자 함이라 ⁴**향연이 성도의 기도와 함께 천사의 손으로부터 하나님 앞으로 올라가는지라**"(요한계시록 8:3-4).

레 요한의 탄생을 알리면서 천사 가브리엘이 이 말을 덧붙인다. "너도 기뻐하고 즐거워할 것이요 많은 사람도 그의 태어남을 기뻐하리니 이는 그가 주 앞에 큰 자가 되며 포도주나 독한 술을 마시지 아니하며 모태로부터 성령의 충만함을 받아 이스라엘 자손을 주 곧 그들의 하나님께로 많이 돌아오게 하겠음이라. **그가 또 엘리야의 심령과 능력으로** 주 앞에 먼저 와서 아버지의 마음을 자식에게 거스르는 자를 의인의 슬기에 돌아오게 하고 주를 위하여 세운 백성을 준비하리라."**6** 엘리야는 죽음을 맛보지 않고 승천한 선지자로 이스라엘 백성에게 있어서는 모세와 같이 언급될 정도의 인물이다. 심지어 십자가에 달리신 예수님께서 "엘리 엘리 라마 사박다니, 나의 하나님, 나의 하나님, 어찌하여 나를 버리셨나이까?"라고 외치셨을 때, 그 자리에 있었던 사람 중 일부가 "이 사람이 엘리야를 부른다. 가만두라. 엘리야가 와서 그를 구원하나 보자."라고 말했던 것을 보면 엘리야가 이스라엘 백성들에게 어느 정도 위치의 인물이었는지를 쉽게 예상할 수 있다.

> **46**제구시쯤에 예수께서 크게 소리 질러 이르시되 **엘리 엘리 라마 사박다니** 하시니 이는 곧 **나의 하나님, 나의 하나님, 어찌하여 나를 버리셨나이까** 하는 뜻이라 **47**거기 섰던 자 중 어떤 이들이 듣고 이르되 **이 사람이 엘리야를 부른다** 하고 **48**그중의 한 사람이 곧 달려가서 해면을 가져다가 신 포도주에 적시어 갈대에 꿰어 마시게 하거늘 **49**그 남은 사람들이 이르되 **가만 두라 엘리야가 와서 그를 구원하나 보자** 하더라(마태복음

27:46-49)

제사장이라면 누구나 일평생 꿈꾸어오던 일이 이루어진 날이었다. 그렇게 향단에 향을 피우는데 향단 우편에 주의 사자가 직접 나타났다. 하나님께서 사가랴의 기도에 천사 가브리엘을 직접 보내 응답하신 것이다. 그러나 정작 사가랴는 자신의 기도에 응답하시는 하나님을 믿지 못했다. 왜 그랬을까? 아마도 이때까지 사가랴에게 있어서 하나님은 살아 계신 분이시기보다는 멀리서 존경하고 두려워해야 하는 다소 막연한 존재였던 것으로 보인다. 이때까지 사가랴의 하나님은 실재(實在)하시는 분이기보다는 그가 배운 관념(觀念) 가운데 계시는 그 어떤 존재였던 것으로 보인다.

> 사가랴가 천사에게 이르되 **내가 이것을 어떻게 알리요 내가 늙고 아내도 나이가 많으니이다**(누가복음 1:18)

"내가 이것을 어떻게 알리요. 내가 늙고 아내도 나이가 많으니이다." 무슨 말인가? "하나님, 눈에 보이는 증거를 제게 주세요." 어쩌면 관념으로만 하나님을 이해했던 사가랴에게 있어서 이런 반응은 꼭 필요한 과정이었을 것이다. 눈에 보이는 증거를 달라는 이러한 사가랴의 요구 또한 즉각 응답된다. 하나님은 그런 분이시다.[7]

---

[7] 물론, 기도의 응답이 없다고 불평하는 성도의 경우 이 말이 쉽게 와 닿지 않을 수 있다. 그러나 적지 않은 수의 독자가 이 말에 동의할 것이다. 우리의 기도에 대한 하나님의 응답은 그 문이 열리는 순간 폭포수가 쏟아지는 것 같다. 기도에 응답 받지 못했다고 생각할 때 또한 마찬가지

¹⁹천사가 대답하여 이르되 **나는 하나님 앞에 서 있는 가브리엘이라 이 좋은 소식을 전하여 네게 말하라고 보내심을 받았노라** ²⁰보라 이 일이 되는 날까지 네가 말 못하는 자가 되어 능히 말을 못하리니 이는 네가 내 말을 믿지 아니함이거니와 때가 이르면 내 말이 이루어지리라 하더라 ²¹백성들이 사가랴를 기다리며 그가 성전 안에서 지체함을 이상히 여기더라 ²²**그가 나와서 그들에게 말을 못하니** 백성들이 그가 성전 안에서 환상을 본 줄 알았더라 그가 몸짓으로 뜻을 표시하며 그냥 말 못하는 대로 있더니 ²³그 직무의 날이 다 되매 집으로 돌아가니라 ²⁴**이 후에 그의 아내 엘리사벳이 잉태하고** 다섯 달 동안 숨어 있으며 이르되 ²⁵주께서 나를 돌보시는 날에 사람들 앞에서 내 부끄러움을 없게 하시려고 이렇게 행하심이라 하더라(누가복음 1:19–25)

자신의 기도에 응답하시는 하나님을 믿지 못하고, 눈에 보이는 증거를 요구하는 사가랴에게 천사 가브리엘이 이 말을 전한다. "나는 하나님 앞에 서 있는 가브리엘이라. 이 좋은 소식을 전하여 네게 말하라고 보내심을 받았노라. 보라 이 일이 되는 날까지 네가 말 못하는 자가 되어 능히 말을 못하리니 이는 네가 내 말을 믿지 아니함이거니와 때가 이르면 내 말이 이루어지리라." 왜 가브리엘은 사가랴에게 "나는 하나님 앞에 서 있는 가브리엘이라"라고 했을까? 이 말의 속뜻은 무엇일까? "사가랴 네가 생각하는 하나

다. 이런 경우는 보통 한참 시간이 지난 후 깨닫게 된다. 단지 우리가 상상하는 방식으로 응답하지 않으셔서 우리가 그 뜻을 몰랐던 것뿐이다.

님은 살아 계신 분이다. 내가 바로 그분 앞에 서 있는 가브리엘이다. 그리고 살아 계신 하나님께서 나를 너에게 보내셨다. 너의 눈앞에 내가 서 있듯이, 바로 조금 전까지 나는 하나님 앞에 서 있다가 너에게 가라는 하나님의 명령을 받아 네 앞에 왔다. 하나님은 살아 계시지, 너의 관념 속에만 계시는 분이 아니시다." 그리고 사가랴에게 주어진 '눈에 보이는 증거'는 '세례 요한이 태어날 때까지 말문이 막히는 것'이었다.

이 부분에서 우리가 알아야 하는 부분이 있다. 우리는 하나님께 눈에 보이는 증거를 요구할 때 한순간에 그 전체가 보이는 증거를 상상하는 경향이 있다. 그러나 하나님께서 사가랴에게 보여주신 증거처럼 하나님께서 우리에게 보여주시는 증거는 긴 시공간(時空間)을 통과해야만 비로소 알아볼 수 있는 경우가 흔하다. 이러한 일은 성경에 나오는 하나님의 사람들의 인생에서 아주 흔하게 보이는 방식이다.

> [57]엘리사벳이 해산할 기한이 차서 아들을 낳으니 [58]이웃과 친족이 주께서 그를 크게 긍휼히 여기심을 듣고 함께 즐거워하더라 [59]**팔일이 되매 아이를 할례하러 와서 그 아버지의 이름을 따라 사가랴라 하고자 하더니** [60]그 어머니가 대답하여 이르되 **아니라 요한이라 할 것이라** 하매 [61]그들이 이르되 네 친족 중에 이 이름으로 이름한 이가 없다 하고 [62]**그의 아버지께 몸짓하여 무엇으로 이름을 지으려 하는가 물으니** [63]**그가 서판을 달라 하여 그 이름을 요한이라 쓰매 다 놀랍게 여기더라** [64]이에 그 입이 곧 열리고 혀가 풀리며 말을 하여 하나님을 찬송하니 [65]그 근처에 사는 자가 다 두려워하고 이 모든 말이 온 유대 산골에 두루 퍼지매 [66]듣는 사

람이 다 이 말을 마음에 두며 이르되 이 아이가 장차 어찌 될까 하니 이
는 주의 손이 그와 함께 하심이러라 ⁶⁷그 부친 사가랴가 성령의 충만함
을 받아 예언하여 이르되(누가복음 1:57-67)

위에 인용한 성경 기사에서 우리가 기억해야 할 부분은 이것이다. 세례
요한의 탄생을 사가랴에게 알린 천사 가브리엘은 태어날 아이의 이름을 분
명히 '요한'이라고 지정(指定)했었다. "네 아내 엘리사벳이 네게 아들을 낳아
주리니 그 이름을 요한이라 하라." 이 말을 믿지 못한 사가랴가 눈에 보이는
증거를 요구하자 해주셨던 응답은 세례 요한이 태어날 때까지 말을 못하게
하신 것이었다. 그러니, 당연히 사가랴는 성전 안에서 천사 가브리엘과 나
누었던 대화를 아직 누구에게도 구체적으로 말하지 못한 상태였다. 성전 밖
의 백성들은 사가랴를 기다리다가 그가 성전 안에서 지체하는 것을 이상히
여겼다. 그리고 그가 나와서 말을 못하는 것을 보고 그가 성전 안에서 환상
을 본 줄 알았을 뿐이다.

> ²¹백성들이 사가랴를 기다리며 그가 성전 안에서 지체함을 이상히 여기
> 더라 ²²그가 나와서 그들에게 말을 못하니 백성들이 그가 성전 안에서
> 환상을 본 줄 알았더라 그가 몸짓으로 뜻을 표시하며 그냥 말 못하는 대
> 로 있더니 ²³그 직무의 날이 다 되매 집으로 돌아가니라(누가복음 1:21-
> 23)

그런 상황에서 엘리사벳이 잉태하여 아들을 낳았다. 늦도록 자식이 없었

던 부부에게 아들이 태어났다. 이웃과 친족들이 몰려와 하나님께서 엘리사벳 부부를 크게 긍휼히 여기셨다면서 함께 즐거워했던 것은 당연한 일이었다. 그렇게 들떠 있는 분위기에서 사람들이 아이의 이름을 아버지의 이름을 따라 '사가랴'라고 하자는 것이었다. 모두가 즐거워 왁자지껄하는 가운데서 나온 말이었다. 더군다나 새로 태어난 아이의 이름을 그 집안의 어른 중 하나의 이름으로 짓는 것이 당시의 관례였다. 그러니 모두가 기쁨에 넘쳐 왁자지껄하는 분위기 가운데 아이의 이름이 '사가랴'라고 지어지는 것은 너무도 자연스러운 일이었다. 아이를 얻을 소망이 끊어진 늦은 나이에 얻은 소중한 아이였다. 귀하게 얻은 사내아이의 이름을 아버지의 이름을 따라 짓는 것은 모두에게 기쁨이 되는 일이었다.

그런데 그렇게 들떠있던 분위기에 일순간 침묵을 불러온 것은 다름 아닌 아이의 엄마 엘리사벳이었다. "아니라. 요한이라 할 것이라." 순간 정적이 흘렀을 것이다. 잠깐 동안의 침묵 후 엘리사벳과 가까운 친족들 몇몇이 설득하듯 말을 꺼냈을 것이다. "네 친족 중에 이 이름으로 이름한 이가 없다." 이러한 설득에도 엘리사벳은 고집을 꺾지 않았던 것으로 보인다. 결국, 아이의 이름을 무엇으로 할 것인지 사람들은 사가랴에게 물어보기로 한다.

이 광경을 바라보는 가운데 가장 놀랐던 사람은 사가랴였을 것이다. 자신이 성전 안에서 천사 가브리엘한테 들은 아이의 이름이 아내의 입에서 나오는 순간 사가랴는 온몸에 전율이 흘렀을 것이다.[8]

---

8 물론, 임신 기간 사가랴가 뱃속의 아이 이름을 '요한'이라고 하라는 천사 가브리엘의 말을 엘리사벳에게 전했다고 생각할 수도 있다. 그러나 나는 그렇지 않다고 본다. 이유는 간단하다. 아이의 이름을 짓기 전, 사가랴가 엘리사벳에게 천사 가브리엘의 말을 전했다면 친척들이 "네 친

"나는 하나님 앞에 서 있는 가브리엘이라. 이 좋은 소식을 전하여 네게 말하라고 보내심을 받았노라. 보라 이 일이 되는 날까지 네가 말 못하는 자가 되어 능히 말을 못하리니 이는 네가 내 말을 믿지 아니함이거니와 때가 이르면 내 말이 이루어지리라." 아들을 달라는 기도에 천사 가브리엘을 보내어 응답하신 하나님께 눈에 보이는 증거를 요구하자 들었던 이야기다. "보라 이 일이 되는 날까지 네가 말 못하는 자가 되어 능히 말을 못하리니 이는 네가 내 말을 믿지 아니함이거니와", 이때까지 사가랴는 자신의 불신앙(不信仰)으로 말미암아 벌을 받는 것이라고 생각했을 것이다. 당연히 마음 한구석에는 이대로 영원히 말을 못하게 될지도 모른다는 두려움이 그를 짓눌렀을 것이 분명하다.

그런데 아들이 태어날 때까지 말을 못하게 된 것이 징계가 아니라, 바로 자신이 요구한 눈에 보이는 증거를 하나님께서 보여주신 것이라는 사실을 사가랴는 이때 깨닫게 되었을 것이다. 말을 못하게 되어 성전 안에서 일어난 일을 전하지 못했음에도 불구하고, 모두가 기쁨으로 권하는 아이 이름을 거절하면서 엘리사벳이 아이의 이름을 "아니라, 요한이라고 할 것이라."라고 하는 순간 사가랴는 이 모든 것이 자신의 기도에 대한 하나님의 응답이라는 사실을 알았을 것이다. 사가랴는 자신에게 눈에 보이는 확인 도장까지 찍어 주시는 하나님의 긍휼을 깨달았을 것이다.

족 중에 이 이름으로 이름한 이가 없다."라고 할 때 그들에게 가브리엘의 말을 전했을 것이다. 그렇다면 사가랴에게 몸짓하여 아이의 이름을 무엇으로 지으려 하는지 물어보는 일 또한 없었을 것이다.

거의 모든 설교자들이 세례 요한이 태어날 때까지 사가랴가 말을 못하게 된 것은 그가 하나님을 믿지 못한 것에 대한 징계라고 주장한다. 물론 그렇게 볼 수도 있다. 그러나 나는 이전부터 "사가랴가 한동안 말문이 막힌 것이 과연 징계일까?"라는 의문을 가지고 있었다. 그 근거는 천사 가브리엘의 말 중에 있다. "사가랴여 무서워하지 말라. 너의 간구함이 들린지라." 우선 천사 가브리엘은 갑자기 등장한 자신을 보고 '두려움에 사로잡힌 사가랴의 심리 상태'를 보았다. 사가랴의 반응은 '예상치 못한 상황'에 직면하여 나온 것이었다. 어쩌면 당황한 가운데 약간은 횡설수설하는 중에 나온 말이었을 것이다.

그리고 "너의 간구함이 들린지라."라는 가브리엘의 말처럼 지금 이 일은 사가랴의 기도를 들어주겠다는 분위기 가운데 일어난 일이었다. 더군다나 가브리엘은 사가랴가 한동안 말문이 막힐 것이라는 사실을 전달하기 바로 직전 "나는 하나님 앞에 서 있는 가브리엘이라, 이 좋은 소식을 전하여 네게 말하라고 보내심을 받았노라."라는 말을 덧붙인다. 하나님의 보내심을 받은 천사가 "하나님께서 이 좋은 소식을 너에게 전하라고 나를 보내셨다."라는 말에 바로 이어 징계를 선포한다? 뭔가 앞뒤가 맞지 않는다는 생각이 들지 않은가?

세례 요한의 아버지 사가랴의 이야기로 누가복음이 시작된 이유는 예수님의 어머니 마리아가 천사 가브리엘로부터 수태고지를 받았을 때의 모습과 대조하기 위해서다. 또한 이 책의 주인공은 '예수님의 어머니 마리아'이지 '세례 요한의 아버지 사가랴'가 아니다. 그럼에도 불구하고 굳이 이 부분을 이토록 자세하게 다루고 지나가는 이유는 이것이다.

내가 보기에 상당수의 신앙인들에게 있어서 하나님은 '우리의 아빠 아버지[9]가 아니라 우리 인생에 필요한 '무언가를 얻어낼 때 찾게 되는 능력 있는 신'처럼 보이는 것 같아서다. 그리고 그 능력 있는 '하나님께서 가장 기뻐하시는 것은 바로 믿음'이라는 담론(談論)이 우리 한국 교회를 지배하고 있다. 그 결과 무언가 원하는 것을 하나님께 받아내기 위해서는 믿음을 보여야 한다는 논리가 팽배해 있다. 물론 하나님께서는 '우리의 믿음'을 정말 기뻐하신다. 자녀가 무언가를 기특하게 잘하는 경우 자랑하고 싶어서 정신을 못차릴 정도로 좋아하는 것이 '아빠의 마음'이다. 그러니 하나님께서는 우리의 믿음을 정말 기뻐하신다.

하지만 우리네 인생은 믿음에 있어서 사가랴를 더 많이 닮아있는 것이 현실이다. 그런 이유로 우리는 믿음에 있어서 예수님의 어머니 마리아가 아니라 사가랴와 같은 때, 우리에게 보여주시는 '하나님의 긍휼의 방식' 또한 알아야 할 필요가 있다.

많은 사람들, 아니 거의 모든 사람들은 세례 요한의 탄생을 알리는 천사 가브리엘의 말에 눈에 보이는 증거를 요구했던 사가랴의 말 "내가 이것을 어떻게 알리요. 내가 늙고 아내도 나이가 많으니이다."에 대한 징계로 세례 요한이 태어날 때까지 그가 말을 못하게 되었다고 생각한다. 이렇게 생각하

---

9 "너희가 아들이므로 하나님이 그 아들의 영을 우리 마음 가운데 보내사 아빠 아버지라 부르게 하셨느니라"(갈라디아서 4:6).

는 이유는 간단하다. '말을 할 수 있는 것'과 '말을 못하게 되는 것' 중, 당연히 말을 할 수 없는 것이 더 불편하고 힘들기 때문이다.

이렇게 "불편하고 힘든 것은 곧 징계다."라는 등식이 성립하는 이유는 우리의 시각이 '21세기 자본주의'에 물들어 있기 때문이다. 자본주의는 고객의 지갑을 열기 위한 방편으로서 '고객 만족'을 '선(善)'으로 여기는 '시대정신'이다. 자본주의 시대에는 모든 사람이 소비자다. 생각해 보라. 자본주의 사회에서 생존하는 사람들 중에 공급자가 아닌 사람은 있어도 소비자가 아닌 사람은 존재할 수 없다. 즉 자본주의를 시대정신으로 하는 시대에서는 '소비자의 욕망과 정서를 만족시켜 주는 것'이 '선'으로 여겨진다. 게다가 만족이라는 그것은 그 효과가 빠르면 빠를수록 좋은 것이다. 그런데 이때 선(善)으로 여겨지는 '소비자의 욕망과 정서를 만족시켜 주는 것'에는 그 대상자의 '유익(有益)과 성장(成長)'은 배제되는 경우가 적지 않다.

그러한 이유로, 사가랴에게 응답하신 하나님의 방식이 자본주의 사회에서는 너무도 낯설다. 우리네 인생을 향해 베푸시는 '하나님의 은혜의 방식'을 이해하지 못하는 경우, 다들 사가랴를 향한 하나님의 응답을 징계로 생각하게 되는 것은 어쩌면 당연한 결과일 것이다. 그런데 과연 한동안 말문이 막힌 것이 사가랴에게 징계이기만 했을까? 물론 갑갑하고 불편한 동시에 힘들었을 것이다. 그리고 이대로 영원히 말을 못하게 될 것만 같은 두려움이 그를 짓눌렀을 것이다. 그러나 앞에서도 설명했듯이, 이것은 눈에 보이는 증거를 보여 달라는 사가랴의 간구에 대한 하나님의 응답이셨다. 또한, 아들이 태어날 때까지 말을 못하게 될 것이라는 통보는 "하나님께서 이 좋은 소식을 너에게 전하라고 나를 보내셨다."라는 말에 이어서 나온 이야

기다. 다시 말하지만, 아무리 봐도 이 분위기는 징계와 심판을 선언하는 것
과는 거리가 있어 보이지 않은가?

이 일을 통하여 사가랴는 하나님께서 우리네 인생에 구원과 긍휼을 베푸
시는 방식을 깨닫게 된다. 아래에 인용한 성경 말씀은 입이 열리고 혀가 풀
린 사가랴가 하나님을 찬송하는 가운데 성령의 충만함을 받아 말했던 예언
이다.

> [67]**그 부친 사가랴가 성령의 충만함을 받아 예언하여 이르되** [68]**찬송하리**
> 로다 주 이스라엘의 하나님이여 그 백성을 돌보사 속량하시며 [69]우리를
> 위하여 구원의 뿔을 그 종 다윗의 집에 일으키셨으니 [70]이것은 주께서
> 예로부터 거룩한 선지자의 입으로 말씀하신 바와 같이 [71]우리 원수에게
> 서와 우리를 미워하는 모든 자의 손에서 구원하시는 일이라 [72]우리 조상
> 을 **긍휼히 여기시며** 그 거룩한 언약을 기억하셨으니 [73]곧 우리 조상 아
> 브라함에게 하신 맹세라 [74]우리가 원수의 손에서 건지심을 받고 [75]**종신**
> **토록 주의 앞에서 성결과 의로 두려움이 없이 섬기게 하리라** 하셨도다
> [76]이 아이여 네가 지극히 높으신 이의 선지자라 일컬음을 받고 주 앞에
> 앞서 가서 그 길을 준비하여 [77]주의 백성에게 그 죄 사함으로 말미암는
> 구원을 알게 하리니 [78]**이는 우리 하나님의 긍휼로 인함이라** 이로써 돋
> 는 해가 위로부터 우리에게 임하여 [79]어둠과 죽음의 그늘에 앉은 자에게
> 비치고 우리 발을 평강의 길로 인도하시리로다 하니라(누가복음 1:67-
> 79)

물론 사가랴의 예언은 우리를 죄에서 구원하시기 위해 오시는 예수님의 길을 예비하는 세례 요한의 삶을 노래하는 가운데 나온 것이다. 그러니 하나님의 구원과 긍휼이 사가랴의 예언 가운데 가득한 것은 당연하다. 이것이 바로 예수님의 어머니 '마리아의 인물 설교집'임에도 불구하고 굳이 책 초반에 사가랴 이야기를 자세하게 하는 이유이다. 인류를 죄에서 구원하기 위해 오시는 우리 주 예수 그리스도의 수태고지 앞뒤에 나오는 기사가 바로 세례 요한의 탄생과 연관된 사가랴의 이야기다. 이러한 성경 본문의 흐름을 생각할 때 오랜 시간 자식이 없어 고통받던 나이든 부부의 기도에 응답하시는 과정에서, 눈에 보이는 증거를 보여 달라는 사가랴의 요구에 아들이 태어날 때까지 그의 말문을 막으신 하나님의 역사하심은 징계의 성격이 강할까? 아니면 우리네 인생 가운데 우리의 기도에 응답하시는 하나님의 방법을 언뜻 엿볼 수 있는 사례일까?

그런데 왜 하나님은 쉽사리 믿지 못했던 사가랴의 요구에 저토록 세밀하게 응답하신 것일까? 답은 간단하다. 하나님께서 사가랴를 기뻐하셔서 그를 선택했기 때문이다.[10] 우리가 기억해야 할 지점이 바로 이것이다. 하나님께서는 분명히 우리의 믿음을 기뻐하신다. 하지만 하나님께서는 당신의 자녀인 우리를 더 기뻐하신다. 하나님께서 우리의 믿음을 기뻐하시는 이유는,

---

10 "[10]그뿐 아니라 또한 리브가가 우리 조상 이삭 한 사람으로 말미암아 임신하였는데 [11]그 자식들이 아직 나지도 아니하고 무슨 선이나 악을 행하지 아니한 때에 택하심을 따라 되는 하나님의 뜻이 행위로 말미암지 않고 오직 부르시는 이로 말미암아 서게 하려 하사 [12]리브가에게 이르시되 큰 자가 어린 자를 섬기리라 하셨나니 [13]기록된 바 내가 야곱은 사랑하고 에서는 미워하였다 하심과 같으니라"(로마서 9:10-13).

당신이 기뻐하시는 자녀가 기특하게도 잘했기 때문이다. 옛 어른들의 표현을 빌면 이와 같다. "예쁜 것이 예쁜 짓까지 하니 정말 기쁜 것이다."

> 너의 하나님 여호와가 너의 가운데에 계시니 그는 구원을 베푸실 전능자이시라 **그가 너로 말미암아 기쁨을 이기지 못하시며 너를 잠잠히 사랑하시며 너로 말미암아 즐거이 부르며 기뻐하시리라** 하리라(스바냐 3:17)

> 나를 넓은 곳으로 인도하시고 **나를 기뻐하시므로 나를 구원하셨도다**(시편 18:19)

> [23]여호와께서 사람의 걸음을 정하시고 **그의 길을 기뻐하시나니** [24]**그는 넘어지나 아주 엎드러지지 아니함은** 여호와께서 그의 손으로 붙드심이로다(시편 37:23-24)

그리고 사가랴를 향한 '하나님의 이러한 세밀한 응답하심'은 훗날 사가랴로부터 세례 요한에게 전달되었을 것이다. 그렇다면 세례 요한에게 전달된 사가랴의 가르침은 무엇이었을까?

"아들아, 하나님의 응답하심이 너의 기대와 다르거나 때로는 너를 괴롭게 하더라도 실망하거나 낙심하지 말거라. 때로는 그 괴로움과 불편함이 너를 향한 하나님의 긍휼이었음을 시간이 흐른 뒤 알게 될 것이란다."

천사 가브리엘의
두 번째 수태고지

나사렛 마리아,
예수님의 어머니

　사가랴와 동일하게 '하나님의 선택을 받은 여성'이 누가복음 1장에 등장
한다. 성경의 이러한 배치는 의도된 것으로 보인다. 사가랴는 '제사장 신분'
이었던 반면, 그녀는 당시 사회에서는 온전한 사람으로 인정받지도 못했던
'나이 어린 여성'이었다. 당시 사회에서 여성은 재판정에서 증인 자격조차
인정받지 못하는 미천한 존재였다. 사가랴는 예루살렘 성전 안에 직접 들어
갈 수 있는 제사장 신분이었던 반면, 마리아는 조그마한 시골 동네에 가난
한 목수와 정혼(定婚)한 처녀[1]였다. 물론 이 둘은 모두 하나님의 기뻐하심을
받아 선택받은 '하나님의 사람들'이었다. 그러나 존경받는 제사장 신분의 남
성이었던 사가랴는 천사에게 눈에 보이는 증거를 요구했던 반면, 이름 없는

1　'정혼한 처녀'라는 표현은 어떤 면에서는 모순된 표현이다. 왜냐하면, 당시 유대인의 혼인 풍습
　에 따르면 정혼한 순간부터 법적(法的)으로 부부였기 때문이다. 즉 천사 가브리엘로부터 예수
　님의 수태고지를 받았던 순간 마리아는 법적으로 요셉의 아내였다. 그러나 정혼한 후 혼인 잔
　치를 벌이기까지 1–2년 정도의 기간 동안 동거하지 않았고, 이 기간 동안 '정혼한 처녀'들은
　법적으로는 '유부녀(有夫女)'였지만 생물학적으로는 분명히 '처녀(處女)'였다.

조그마한 시골의 가난한 처녀 마리아는 천사의 수태고지(受胎告知)에 순순히 믿음으로 화답하는 것을 볼 수 있다. "주의 여종이오니 말씀대로 내게 이루어지이다."

물론 마리아 또한 사가랴와 마찬가지로 천사 가브리엘에게 질문했다. "나는 남자를 알지 못하니 어찌 이 일이 있으리이까?" 마리아의 질문은 사가랴가 했던 말을 우리에게 상기시킨다. "내가 이것을 어떻게 알리요 내가 늙고 아내도 나이가 많으니이다." 사가랴에게 "사가랴여 무서워하지 말라."고 했던 것처럼, 천사의 갑작스러운 방문에 놀라고 있는 마리아에게 가브리엘은 동일한 말을 건넨다. "마리아여 무서워하지 말라."

이러한 사실로 볼 때, 우리는 믿음이란 예상치 못한 어떠한 상황에 직면하여 전혀 놀라지 않는 것이 아님을 알 수 있다. 이러한 사실은 믿음의 사람 여호수아에게 하나님께서 해 주셨던 말씀 "강하고 담대하라. 오직 강하고 극히 담대하라."[2]를 상기할 때 더욱 그러하다. 교리적으로 표현할 때, 믿음이란 '우리 주 예수 그리스도와 하나 됨'을 의미하지 어떠한 '정서적 상태'만을 의미하지 않는다. 예수님께서 하셨던 비유로 설명하자면 '포도나무 가지가 포도나무에 접붙임을 받은 상황'이 바로 믿음이다.[3] 우리네 인생 이야기

---

2 "네 평생에 너를 능히 대적할 자가 없으리니 내가 모세와 함께 있었던 것 같이 너와 함께 있을 것임이니라 내가 너를 떠나지 아니하며 버리지 아니하리니 ⁶**강하고 담대하라** 너는 내가 그들의 조상에게 맹세하여 그들에게 주리라 한 땅을 이 백성에게 차지하게 하리라 ⁷**오직 강하고 극히 담대하여** 나의 종 모세가 네게 명령한 그 율법을 다 지켜 행하고 우로나 좌로나 치우치지 말라 그리하면 어디로 가든지 형통하리니"(여호수아 1:5-7).

3 "내 안에 거하라 나도 너희 안에 거하리라 **가지가 포도나무에 붙어 있지 아니하면** 스스로 열매

로 표현하자면, '하나님 앞에서'[4] 도망가지 않고 끝까지 하나님 앞에서 몸부림치는 인생이 바로 '믿음의 인생'이다.

> [26]**여섯째 달에** 천사 가브리엘이 하나님의 보내심을 받아 갈릴리 나사렛이란 동네에 가서 [27]다윗의 자손 요셉이라 하는 사람과 약혼한 처녀에게 이르니 그 처녀의 이름은 마리아라 [28]그에게 들어가 이르되 **은혜를 받은 자여 평안할지어다 주께서 너와 함께 하시도다** 하니 [29]처녀가 그 말을 듣고 놀라 이런 인사가 어찌함인가 생각하매 [30]천사가 이르되 **마리아여 무서워하지 말라** 네가 하나님께 은혜를 입었느니라 [31]보라 네가 잉태하여 아들을 낳으리니 그 이름을 예수라 하라 [32]그가 큰 자가 되고 지극히 높으신 이의 아들이라 일컬어질 것이요 주 하나님께서 그 조상 다윗의 왕위를 그에게 주시리니 [33]영원히 야곱의 집을 왕으로 다스리실 것이며 그 나라가 무궁하리라 [34]마리아가 천사에게 말하되 **나는 남자를 알지 못하니 어찌 이 일이 있으리이까** [35]천사가 대답하여 이르되 성령이 네게 임하시고 지극히 높으신 이의 능력이 너를 덮으시리니 이러므로 나실 바 거룩한 이는 하나님의 아들이라 일컬어지리라 [36]보라 네 친족 엘리사벳도 늙어서 아들을 배었느니라 본래 임신하지 못한다고 알려진 이가 이미 여섯 달이 되었나니 [37]대저 하나님의 모든 말씀은 능하지 못하심이

를 맺을 수 없음 같이 너희도 내 안에 있지 아니하면 그러하리라"(요한복음 15:4).

4 '하나님 앞에서'(코람 데오, Coram Deo): 천안에 있는 고신대학교 신학대학원 교정에 가보면 바위에 이 말이 크게 새겨져 있다. '코람 데오'는 라틴어 '코람(coram)'과 '데우스(Deus)'가 합쳐진 합성어로 "하나님 앞에서"라는 뜻이다. '코람'은 '앞에서'를 뜻하며, '데우스'는 '하나님'을 뜻한다. Deo는 Deus의 탈격으로 '코람'과 '데우스' 두 단어가 결합하여 '코람 데오'가 된 것이다.

없느니라 ³⁸마리아가 이르되 주의 여종이오니 말씀대로 내게 이루어지이다 하매 천사가 떠나가니라(누가복음 1:26-38)

"나는 남자를 알지 못하니 어찌 이 일이 있으리이까?"라는 마리아의 질문에 천사 가브리엘이 이렇게 답한다. "보라 네 친족 엘리사벳도 늙어서 아들을 배었느니라. 본래 임신하지 못한다고 알려진 이가 이미 여섯 달이 되었나니 대저 하나님의 모든 말씀은 능하지 못하심이 없느니라." 무슨 말인가? 하나님께서는 보통 당신이 선택하신 사람들의 삶에 '믿을 만한 근거'를 미리 주시는 경향이 있다는 것이다. 문제는 "하나님께서 주신 그 근거들을 보고 들을 수 있는 눈과 귀가 있냐?"에 있다.

물론 이 말에 반박하는 사람들이 있을 것이다. 이 말에 반박하는 사람들이 쉽게 예로 들 수 있는 성경 구절은 히브리서 11장 1-3절에 나오는 말씀이다. "믿음은 바라는 것들의 실상이요 보이지 않는 것들의 증거니 선진들이 이로써 증거를 얻었느니라. 믿음으로 모든 세계가 하나님의 말씀으로 지어진 줄을 우리가 아나니 보이는 것은 나타난 것으로 말미암아 된 것이 아니니라."

믿음은 보이지 않는 것들의 증거다. 또한 우리 눈에 보이는 것은 나타난 것으로 말미암은 것이 아니다. 우리 눈에 보이는 온 우주 만물과 그 안에서 일어나는 모든 일들은 겉으로 나타난 것으로 말미암은 것이 아니라, 보이지 않는 '하나님의 주권과 섭리'에 의한 것이다. 그러므로 히브리서 11장의 말씀은 진리다. 믿음은 보이지 않는 하나님으로 말미암은 것이다. 믿음은 '세상의 눈으로는 보이지 않는 하나님'에게 접붙임 받은 자만이 누릴 수 있는 복이다. 믿음은 세상 사람들의 눈에는 보이지 않으나 '보이지 않는 하나님의 시선으로는 보이는 증거'다. 그리고 이러한 하나님의 시선을 선물로 받은 사람들은 하나님께서 주신 근거들을 보고 들을 수 있는 눈과 귀를 가지게 마련이다. 이러한 '하나님의 보이지 않는 손'인 '하나님의 섭리'를 알아보는 자에게 복이 있다.[5]

　"나는 남자를 알지 못하니 어찌 이 일이 있으리이까?"라는 질문에 대한 답, "보라 네 친족 엘리사벳도 늙어서 아들을 배었느니라. 본래 임신하지 못한다고 알려진 이가 이미 여섯 달이 되었나니 대저 하나님의 모든 말씀은 능하지 못하심이 없느니라." 이것이 마리아에게 답이 될 수 있었던 것은 마리아에게 하나님의 능하심을 볼 수 있는 눈이 있었기 때문이다. 이것이 바로 마리아가 '하나님께 은혜를 받은 자'인 이유 중 하나다. 지금 이 말이 어렵게 느껴지는 독자들이 있을 것이다. 아무튼 같은 현상, 같은 말에서 누군가는 다른 사람들은 보지 못하는 하나님의 손을 느끼기도 하고 보기도 한다. "늙은 여인이 임신한 것이 어떻게 처녀가 임신할 수 있는 근거가 될 수 있을까?" '늙은 여인이 임신했다는 천사 가브리엘의 대답'이 '마리아에게 처녀가 임신할 수 있다는 대답이 되었다는 것' 자체가 마리아가 하나님의 은혜를 받았다는 증거가 된다.

　천사 가브리엘의 말을 전부 들은 뒤 마리아가 답한다. "주의 여종이오니

---

[5]　그러므로 섭리에 대한 무지가 모든 것들 가운데 최고의 비참함이고 그것을 아는 것은 최상의 복이다. (Inst.1.17.11 : 『기독교 강요』 1권 17장 11절)

말씀대로 내게 이루어지이다." 마리아의 신앙고백을 듣자 천사 가브리엘은 바로 하나님께로 돌아간다. 내가 보기에 가브리엘은 마리아의 신앙고백을 하나님께 빨리 전해드리고 싶은 마음에 들떴었던 것 같다.

가브리엘이 마리아의 신앙고백을 하나님께 빨리 전해드리고 싶은 마음에 들떴던 것으로 보인다는 말에 대해 "천사 가브리엘이 하나님께 가기 전에 전지전능하신 하나님께서는 이미 마리아의 신앙고백을 들으셨잖아요?"라고 따지는 지체가 있다. 그렇다. 전지전능하신 하나님께서는 이미 들으셨고 알고 계셨다. 그러나 마리아의 값진 신앙고백에 들떠 천사 가브리엘이 하나님께 달려가는 것 또한 '하나님께서 기뻐하시는 일'이다. 우리의 기도가 그러하다. 우리가 기도하기도 전에 하나님께서는 우리가 기도할 내용을 이미 알고 계신다. 그래서 기도하지 않아도 되냐고? 이에 대한 답은 우리 모두 잘 알고 있다. 우리는 하나님께서 우리가 기도할 내용을 이미 알고 계시기 때문에 기도해야 한다. 하나님께서 이미 모든 것을 알고 계신다는 사실이 우리가 기도할 필요가 없다는 근거가 될 수 없다는 이야기다. 이것이 하나님께서 당신이 만드신 피조(被造) 세계를 다스리시는 방식이다. 이 사실을 여러 번 묵상해 보기를 바란다.

"보라 네가 잉태하여 아들을 낳으리니 그 이름을 예수라 하라. 그가 큰 자가 되고 지극히 높으신 이의 아들이라 일컬어질 것이요. **주 하나님께서 그 조상 다윗의 왕위를 그에게 주시리니** 영원히 야곱의 집을 왕으로 다스리실 것이며 그 나라가 무궁하리라." 가브리엘이 마리아에게 전한 이 말은 예수님 탄생 당시 팔레스타인 지역에 사는 이스라엘 백성들이라면 누구나 다

아는 이야기였다. 아는 정도가 아니라, 그 시절 그 지역에 사는 이스라엘 백성이라면 누구나 꿈꾸던 '민족 구원에 대한 이야기'였다.[6]

> **13**이사야가 이르되 **다윗의 집이여 원하건대 들을지어다 너희가 사람을 괴롭히고서 그것을 작은 일로 여겨 또 나의 하나님을 괴롭히려 하느냐** **14**그러므로 주께서 친히 징조를 너희에게 주실 것이라 **보라 처녀가 잉태하여 아들을 낳을 것이요 그의 이름을 임마누엘이라 하리라**(이사야 7:13-14)

다윗을 이은 다윗 왕가의 왕들이 하나님을 배신하고 그 앞에 신실하지 못한 결과 언약 백성은 바벨론 포로기를 맞게 된다. 이사야가 이러한 바벨론 포로기를 예언하는 가운데 했던 말이 '다윗의 왕권을 가지고 오실 그 메시아'에 대한 이야기였다. 그러므로 포로기 이후 오랜 세월 동안 이어진 이러저러한 이방 민족들의 압제 가운데 이스라엘 민족이 꿈에도 그리던 소망은 바로 **다윗의 왕권을 가지고 오실 그 메시아**였다. 그런데, 바로 '그 메시아'가 마리아 자신을 통하여 오실 것이라는 수태고지를 천사로부터 받은 것이다.

그리고 그렇게 다윗의 왕권을 가지고 오실 '그 메시아'에 대해 이사야는

---

6 '민족 구원에 대한 이야기'라고 한 이유는 예수님 당시에 이스라엘 백성이 기다리던 '다윗의 왕권을 가지고 오실 그 메시아'는 '인류 구원을 위하여 우리의 죄 문제를 해결하시려 오시는 그 메시아'가 아니라 '이방 민족인 로마로부터 이스라엘을 물리적으로 구원할 정치적·군사적 메시아'였기 때문이다.

"보라 처녀가 잉태하여 아들을 낳을 것이요. 그의 이름을 임마누엘이라 하리라."라고 예언했다. 천사 가브리엘로부터 수태고지를 받을 당시 마리아는 처녀의 몸이었다. 그리고 처녀인 그녀가 잉태할 수 있는 이유를 천사 가브리엘은 이렇게 설명한다. "성령이 네게 임하시고 지극히 높으신 이의 능력이 너를 덮으시리니 이러므로 나실 바 거룩한 이는 하나님의 아들이라 일컬어지리라. … **대저 하나님의 모든 말씀은 능하지 못하심이 없느니라.**" 그러므로 마리아 입장에서는 천사 가브리엘의 말이 전혀 낯선 이야기가 아니었다. 이 일은 어떤 측면에서는 "담대함에 대한 이야기"였다.

천사 가브리엘이 떠나자 마리아는 바로 길을 나선다. 마리아는 천사 가브리엘을 통해 전해들은 '이스라엘을 향한 하나님의 구원의 시작[7]'을 빨리 확인해 보고 싶었던 것 같다. 성경은 마리아의 이러한 마음을 이렇게 표현

---

7 이때까지도 마리아의 예수님에 대한 이해는 '전 우주적 관점'보다는 '이스라엘의 민족적 관점'으로 제한되었을 것이다. 당연한 일이다. 그러나 이러한 마리아의 제한된 관점은 훗날 예수님의 공생애 시절 예수님이 이스라엘 민족이 생각했던 바와 같이 행동하지 않으시자 "예수님이 귀신에 들렸다."라는 가짜뉴스에 휩쓸리는 모습으로 나타난다.: "[28]내가 진실로 너희에게 이르노니 사람의 모든 죄와 모든 모독하는 일은 사하심을 얻되 [29]누구든지 성령을 모독하는 자는 영원히 사하심을 얻지 못하고 영원한 죄가 되느니라 하시니 [30]**이는 그들이 말하기를 더러운 귀신이 들렸다 함이러라** [31]그때에 예수의 어머니와 동생들이 와서 밖에 서서 사람을 보내어 예수를 부르니 [32]무리가 예수를 둘러 앉았다가 여짜오되 보소서 당신의 어머니와 동생들과 누이들이 밖에서 찾나이다 [33]대답하시되 누가 내 어머니이며 동생들이냐 하시고 [34]둘러 앉은 자들을 보시며 이르시되 내 어머니와 내 동생들을 보라 [35]누구든지 하나님의 뜻대로 행하는 자가 내 형제요 자매요 어머니이니라"(마가복음 3:28-35).: 즉 천사 가브리엘로부터 수태고지를 받는 순간, 마리아는 '정치적·군사적 메시아'로서의 '다윗의 자손인 그 메시아'를 상상했을 것이다. 그리고 '그 메시아'는 그 시절 로마 식민지의 압제로부터 이스라엘 민족을 독립시켜 줄 용사 구세주로 이해되었을 것이다. 그러나 예수님의 공생애가 시작된 이후 우리 주 예수 그리스도의 행보는 이와 동떨어져 있었고, 그 결과 마리아는 예수님의 대적들이 예수님을 향하여 했던 비난인 "귀신들렸다."라는 소문에 넘어가는 모습을 잠시 보인다.

한다. "이때에 마리아가 일어나 빨리 산골로 가서"

> ³⁹**이때에 마리아가 일어나 빨리 산골로 가서** 유대 한 동네에 이르러 ⁴⁰사
> 가랴의 집에 들어가 엘리사벳에게 문안하니(누가복음 1:39-40)

"이때에 마리아가 일어나 빨리 산골로 가서" 나는 이 부분에서 '마리아는 어떤 성격의 소유자였을까?'라는 생각을 해보았다. 성경 본문으로 미루어 볼 때, 수태고지를 한 천사가 떠나자마자 마리아는 지체하지 않고 그 자리에서 일어나 바로 사가랴와 엘리사벳이 있는 동네로 떠났음을 알 수 있다. 교회사에 따르면 엘리사벳은 '소렉 골짜기'가 시작되는 '엔케렘'⁸에 살았다고 전해진다.

　성경에 밝은 사람들이라면 '소렉 골짜기'라고 하면 떠오르는 인물이 있을 것이다. 그렇다. 바로 삼손이다. 삼손은 '소렉 골짜기'에 위치한 '소라'라는 산동네에서 태어나 자란 인물이다. '좋은 포도'를 뜻하는 '소렉'에서 태어나 자란 '삼손'이 '작은 태양'이라는 그의 이름과 달리 '그 어두움'이라는 뜻의 '드릴라'를 사랑하고 그 결과 두 눈이 뽑힌 이야기는 사사기에 나오는 유명한 이야기다. 언약 백성이 처한 어두운 상황 가운데 이스라엘의 빛이 되라고 보내심을 받은 삼손이었다. 그런데 작은 태양인 삼손이 이스라엘의 빛이

8　Ein Kerem, 독일어 식으로 '아인케렘'이라고 발음하기도 한다. 이 책에서는 '엔케렘'이라고 하겠다.

되기는커녕 이방의 그 어두움을 사랑하자 하나님께서는 삼손의 두 눈이 뽑히는 징벌을 허락하신다. 순간 섬뜩함을 느낀 독자들이 있을 것이다. 삼손의 두 눈이 뽑힌 것은 나실인이 부정하게 되었을 경우 다시 정결케 하는 의식과 연관된 일이었다.[9] 이와 연관된 삼손의 인생 가운데 임하신 하나님의 은혜는 하나님의 은혜로 삼손 인물 설교집을 출판하게 된다면 그때 자세히 다루겠다.

어찌되었든, 삼손은 불순종의 과정에서도 그의 의도와 무관하게 언약 백성의 대적인 많은 수의 블레셋 족속을 쳐부수게 되었다. 그 결과 삼손은 결과적으로 베들레헴에서 태어날 다윗의 대적인 블레셋 세력을 일정 부분 약화시켰다. 즉 하나님께서는 삼손을 통하여 베들레헴에서 태어날 다윗의 앞길을 예비하셨다. 삼손에 의해 블레셋의 세력이 한풀 꺾이지 않았다면 다윗의 생은 더욱 험난했을 것이 분명하다.

---

9 "⁹누가 갑자기 그 곁에서 죽어서 스스로 구별한 자의 머리를 더럽히면 그의 몸을 정결하게 하는 날에 **머리를 밀 것이니** 곧 일곱째 날에 밀 것이며 ¹⁰**여덟째 날에 산비둘기 두 마리나 집비둘기 새끼 두 마리를 가지고** 회막 문에 와서 제사장에게 줄 것이요"(민수기 6:9-10).: 물론, 삼손의 머리가 밀린 것과 두 눈이(비둘기 두 마리) 뽑힌 것은 삼손이 자의(自意)로 한 것이 아니다. 우리의 구원 또한 마찬가지다. 우리의 구원은 전적으로 하나님으로 말미암는다. 성경에서 삼손이 사사로 죽었다고 증언하는 이유가 바로 이것이다. 이 부분에 대해 자세히 공부하고 싶은 독자에게는 『여호와의 날개 아래 약속의 땅을 향하여, 구약 역사서 이해 – 문예적 신학적 서론』(김지찬 저, 생명의말씀사)을 권한다.: "그의 형제와 아버지의 온 집이 다 내려가서 그의 시체를 가지고 올라가서 소라와 에스다올 사이 그의 아버지 마노아의 장지에 장사하니라 **삼손이 이스라엘의 사사로 이십 년 동안 지냈더라**"(사사기 16:31).: 그러한 연유로 삼손이 믿음의 전당에 올라갈 수 있는 것이다. 구원받은 성도의 삶에 우리의 자격이 있다고 생각하는가? 그렇게 생각한다면, 그는 아직도 복음이 무엇인지, 믿음이 무엇인지 모르는 사람이다.: "내가 무슨 말을 더 하리요 기드온, 바락, **삼손**, 입다, 다윗 및 사무엘과 선지자들의 일을 말하려면 내게 시간이 부족하리로다"(히브리서 11:32).

시간이 흘러 삼손이 태어났던 소렉 골짜기에 또 한 명의 나실인**10**이 태어
났다. 우리는 그를 세례 요한이라고 부른다. 그는 베들레헴에서 태어나신
우리 주 예수 그리스도의 앞길을 예비했다. 삼손과 세례 요한의 다른 점과
같은 점은 이것이었다. 삼손은 그의 불순종 가운데 다윗의 길을 예비하는
결과를 가져온 반면, 세례 요한은 하나님께 순종하는 가운데 다윗의 자손인
우리 주 예수 그리스도의 길을 예비했다는 것이다.**11**

---

10 나실인으로서 세례 요한에 대한 내용은 누가복음에 나온다.: "이는 그가 주 앞에 큰 자가 되며 **포도주나 독한 술을 마시지 아니하며** 모태로부터 성령의 충만함을 받아"(누가복음 1:15).: 나실인으로서 삼손에 대한 내용은 사사기에 나온다.: "¹³여호와의 사자가 마노아에게 이르되 내가 여인에게 말한 것들을 그가 다 삼가서 ¹⁴포도나무의 소산을 먹지 말며 **포도주와 독주를 마시지 말며** 어떤 부정한 것도 먹지 말고 내가 그에게 명령한 것은 다 지킬 것이니라 하니라"(사사기 13:13-14).

11 "소라 땅에 단 지파의 가족 중에 마노아라 이름하는 자가 있더라 그의 아내가 임신하지 못하므로 출산하지 못하더니"(사사기 13:1).: 삼손은 단 지파 출신이다. 삼손 이야기에 이어지는 사사기 기사는 '미가의 신상과 단 지파 이야기'다. 이 시기 단 지파는 약속의 땅을 떠나 그들의 눈에 보기에 좋은 라이스 지역을 정복하고 거주한다. 그리고 그 곳에 미가가 만든 신상을 세우고 모세의 손자를 단 지파의 제사장으로 삼는다. (제사장은 아론의 자손에게 주어진 직분이지, 모세의 자손에게 주어진 직분이 아니다.): "²⁷단 자손이 미가가 만든 것과 그 제사장을 취하여 라이스에 이르러 한가하고 걱정 없이 사는 백성을 만나 칼날로 그들을 치며 그 성읍을 불사르되 ²⁸그들을 구원할 자가 없었으니 그 성읍이 베드르홉 가까운 골짜기에 있어서 시돈과 거리가 멀고 상종하는 사람도 없음이었더라 단 자손이 성읍을 세우고 거기 거주하면서 ²⁹이스라엘에게서 태어난 그들의 조상 단의 이름을 따라 그 성읍을 단이라 하니라 그 성읍의 본 이름은 라이스였더라 ³⁰단 자손이 자기들을 위하여 그 새긴 신상을 세웠고 모세의 손자요 게르솜의 아들인 요나단과 그의 자손은 단 지파의 제사장이 되어 그 땅 백성이 사로잡히는 날까지 이르렀더라 ³¹하나님의 집이 실로에 있을 동안에 미가가 만든 바 새긴 신상이 단 자손에게 있었더라"(사사기 18:27-31).: 그 결과 요한계시록 7장에 기록된 인침을 받은 자의 명단에 단 지파가 존재하지 않게 된다.: "⁴내가 인침을 받은 자의 수를 들으니 이스라엘 자손의 각 지파 중에서 인침을 받은 자들이 십사만 사천이니 ⁵유다 지파 중에 인침을 받은 자가 일만 이천이요 르우벤 지파 중에 일만 이천이요 갓 지파 중에 일만 이천이요 ⁶아셀 지파 중에 일만 이천이요 납달리 지파 중에 일만 이천이요 므낫세 지파 중에 일만 이천이요 ⁷시므온 지파 중에 일만 이천이요 레위 지파 중에 일만 이천이요 잇사갈 지파 중에 일만 이천이요 ⁸스불론 지파 중에 일만 이천이요 요셉 지파 중에 일만 이천이요 베냐민 지파 중에 인침을 받은 자가 일만 이천이라 ⁹이 일 후에 내가 보니 각 나라와 족속과 백성과 방언에서 아무도 능히 셀 수 없는 큰 무리가 나와 흰 옷을 입고 손에 종려 가지를 들고 보좌 앞과 어린 양 앞에 서서 ¹⁰큰 소리로 외쳐 이르되 구원하

갈릴리 지역의 나사렛에서 유대[12] 지역 소렉 골짜기의 엔케렘까지의 거리는 그 당시 기준으로 165km가 넘는 거리였다. 그 당시 나사렛에서 출발하여 엔케렘에 도착하려면 이스르엘 골짜기와 요단강을 지나야 했다. 지금의 이스라엘 지도를 보는 사람들은 이 말이 쉽게 이해되지 않을 것이다. 우선 아무리 봐도 요단강은 나사렛에서 엔케렘을 직선으로 잇는 선의 동쪽에 존재한다. 그런데 "요단강을 건너야 한다니 무슨 말인가?" 싶을 것이다. 그 이유는 사마리아[13]라는 지역 때문이다.

> [3]유대를 떠나사 다시 갈릴리로 가실새 [4]사마리아를 통과하여야 하겠는지라 [5]사마리아에 있는 수가라 하는 동네에 이르시니 야곱이 그 아들 요셉에게 준 땅이 가깝고 [6]거기 또 야곱의 우물이 있더라 예수께서 길 가

심이 보좌에 앉으신 우리 하나님과 어린 양에게 있도다 하니"(요한계시록 7:4-10).: 사실, 사사기의 에필로그(epilogue)에 해당하는 '미가의 신상과 단 지파 이야기'는 삼손이 태어나기 전에 일어난 일이다. (사사기의 구조에 대해서는 삼손 이야기에 대한 출판 때 자세히 설명하겠다.) 이러한 사실은 삼손이 왜 사사가 된 뒤에도 혼자 활동했는지에 대해서 그 내밀한 사정을 엿볼 수 있게 해준다. 당연히 지파 전체가 나서 육백 명의 정예병을 동원한 정복 활동 후에 단 지파의 주류(主流)는 전부 라이스로 이주했을 것이다. 아모리 족속과 블레셋에 밀려 단 지파의 주류가 포기했던 땅이 '소라'다. 그 땅에서 삼손이 태어났다. 그리고 하나님께서는 그런 삼손을 들어 '블레셋의 주력'을 깨부수셨다. 즉 삼손 이야기는 삼손이 속한 단 지파와 삼손의 불순종 가운데서도 당신의 은혜로 이스라엘의 구원을 이루신 하나님에 대한 이야기다.

12 '유다'와 '유대': 이 책에는 개역개정 성경에 번역된 것을 기준으로 했다. 우선 야곱의 아들 유다로부터 시작된 '유다 지파'를 뜻하는 경우 '유다'로 했다. 또한 솔로몬의 통치 이후 '여로보암'을 왕으로 세운 북방 이스라엘과 솔로몬의 아들 '르호보암'을 왕으로 세운 남방 유다로 분열된 분열왕국 중 다윗 왕가를 뜻하는 경우 '유다'로 언급했다. 예수님 당시 팔레스타인 지역을 '유대, 사마리아, 갈릴리'로 구분해서 부르는 경우 '유대'로 표현했으나, 유대인 명칭은 시대와 지역에 매이지 않고 '유대인'으로 통일했다.

13 사마리아 지역이 생긴 이후 팔레스타인 지역은 '북쪽에 갈릴리 지역, 남쪽에 예루살렘을 포함한 유대 지역'이 있었고 갈릴리와 유대 사이에 '사마리아 지역'이 위치했다.

시다가 피곤하여 우물 곁에 그대로 앉으시니 때가 여섯 시쯤 되었더라 [7]사마리아 여자 한 사람이 물을 길으러 왔으매 예수께서 물을 좀 달라 하시니 [8]이는 제자들이 먹을 것을 사러 그 동네에 들어갔음이러라 [9]사마리아 여자가 이르되 당신은 유대인으로서 어찌하여 사마리아 여자인 나에게 물을 달라 하나이까 하니 **이는 유대인이 사마리아인과 상종하지 아니함이러라**(요한복음 4:3-9)

사마리아인의 기원은 이러하다. 솔로몬 이후 언약 백성은 북방 이스라엘과 남방 유다로 분열되었다. 북방 이스라엘은 유다 지파와 베냐민 지파를 제외한 열 개 지파가 다윗 왕가로부터 독립해서 이룬 국가로 후에 앗수르에게 먼저 멸망당했다. 그리고 남방 유다는 다윗의 혈통이 왕위를 이어갔으며 북방 이스라엘에 비해 136년 정도 더 지속되다가 바벨론에 의해 포로로 잡혀갔다. 이때 북방 이스라엘을 정복했던 앗수르는 그들이 정복한 지역에 혼혈 정책을 썼던 것으로 유명하다. 앗수르는 그들이 정복한 민족의 혈통을 섞는 방법으로 피정복민의 독립 의지를 꺾고자 했다. 이때 이들이 썼던 방식은 집단 이주를 통해 민족들을 섞는 것이었다. 그 결과 북방 이스라엘은 이방인과 혼혈이 되었고, 이러한 북방 이스라엘 지역을 사마리아라고 불렀다.

이들 사마리아인들과 유대인들은 서로를 경멸하고 증오했는데 이들 사이가 이렇게 틀어지게 된 계기에는 여러 역사적 굴곡이 있었다. 우선 남방 유다 출신인 유대인들의 입장에서 사마리아인들은 이방인의 피가 섞인 혼혈이었다. 쉽게 말해서 정통 유대인이 아니었다. 그러나 사마리아인들은 자신들이 아브라함 언약을 받은 존재라고 주장했다.

[19]여자가 이르되 주여 내가 보니 선지자로소이다 [20]**우리 조상들은 이 산
에서 예배하였는데** 당신들의 말은 예배할 곳이 예루살렘에 있다 하더이
다(요한복음 4:19-20)

게다가 사마리아인들은 '그리심산'[14]에 성전을 만들고 그들만의 제사장
제도와 제사 제도를 만들어 자신들이 정통이라는 주장을 펼쳤다. 이러한 사
마리아인들의 주장은 '예수님'과 '우물가의 사마리아 여인' 사이에 있었던 대
화에서도 엿볼 수 있다. "주여 내가 보니 선지자로소이다. 우리 조상들은 이
산에서 예배하였는데 당신들의 말은 예배할 곳이 예루살렘에 있다 하더이
다." 우물가의 사마리아 여인은 '그리심산의 성전'이 정통이라고 주장하는
사마리아인들과 '예루살렘 성전'이 정통이라는 유대인들 사이의 논쟁에 대
한 정답이 정말 궁금했던 것 같다.

[21]예수께서 이르시되 여자여 내 말을 믿으라 **이 산에서도 말고 예루살렘
에서도 말고 너희가 아버지께 예배할 때가 이르리라** [22]너희는 알지 못하
는 것을 예배하고 우리는 아는 것을 예배하노니 이는 구원이 유대인에

---

14 [9]"모세와 레위 제사장들이 온 이스라엘에게 말하여 이르되 이스라엘아 잠잠하여 들으라 오늘
네가 네 하나님 여호와의 백성이 되었으니 [10]그런즉 네 하나님 여호와의 말씀을 청종하여 내가
오늘 네게 명령하는 그 명령과 규례를 행할지니라 [11]모세가 그날 백성에게 명령하여 이르되 [12]
너희가 요단을 건넌 후에 시므온과 레위와 유다와 잇사갈과 요셉과 베냐민은 **백성을 축복하기
위하여 그리심산에 서고**"(신명기 27:9-12).: 신명기 본문을 살펴볼 때, 사마리아인들이 그리
심산에 성전을 만든 의도가 무엇이었는지 알 수 있다. 게다가 예수님께서 사마리아 여인과 대
화를 나누신 우물의 이름은 '야곱의 우물'이었다.: "거기 또 **야곱의 우물**이 있더라 예수께서 길
가시다가 피곤하여 우물 곁에 그대로 앉으시니 때가 여섯 시쯤 되었더라"(요한복음 4:6).

게서 남이라 [23]아버지께 참되게 예배하는 자들은 영과 진리로 예배할 때
가 오나니 곧 이 때라 아버지께서는 자기에게 이렇게 예배하는 자들을
찾으시느니라 [24]**하나님은 영이시니 예배하는 자가 영과 진리로 예배할
지니라** [25]여자가 이르되 메시야 곧 그리스도라 하는 이가 오실 줄을 내
가 아노니 그가 오시면 모든 것을 우리에게 알려 주시리이다 [26]예수께서
이르시되 **네게 말하는 내가 그라 하시니라**(요한복음 4:21-26)

우물가의 사마리아 여인의 질문에 예수님께서는 이 산에서도 말고 예루
살렘에서도 말고 예배하는 자가 영과 진리로 예배할 때가 이를 것이라고 말
씀하신다. 또한, 그러한 시대를 여시는 메시아가 예수님 자신이심을 사마리
아 여인에게 알려주신다.

어찌 되었든 이 정도의 갈등이라면 서로를 경멸할지언정, 여행할 때 상
대 지역을 통과하지 않을 정도로 서로에 대해 적대감을 가지지는 않았을 것
같다. 문제는 포로기 이후에 발생했다. '고레스 왕의 칙령[15]에 의해 바벨론
에 포로로 잡혀 있던 유대인들이 예루살렘으로 귀환할 때의 일이었다. 이
당시 유대인의 예루살렘으로의 귀환을 격렬하게 반대한 것은 다름 아닌 사
마리아인들이었다. 물론, 사마리아인들이 격렬하게 반대했던 원인은 유대

---

15 "[22]**바사의 고레스 왕 원년에** 여호와께서 예레미야의 입으로 하신 말씀을 이루시려고 여호와께
서 바사의 고레스 왕의 마음을 감동시키시매 **그가 온 나라에 공포도 하고 조서도 내려 이르되**
[23]바사 왕 고레스가 이같이 말하노니 하늘의 신 여호와께서 세상 만국을 내게 주셨고 나에게
명령하여 유다 예루살렘에 성전을 건축하라 하셨나니 너희 중에 그의 백성된 자는 다 올라갈
지어다 너희 하나님 여호와께서 함께 하시기를 원하노라 하였더라"(역대하 36:22-23).

인들이 사마리아인들에게 보였던 경멸과 배타심 때문이었다. 이러한 이유로 포로 귀환 후 예루살렘 성전과 성벽을 수축하던 유대인들은 사마리아인들의 실질적인 물리적 위협에 끊임없이 시달려야 했다.

이러한 역사에 더하여 '마카비 혁명'[16]의 원인이 되었던 셀레우코스 왕조의 종교 박해 기간 사마리아인들은 이교도들과 동맹을 맺고 유대교 박해에 앞장섰다. 그 결과 '마카비 혁명'의 성공으로 유대인의 독립을 이루었던 '하스몬 왕조'는 '사마리아 성전'을 파괴하는 복수를 단행한다. 이것으로 예수님 당시 유대인과 사마리아인 사이에는 서로에 대한 경멸을 넘어 증오가 넘쳤다.

그러니 성경에는 "마리아가 일어나 빨리 산골로 가서 유대 한 동네에 이르러"라고 간단히 기록되어 있지만, 마리아가 떠난 여정은 생각보다 간단하지 않았다. 마리아가 살던 나사렛은 갈릴리 지역에 있는 산골이었고, 사가랴와 엘리사벳이 살던 엔케렘은 유대 지역에 있는 산골 동네였다. 그리고 갈릴리와 유대 사이에는 사마리아 지역이 있었다. 그 결과 당시에는 갈릴리 지역에서 유대 지역으로 가려면 사마리아를 우회하는 긴 여정을 거쳐야만 했다.

더군다나 그 시절에 그 정도의 거리를 여행한다는 것은 목숨을 걸어야

---

16 기원전 166년에서 기원전 143년까지를 '마카비 혁명 시대'라고 하고, 기원전 142년부터 기원전 63년까지를 '하스몬 왕조 시대'라고 한다. 바벨론 포로기 이후 수세기에 걸쳐 이방민족의 지배를 받던 이스라엘이 독립왕조를 이루었던 시기다. 이 내용은 이 책의 중반부, 요셉이 대헤롯이 벌인 베들레헴 영아 살해를 피해 마리아와 예수님을 데리고 애굽으로 피신하였다가 팔레스타인 지역으로 복귀하는 과정을 조명하는 가운데 좀 더 자세히 다룰 것이다.

하는 행동이었다. 우리 인류 역사에서 여행을 떠난 뒤 무사히 살아 돌아올
수 있다는 보장이 생긴 것은 채 1세기가 되지 않았다. 조선 시대 지방에 있
던 선비가 한양에 과거시험을 보러 가는 일 자체가 목숨을 건 위험한 행위
였다는 것은 역사를 자세히 공부해 보면 알 수 있을 것이다.

　마리아가 살고 있었던 나사렛은 해발 398m에 위치한 산지였다. 이 당
시 마리아의 예상 경로를 추정해보면, 마리아는 일단 나사렛 산지에서 내려
와 이스르엘 골짜기를 지난 뒤 요단강을 건너야 했을 것이다. 그리고 베레
아 길을 지나 다시 요단강을 건너 여리고 성을 지난 뒤 해발 754m에 이르
는 예루살렘으로 오르는 광야를 지나고 나서도 가야 할 길이 남아있었을 것
이다. 요단강은 헬몬산에서 발원(發源)하여 '해발 마이너스 200m 정도의 갈
릴리호수'와 '해발 마이너스 400m 정도의 사해' 사이를 흐르는 강이다. 그
결과 요단강에서 예루살렘까지는 1,000m가 넘는 고도 차이가 존재한다.
엔케렘은 예루살렘에서 남서쪽으로 8km 정도 떨어져 있었다. 그러니 천사
가브리엘로부터 수태고지를 받은 마리아가 홀로 걸어가야 했던 길은 간단
한 여정이 아니었다. 이 여정은 아무리 적게 잡아도 165km가 넘었다고 한
다.[17] 더군다나 이 길은 평탄한 길이 아니라 끊임없이 해발 고도가 변하는
험난한 광야 길이었다. 그런 점에서, 이 길은 나이 어린 처녀의 몸으로는 감
당이 어려운 여정이었을 것이다.

---

17 물론, 도로가 발달한 지금은 같은 경로를 따라갈 때 165km보다는 짧다고 한다. 당연한 이야
기다.

그래서 생각해 보았다. '마리아는 어떤 성격의 소유자였을까?' 내가 보기에 마리아는 대가 세고 생각보다는 행동이 먼저 나가는 인물이었던 것으로 보인다. 그리고 마리아는 이전에 그녀의 부모를 따라 사가랴와 엘리사벳의 집을 방문했던 경험이 있었던 것으로 보인다. 물론 성경에는 직접적인 기록이 없으나, 내가 이렇게 생각하는 근거는 이것이다.

엘리사벳의 집은 예루살렘에서 남서쪽으로 8km 정도 떨어진 곳에 있었다. 우리 주 예수 그리스도는 유다 지파에서 태어나셨다. 그런데 마리아의 친족 엘리사벳은 아론의 자손이었다. 즉 레위 지파였다. 이러한 사실을 종합해볼 때, 마리아에게 있어서 엘리사벳은 외가 쪽 친족이었을 것이다.[18]

> **우리 주께서는 유다로부터 나신 것이 분명하도다** 이 지파에는 모세가 제사장들에 관하여 말한 것이 하나도 없고(히브리서 7:14)

> 유대 왕 헤롯 때에 아비야 반열에 제사장 한 사람이 있었으니 이름은 사가랴요 **그의 아내는 아론의 자손이니 이름은 엘리사벳이라**(누가복음 1:5)

그리고 누가복음의 기록을 볼 때, 요셉과 마리아는 해마다 유월절이 되면 예루살렘 성전에 가서 제사 드렸음을 알 수 있다. 요셉과 마리아의 이러

---

18 마리아가 어느 지파였는지는 성경에 명시적으로 나오지 않는다. 그러나 『기독교 강요』에서 칼빈이 주장했던 것처럼 '유다 지파'였음에 틀림없다.

한 습관(?)은 그들의 부모로부터 물려받은 것이었을 것이다. 자녀는 '앞에서 하는 부모의 말'보다는 '부모의 뒷모습'을 보며 성장하게 마련이다.

> [39]주의 율법을 따라 모든 일을 마치고 갈릴리로 돌아가 본 동네 나사렛에 이르니라 [40]아기가 자라며 강하여지고 지혜가 충만하며 하나님의 은혜가 그의 위에 있더라 [41]그의 부모가 **해마다 유월절이 되면 예루살렘으로 가더니**(누가복음 2:39-41)

그리고 사가랴는 제사장이었으므로 유월절에는 당연히 예루살렘 성전에 있었을 것이다. 사마리아 땅을 우회해서 먼 길을 온 친척을 오랜만에 성전에서 만난 뒤, 그 당시 거리 개념으로는 비교적 가까운 거리에 있었던 엘리사벳의 집을 방문하는 것은 충분히 예측할 수 있는 일이다. 일주일이 넘게 걸리는 긴 산길에 지쳐 있었을 마리아의 가족에게 "우리 집에 들러 좀 쉬었다가 기운을 차린 뒤에 출발하라."라고 권하는 것은 상식적인 일이다. 즉 마리아는 부모를 따라 예루살렘 성전에 제사를 드리러 왔을 때 외가 쪽 친척인 엘리사벳의 집을 여러 번 방문했던 경험이 있었을 것이다. 그러므로 나사렛에서 엘리사벳의 집까지 가는 길을 마리아는 알고 있었을 것이다.

하지만 그렇다 하더라도 나사렛에서 엔케렘까지의 길은 처녀의 몸으로 홀로 가기에는 상상조차 하기 힘든 험난한 여정이었을 것이다. 마리아는 출발하기 전 그녀의 부모에게 자신의 행선지(行先地)를 밝히고 떠났을까? 내 생각에는 그냥 겉옷과 약간의 식량 혹은 돈을 챙겨 무작정 나섰던 것으로 보인다. 그 시대 어느 부모가 처녀인 딸이 그렇게 멀고도 험한 길을 홀로 나서겠다고 하는데 허락했겠는가? 마리아의 부모는 어느 날 갑자기 사라진 딸을 찾아 헤매며 애를 먹었을 지도 모를 일이다.

> 마리아가 석 달쯤 함께 있다가 집으로 돌아가니라(누가복음 1:56)

그렇게 석 달쯤 있다가 나타난 딸로부터 임신했다는 말을 들었을 때 마리아의 부모가 보인 첫 번째 반응은 무엇이었을까? 물론 나는 그 석 달 사이 엘리사벳 쪽에서 마리아의 부모 측에 소식을 전했을 것이라고 생각한다. 내가 그렇게 생각하는 근거는 이것이다.

> [39]이때에 마리아가 일어나 빨리 산골로 가서 유대 한 동네에 이르러 [40]사가랴의 집에 들어가 엘리사벳에게 문안하니 [41]엘리사벳이 마리아가 문안함을 들으매 아이가 복중에서 뛰노는지라 **엘리사벳이 성령의 충만함을 받아** [42]**큰 소리로 불러 이르되** 여자 중에 네가 복이 있으며 네 태중의 아이도 복이 있도다 [43]**내 주의 어머니가 내게 나아오니 이 어찌 된 일인가**(누가복음 1:39-43)

마리아의 방문을 받은 엘리사벳이 큰소리로 외쳤다. "내 주의 어머니가 내게 나아오니 이 어찌된 일인가?" 비록 이때까지 사가랴의 혀가 풀리지 못하여 성전 안에서 천사 가브리엘이 했던 이야기를 듣지 못했다 하더라도, 엘리사벳은 '사가랴에게 주의 사자가 나타났다는 것'과 '자신의 임신이 이와 연관된 일'이라는 사실을 인지(認知)하고 있었을 것이다. 그러한 상황에서 그녀의 눈앞에 마리아가 갑자기 나타난 것이다. 당연히 가까운 친족이었던 엘리사벳은 마리아가 약혼한 상태였으며 아직 동거하기 전이라는 사실을 잘 알고 있었을 것이다. 어쩌면 유월절에 예루살렘 성전에서 요셉을 소개받았을 수도 있다.

그런데 갑자기 눈앞에 나타난 마리아를 보고 '이 아이가 왜 혼자서 여기에?'라는 생각을 정리하기도 전에 엘리사벳은 자신의 복중(腹中)에서 아이가 뛰노는 것을 느꼈다. 그 순간 엘리사벳은 성령의 충만함을 받아 큰소리로 외쳤다. "여자 중에 네가 복이 있으며 네 태중의 아이도 복이 있도다." 엘리사벳의 입을 통하여 나오는 말에 가장 놀랐던 것은 마리아가 아니라 엘리사벳이었을 것이다. '아니, 이 아이가 임신을 했다고? 아직 동거하기 전인데?' 성령의 충만함을 받아 자신의 입을 통하여 이어져 나오는 자신의 외침에 엘리사벳은 마리아가 임신하게 된 원인을 알게 되었다. "내 주의 어머니가 내게 나아오니 이 어찌된 일인가?"

당연히 엘리사벳도 이사야의 예언을 알고 있었을 것이다. "그러므로 주께서 친히 징조를 너희에게 주실 것이라. 보라, 처녀가 잉태하여 아들을 낳을 것이요 그의 이름을 임마누엘이라 하리라."[19] 예루살렘 외곽에 위치한 엔케렘에서 제사장의 아내로 오랜 세월을 살아온 엘리사벳이었다. 엘리사벳은 지금 마리아에게 무엇이 필요한지 정확히 이해하고 있었을 것이다. 그리고 자신의 배 속에 있는 아이와 마리아가 잉태하고 있는 예수님이 서로 '연결된 존재'라는 사실 또한 깨달았을 것이다. 그러니 엘리사벳은 그녀가 해

---

19 이사야 7:14

야 할 일을 정확히 이해했을 것이 분명하다. 그리고 엘리사벳은 그녀가 하나님 앞에서 해야 할 일을 했을 것이다. 이것이 바로 내가 석 달 사이에 엘리사벳 쪽에서 마리아의 부모에게 소식을 전했을 것이라고 생각하는 이유다. 더군다나 사가랴는 예루살렘 외곽에 거주하는 제사장이었다. 그러므로 비록 먼 거리일지언정 딸의 행방을 걱정하고 있었을 마리아의 부모에게 마리아의 소식을 전해줄 능력이 충분히 있었을 것이다.

다만 마리아의 행방 외에 마리아의 임신 사실까지도 마리아의 부모에게 전해 주었는지는 알 수 없다. 왜냐하면, 그 시대 약혼하고 동거하기 전의 처녀가 임신했다는 소식은 생명이 걸린 위험한 일이었기 때문이다. 아직 말문이 트이지 않은 사가랴나 임신 육 개월의 나이든 산모 엘리사벳이 직접 나사렛을 방문했을 리는 없다. 당연히 엘리사벳은 다른 사람을 통하여 마리아의 부모에게 소식을 전했을 것이다. 그렇다면 오해를 불러일으킬 소지가 있는 내용은 전달하지 않았을 가능성이 크다. 만에 하나 마리아의 임신 사실이 소문으로 퍼지게 될 경우를 걱정하지 않을 수 없었을 것이다. 그저 마리아가 무사히 자신의 집에 잘 도착해서 잘 지내고 있다는 정도의 소식을 전했을 것이다.

그렇게 갑자기 사라진 딸이 엘리사벳과 함께 있다는 소식을 들은 뒤, 석 달 만에 나타난 딸이 임신 소식을 전했을 때 마리아의 부모는 처음 무슨 생각을 했을까? 당연히 딸의 안위가 걱정되었을 것이다. 그리고 마리아의 약혼자 요셉의 자비를 기대했을 것이 분명하다. 마리아의 말을 들었을 때 마리아가 무슨 말을 하는지 잘은 모르겠지만, 마리아의 태중에 있는 아이는 분명히 요셉의 아이가 아니었기 때문이다. 게다가 마리아의 부모 입장에서는 3개월간 가출했던 딸이 돌아와서는 "엄마, 아빠, 저 임신했어요."라고 말한 상황이었다. 당시는 남편의 아이가 아닌 아이를 임신한 여인의 경우 동네 사람들이 돌로 쳐 죽이던 시절이었다.

물론 엘리사벳은 나사렛으로 떠나는 마리아를 혼자 돌려보내지는 않았을 것이다. 그 당시 마리아의 배 속에 일어난 일에 대해 '세상에서 가장 잘 이해하고 있었던 사람'은 엘리사벳이었을 것이다. 그리고 마리아가 처한 현실적인 위험에 대해서도 엘리사벳은 정확히 이해하고 있었을 것이다. 그렇다면 엘리사벳은 마리아를 절대 홀로 돌려보내지 않았을 것이다. 당연히 엔케렘에서 나사렛까지 일주일이 넘는 여정 동안 동행할 처녀들과 그들을 보호할 남자들을 같이 보냈을 것이다. 그리고 그들에게 증인의 역할을 맡겼을 것이다. 내가 이렇게 생각하는 근거는 마태복음 1장 18절에 나오는 말씀 때문이다.

> 예수 그리스도의 나심은 이러하니라 그의 어머니 마리아가 요셉과 약혼하고 동거하기 전에 **성령으로 잉태된 것이 나타났더니**(마태복음 1:18)

"성령으로 잉태된 것이 나타났더니." 마태복음은 예수님의 어머니 마리아가 요셉과 약혼하고 동거하기 전에 성령으로 잉태된 것이 나타났다고 증언하고 있다. 그런데 천사 가브리엘로부터 성령으로 잉태할 것이라는 수태고지를 받을 당시 마리아는 혼자였다. 그리고 "주의 여종이오니 말씀대로 내게 이루어지이다."라는 마리아의 고백을 들은 가브리엘은 하나님께로 바

로 돌아갔다. 그렇다면 마리아가 성령으로 잉태했다는 사실에 대한 증인은
마리아 혼자밖에 없는 상황이었다. 그런데 마태복음은 마리아가 요셉과 약
혼하고 동거하기 전에 성령으로 잉태된 것이 "나타났다."라고 분명히 증언
한다. 그렇다면 마리아의 주변 사람들은 이 사실을 어떻게 알았을까? 아니,
어떻게 이 사실을 인정하게 되었을까?

> 사람의 모든 악에 관하여 또한 모든 죄에 관하여는 한 증인으로만 정할
> 것이 아니요 **두 증인의 입으로나 또는 세 증인의 입으로 그 사건을 확정
> 할 것이며**(신명기 19:15)

율법에 따르면 어떠한 사실을 확정하는 데는 두세 증인이 필요했다. 나
사렛을 떠나 처음 엘리사벳의 집으로 향할 때 마리아가 성령으로 잉태했다
는 사실의 증인은 마리아 혼자뿐이었다. 하지만 석 달 후 나사렛으로 돌아
올 때 마리아가 성령으로 잉태했다는 사실에 대한 증인은 마리아뿐이 아니
었다. 이렇게 놓고 보면, 세례 요한은 그의 잉태부터 그의 존재로 우리 주
예수 그리스도의 길을 예비했음을 알 수 있다.[20] 왜냐하면, 엘리사벳이 나이
들어 세례 요한을 임신하지 않았다면 결코 엘리사벳은 마리아가 처녀의 몸

---

20 이것이 하나님의 사람의 인생이 가지는 특징이다. 우리 한국 교회 교인들은 열심을 내어 무언
가를 자꾸 하려는 경향과 그러한 일에 높은 점수를 주는 경향이 있다. (물론, 이제는 이러한 열
심마저 없어지는 것 자체가 슬프고 아쉽지만 말이다.) 물론, 열심을 내어 하는 일은 값지고 귀
하다. 그러나 여러 삶의 정황상 그러지 못한다고 해서 죄책감을 가지고 자신을 학대할 일 또한
아니다. "하나님의 사람은 그 존재만으로도 하나님 나라에 귀하다." 이 말의 의미를 묵상해 보
길 바란다. 쉽게 표현하면 이와 같다. 딸 바보 아빠들이 하는 말이 있다. "그저 성실하고 바르
게 행복하게 살아주면 고맙지." 다시 한번 강조하지만, 하나님은 우리의 아빠 아버지 되신다.

으로 임신한 사실을 알지도 이해하지도 못했을 것이기 때문이다. 하나님의 구원 역사에서 이러한 일은 대단히 흔한 방식이다. 하나님의 선택을 받은 사람은 그의 행위뿐 아니라 그의 존재로도 우리 주님의 구원을 선포하게 마련이다. 우리의 행위와 존재 양쪽 모두를 사용하시는 하나님의 역사하심에 대해 묵상해 보기를 권한다.

엘리사벳과 석 달을 지낸 후 나사렛으로 향하던 도중 마리아는 무슨 생각을 했을까? 무엇을 느꼈을까? 당연히 마리아는 '하나님의 보이지 않는 손'[21]의 보호하심을 느끼기 시작했을 것이다. 불과 석 달 전에 들짐승이 우는 광야 길을 홀로 떠나왔었다. 그런데 이제는 엘리사벳이 동행하게 해 준 증인들의 보호를 받으며 나사렛으로 향하고 있는 자신을 발견한 마리아는 매일 매일 새롭게 하나님을 알아가기 시작했을 것이다. 이 모든 과정은 엘리사벳이 외쳤던 것처럼 마리아에게 있어서는 '주의 어머니'답게 성장해 가는 과정이었을 것이다.

이쯤에서 한 가지 더 짚고 가야 할 부분이 있다. 그것은 천사 가브리엘로부터 수태고지를 받기 전 마리아의 평소 처신(處身)에 대한 이야기다. 얼마 전 대선이 있었다. 이번 대선만큼 후보와 후보 가족들에 대한 설왕설래(說往說來)가 많았던 대선도 없었던 것 같다. 세상이 자신과 입장이 다른 사람을

---

21 당신이 지으신 온 우주만물을 지금도 살아계셔서 유지하시고 통치하시는 '하나님의 보이지 않는 손'을 '하나님의 섭리'라고 한다.

공격할 경우, 맨 처음 하는 일은 그 사람의 과거 행적을 캐는 것이다. 그것만큼 입장이 다른 사람을 공격하는 데 효과적인 방법이 없기 때문이다. 우리 모두 알고 있는 사실이지만, 우리 주 예수 그리스도만큼 세상으로부터 공격을 받은 분은 없다. 성경에도 이와 관련된 언급이 있다.

> [34]시므온이 그들에게 축복하고 그의 어머니 마리아에게 말하여 이르되 보라 이는 이스라엘 중 많은 사람을 패하거나 흥하게 하며 **비방을 받는 표적이 되기 위하여 세움을 받았고** [35]또 칼이 네 마음을 찌르듯 하리니 이는 여러 사람의 마음의 생각을 드러내려 함이니라 하더라(누가복음 2:34-35)

요셉과 마리아가 규례대로 아기 예수를 성전에 데리고 갔을 때 있었던 일이다. 이때, 성령의 감동을 받은 시므온이 예수님을 향하여 했던 말이다. "비방을 받는 표적이 되기 위하여 세움을 받았고", 인류 역사 가운데 예수님보다 더 많은 비방과 공격을 받은 존재는 없다. 이토록 예수님을 반대했던 대적들에게 있어서 '예수님의 성령 잉태'만큼 손쉬운 공격 지점은 없었을 것이다. 그러나 예수님의 공생애 당시 예수님의 대적이었던 바리새인과 사두개인 등 그 어떤 적들도 마리아의 수태고지 당시의 행실(行實)에 대한 문제 제기가 없었다. 예수님을 향한 대적들의 비난은 "무슨 권위로 이와 같은 일들을 하느냐?"이었지, 예수님께 무슨 출생의 비밀이 있다는 등의 비난이 없었다.

역사적으로 예수님께서 처녀의 몸에서 성령으로 잉태했다는 사실에 대해 의문을 표시하면서 비난하는 무리들은 예수님의 승천 후 수백 년이 지난 후 다른 지역 다른 공간에서 나타났다. 예수님의 공생애 기간 같은 시간 같은 공간에 있었던 예수님의 대적 중에 이 문제를 제기했던 자들은 전혀 없었다. 무슨 이야기인가? 마리아의 평소 행실이 이러한 공격을 할 엄두조차 낼 수 없었다는 이야기다. 이러한 사실은 우리 믿음의 사람들에게 많은 생각과 성찰할 부분을 남긴다. 하나님의 사람에게 있어서 '자기 관리'는 어떤 측면에서는 그것이 곧 '신앙고백'이다.

유대인의
혼인 풍습

[56]마리아가 석 달쯤 함께 있다가 집으로 돌아가니라 [57]엘리사벳이 해산할 기한이 차서 아들을 낳으니 [58]이웃과 친족이 주께서 그를 크게 긍휼히 여기심을 듣고 함께 즐거워하더라(누가복음 1:56−58)

엘리사벳이 같이 보낸 증인들의 보호를 받으며 나사렛으로 돌아온 마리아가 세례 요한의 출생을 보고 나사렛으로 향했는지 엘리사벳의 출산 직전에 돌아왔는지는 성경의 기록만으로는 정확히 알 수 없다. 통상 40주인 임신 기간을 계산해서 예측해보면 이와 같다. 우리는 보통 임신 기간을 10개월이라고 말하지만 40주는 10개월이 아니라 9개월 10일이다. 마리아가 수태고지를 받은 것은 엘리사벳이 임신한 지 여섯 달이 지난 시점이었다. 그리고 나사렛에서 엘리사벳의 집까지는 최소 일주일이 넘게 걸리는 여정이었다. 즉 왕복 2주가 넘게 걸리는 거리였다. 마리아가 석 달쯤 엘리사벳과 같이 지내다가 집으로 돌아왔다는 성경의 기록으로 볼 때 단순 계산으로 하면 9개월 14일 정도로 40주를 4일 정도 넘기는 기간이다.

통상적으로 초산(初産)은 늦게 태어나는 경향이 있고, 둘째 셋째는 첫째 아이보다 일찍 태어나는 경향이 있다. 둘째 셋째의 경우에는 38주 정도에 태어나는 아이들도 많다. 또한, 산모(産母)의 운동량이 많은 경우에도 배 속의 아이가 빨리 태어나는 경향이 있다. 그리고 엘리사벳과 같이 나이가 들어 출산하는 노산(老産)인 경우 조산(早産)의 가능성이 높아진다. 즉 엘리사벳은 아이가 평균보다 일찍 태어날 가능성이 높은 노산(老産)인 동시에 아이가 늦게 태어날 확률이 높은 초산(初産)이었다는 점을 감안(勘案)할 때 평균적인 임신 기간을 채웠을 확률이 높다. 그리고 노산인 산모가 가만히 누워서 조심하는 경우 40주를 채우기도 한다. 마리아가 엘리사벳을 방문하지 않았다면 엘리사벳은 가사 노동에서 자유롭지 못했을 확률이 높다. 그러나 마리아의 방문으로 엘리사벳은 어느 정도 가만히 누워서 조심할 수 있는 환경이 조성되었을 것이다. 그러므로 초산이었던 엘리사벳은 확률적으로만 볼 때 40주를 충분히 채운 뒤 세례 요한을 낳았을 것이다.[1]

어찌 되었든, 마리아는 세례 요한의 출산 전후 어느 즈음에 엘리사벳의

---

1 사실 이러한 예측은 그렇게 중요한 일이 아니다. 그럼에도 불구하고, 이토록 장황하게 이 부분을 언급한 이유는 이것이다. 성경에 나오는 인물의 인생 가운데 성경과 교회사에 관련된 기록이 없는 경우, 그 빈 공간을 어떻게 채워나가는지 내 나름의 방법 중 하나를 보여주고 싶었다. 동시에 "온 우주에 적용되는 일반적인 법칙들을 제정한 분은 하나님이시다"라는 점을 강조하고 싶었다. 일상 가운데 숨어 있는 '보통의 일상'이 하나님의 사람들에게는 '기적'이라는 사실을 일깨우고 싶었다. 우리의 죄를 대속하시기 위해 성자 하나님이신 예수님께서 사람의 몸을 입고 이 땅에 오신 의미 중 하나를 부각하고 싶었다. 예수님께서 이 땅에 오셔서 사람의 몸으로 겪으셔야 했던 한계(限界)들이 우리를 위한 사역이셨듯이, 믿음이 좋다는 것이 '상식이 없음' 혹은 '신앙적 독선'과 헛갈리는 세태를 경계하고 싶었다.

배웅을 받으며 나사렛으로 향했을 것이다. 내가 마리아라면 아이가 태어나는 과정을 미리 보고 싶었을 것 같기는 하다. 가까운 시일 내에 자신도 겪어야 하는 일이니 더욱 그랬을 것 같다.

그러나 성경의 기록으로 볼 때, 마리아가 석 달쯤 엘리사벳과 함께 지내다가 집으로 돌아갔다는 기사 바로 직후에 세례 요한의 출생이 기록된 점과 이웃과 친족들이 엘리사벳의 출산을 함께 즐거워했다는 기사에 마리아에 대한 언급이 없는 것으로 보아, 마리아는 세례 요한의 출산 직전에 나사렛으로 향했을 가능성이 커 보인다. 그리고 마리아는 집에 돌아온 지 얼마 지나지 않아 세례 요한의 출산과 관련된 소문을 듣게 되었을 것이다. 그 소문은 예루살렘 성전에 분향하러 들어갔다가 하나님의 사자를 보고 말 못하게 되었다가 아들의 이름을 논의하는 자리에서 말문이 트이고 하나님을 찬양했던 어느 제사장의 아들에 관한 이야기였다. 이렇게 마리아는 천사 가브리엘을 통하여 수태고지를 받은 후 '엘리사벳과 같은 사람들의 말 속에서' 그리고 '여기저기서 들려오는 소식 가운데' 자신을 단단하게 세우시는 하나님의 손길을 느꼈을 것이다.

엘리사벳의 집에서 삼 개월 만에 돌아온 마리아가 그녀의 부모에게 자신의 임신 사실을 말할 당시 분위기는 어떠했을까? 어쩌면 마리아 스스로도 자신의 태도에 놀랄 만큼 당당했을 것이다. 이미 마리아는 지난 삼 개월 사이 자신을 감싸는 하나님의 강력한 손길을 매일매일 느끼고 있었다. 내가 평소에 자주 하는 말이다. 꽃은 물을 주고 햇빛을 비추어 주고 적당한 바람을 쐬게 해주는 등, 사랑과 관심을 부어주면 피어나게 마련이다. 이것이 바로 하나님께서 이 땅에 만들어주신 생명의 특징이다. 마리아가 그러했을 것이다.

갑자기 사라진 뒤 삼 개월 만에 나타난 딸의 표정에 당당함이 묻어나는 것을 보면서 마리아의 부모는 무슨 심정이었을까? 아이를 낳아본 사람이라면 다 아는 사실이지만, 초산의 경우 임신 삼 개월까지는 산모가 직접 말하지 않는 이상 겉으로 보아서는 임신 여부를 알 수 없다. 초산의 경우 임신 오 개월은 되어야 산모의 배가 눈에 띄게 불러오기 시작한다. 나사렛으로 다시 돌아왔을 당시 마리아는 임신한 지 삼 개월 반 정도가 지난 시점이었다. 즉 다른 사람들이 마리아의 임신 사실을 그녀의 배를 보고 알 수 있으려면 한 달 남짓한 시간이 필요했다. 엘리사벳의 집에서 돌아오자마자 마리아가 직접 요셉에게 알렸는지 아니면 시간을 두고 말을 했는지 알 수 없으나, 마리아의 임신 소식은 마리아의 약혼자 요셉에게 전해졌다.

> 예수 그리스도의 나심은 이러하니라 **그의 어머니 마리아가 요셉과 약혼하고 동거하기 전에 성령으로 잉태된 것이 나타났더니**(마태복음 1:18)

수태고지를 받았을 당시, 마리아는 요셉과 약혼하고 동거하기 전의 상태였다고 성경은 증언하고 있다. 이 문장이 품고 있는 의미를 이해하기 위해서는 유대인의 결혼 풍습을 알아야 한다. 그냥 쉽게 표현하면, 유대인은 '단 한 번의 결혼(結婚)'에 '두 번의 결혼식(結婚式)'을 한다. 물론 이런 표현이 마음에 들지 않는 사람들도 있겠지만 쉽게 설명하자면 그렇다. 두 번의 결혼식은 '약혼식'과 '혼인 잔치'로 구분할 수 있다. 부부가 같이 동거하며 살림을 차리는 것은 혼인 잔치 때부터였지만, 법적으로 부부가 되는 것은 약혼한 순간부터였다. 주의 사자가 요셉에게 현몽하여 마리아가 성령으로 잉태하였음을 알렸을 때, 요셉에게 마리아를 가리켜 '네 아내 마리아'라고 한 이유는 이 때문이다.

> 이 일을 생각할 때에 주의 사자가 현몽하여 이르되 다윗의 자손 요셉아 **네 아내 마리아 데려오기를 무서워하지 말라** 그에게 잉태된 자는 성령으로 된 것이라(마태복음 1:20)

약혼(約婚) 혹은 정혼(定婚)이라고 하는 첫 번째 결혼식(結婚式)은 신랑이 신부 집을 방문하면서 이루어졌다. 이때 생각나는 질문이 하나 있을 것이다. 신랑은 신부의 집을 어떻게 알았을까? 당연히 신부가 신랑한테 알려줬기 때문이다. 그렇다면 정혼하기 전부터 신랑과 신부는 서로 아는 사이라는 이야기가 된다. 이 설명을 하는 이유는 우리 민족의 옛 혼인 풍습처럼 "집안 어른들 사이에 결혼할 대상을 정하고 심한 경우 첫날밤을 지낸 다음 날 아침에 처음으로 신랑 얼굴을 보았다는 할머니들의 말을 상상하는 분들이 혹시나 있지 않을까?"하는 마음에서다.

보통 이 시기 처녀와 총각이 서로에게 호감(好感)을 가진 상대를 만나게 되는 과정은 비슷한 지역에 거주하거나 혹은 유대인의 축제 시기 처녀와 총각들이 단체로 모여 춤을 추는 풍습 가운데 이루어졌다고 한다. 요셉과 마리아는 나사렛이라는 조그마한 동네에서 자라면서 자연스럽게 알게 된 사이였을 것이다.

　마리아와 요셉이 약혼했을 당시 나이에 대해서 말들이 많다. 이 부분은 학자들에 따라 의견이 갈리는데 대략 두 가지 견해가 존재한다. 그중 한 견해는 약혼 당시 마리아는 16세 정도였고 요셉은 20세 정도였다는 것이다. 이 견해는 당시 남녀의 일반적인 혼인 연령(婚姻 年齡)을 감안한 것이다. 반면 약혼 당시 마리아의 나이는 16세에서 20세 사이였지만 요셉은 40세 정도로 당시로서는 중년의 나이였다는 주장이 흔하다. 내가 보기에 이 주장은 예수님께서 공생애를 시작하시기 전에 요셉이 세상을 떠난 것 때문인 듯하다.[2]

　그러나, 내가 보기에 약혼 당시 마리아는 16세 정도였고 요셉의 나이는 20세 정도였다는 견해가 맞는 것 같다. 이유는 간단하다. 예수님은 마리아와 요셉이 호적(戶籍)하러 베들레헴에 방문했을 때 태어나셨다.

> [1]그때에 가이사 아구스도가 영을 내려 천하로 다 호적하라 하였으니 [2]이 호적은 구레뇨가 수리아 총독이 되었을 때에 처음 한 것이라 [3]모든 사람이 호적하러 각각 고향으로 돌아가매 [4]요셉도 다윗의 집 족속이므로 갈릴리 나사렛 동네에서 유대를 향하여 베들레헴이라 하는 다윗의 동네로

2　또한 이러한 주장은 2세기 초반 기록된 위경(僞經)의 영향도 어느 정도 역할을 한 것으로 보인다. 구체적인 책 이름은 밝히지 않겠지만, 일부 위경에는 마리아와 약혼 당시 요셉의 나이가 90세를 넘긴 노인이었다는 기록조차 있다. 참고로 우리가 고백하는 신구약 성경 66권은 한자로 '바를 정' 자(字)를 써서 정경(正經)이라고 하는 반면, 로마 가톨릭에서 정경 외에 '제 2경전'이라고 부르는 7권의 책은 한자로 '바깥 외' 자(字)를 써서 외경(外經)이라고 한다. 즉 로마 가톨릭이 주장하는 '제 2경전'은 성경 바깥의 책이라는 뜻이다. 이 외경에도 들지 못하는 책 중에 한자로 '거짓 위' 자(字)를 써서 위경(僞經)이라고 불리는 문서가 있으며, 요셉의 나이가 마리아보다 한 세대 정도 많았을 것이라는 주장은 이러한 문서의 영향을 받은 면이 많다.

⁵그 약혼한 마리아와 함께 호적하러 올라가니 마리아가 이미 잉태하였더라 ⁶거기 있을 그때에 해산할 날이 차서 ⁷첫아들을 낳아 강보로 싸서 구유에 뉘었으니 이는 여관에 있을 곳이 없음이러라(누가복음 2:1-7)

그리고 성경의 기록을 자세히 살펴볼 때, 요셉은 호적 하러 방문한 베들레헴에서 나사렛으로 복귀(復歸)하지 못하고 산후조리(産後調理) 기간 40일 정도³를 베들레헴에서 머문 뒤 바로 마리아와 예수님을 이끌고 애굽으로 피난을 떠났음을 알 수 있다. 만삭의 산모를 데리고 1주일이 넘는 길을 떠난 뒤 객지에서 출산(出産)했다. 이들 부부의 경제 사정으로 볼 때 나귀가 있었을까? 쉽지 않았을 것이다.⁴ 이러한 사정으로 남들보다 늦게 베들레헴에 도착하는 바람에 출산할 마땅한 장소를 찾지 못했다. 애를 쓰며 고생한 여정 때문에 산통이 예정일보다 훨씬 빨리 왔을 것이다. 명절 연휴가 끝나는 날 전국의 분만실은 말 그대로 만원(滿員)이다. 산모가 심리적 물리적 충격을 받는 경우, 조산(早産)하는 것은 상식에 해당한다. 이러한 사실을 생각해 볼 때, 이들 부부에게 호적하러 떠났던 베들레헴까지의 여정이 얼마나 힘들었을 지 눈에 선하다. 아무리 로마 황제의 칙령으로 호적하러 가야 하는 길이었지만 출산 예정일에 맞추어서 출발했을 리는 없다. 베들레헴까지 가는 길의 기가 막힌 고생이 변수가 되었을 것이다.

---

3 이렇게 보는 이유는 정결 예식을 위해 필요한 구약의 율법에 기록된 날짜 때문이다. 이 부분은 뒤에서 좀 더 자세히 설명하도록 하겠다.

4 물론, 중세 시절의 성화나 예수님의 출생을 주제로 한 영화에는 항상 나귀가 등장하지만 과연 그랬을까? 내가 보기에는 쉽지 않았을 것이다.

우리 모두가 알고 있듯이 예수님께서 태어나신 장소는 기가 막힌 환경이었다. 그렇게 40일 정도의 산후조리 기간이 지나자 베들레헴에서 왕복 하루거리인 예루살렘 성전을 방문하여 규례를 지켰다. 그 후 베들레헴에서 밤중에 동방박사의 방문을 받았다. 동방박사들이 그들의 고국에서 보던 별의 인도함을 받아 예수님께서 계신 곳을 알게 되었다는 사실로 보아 동방박사들의 방문을 받았던 시각은 한밤중이었을 것이다.

박사들이 왕의 말을 듣고 갈새 **동방에서 보던 그 별이 문득 앞서 인도하여 가다가** 아기 있는 곳 위에 머물러 서 있는지라(마태복음 2:9)

그렇게 동방박사들의 방문을 받은 뒤, 잠시 잠든 사이에 꿈에 지시를 받고 한밤중에 애굽까지 몸을 피했다. 이때는 출산한 지 얼마 되지 않은 마리아와 태어난 지 얼마 안 되는 아기 예수와 동행해야 하는 참 어려운 상황이었다. 그렇게 이어진 2년 가까운 피난 생활 동안 산모와 갓난아이의 보호자 역할을 해야 했던 요셉이었다. 이러한 일정을 하나님께서 중년의 나이 혹은 노년의 나이인 사내에게 맡긴다? 내가 아는 하나님은 '반드시 그래야만 하는 정말 특별한 이유'가 있지 않는 한 그러시지 않는 분이시다. 그리고 나는 하나님 입장에서 이렇게 힘든 과정을 군이 중년이나 노년의 사내에게 맡기실 이유를 아직 찾지 못했다.

[13]그들이 떠난 후에 주의 사자가 요셉에게 현몽하여 이르되 헤롯이 아기를 찾아 죽이려 하니 일어나 아기와 그의 어머니를 데리고 애굽으로 피

하여 내가 네게 이르기까지 거기 있으라 하시니 ¹⁴요셉이 일어나서 밤에
아기와 그의 어머니를 데리고 애굽으로 떠나가 ¹⁵헤롯이 죽기까지 거기
있었으니 이는 주께서 선지자를 통하여 말씀하신 바 애굽으로부터 내
아들을 불렀다 함을 이루려 하심이라(마태복음 2:13-15)

성경에 기록된 예수님의 공생애 기간 요셉에 대한 언급이 전혀 없다는
점과 교회사를 통하여 내려오는 기록으로 볼 때, 요셉은 예수님이 공생애
를 시작하시기 이전에 세상을 떠난 것으로 보인다. 간단하게 계산할 때, 약
혼 당시 요셉의 나이가 20세 정도였다면 요셉은 50세 정도에 세상을 떠났
을 것이다. 그렇다면 장수하지는 못했지만, 당시 평균수명으로 볼 때 최소
한 요절(夭折)했다고 볼 수 있는 나이도 아니다.

내가 보기에 요셉이 약혼 당시 중년의 나이였다는 기록들은 아마도 우리
주 예수 그리스도의 어린 시절 충실한 보호자였던 요셉이 일찍 생을 마감
했다는 사실을 쉽게 받아들이지 못한 결과로 보인다. 성경에서 장수(長壽)를
복으로 언급한 적이 많다는 점이 특별히 이러한 생각을 강화했을 것이다.

> **여호와를 경외하면 장수하느니라** 그러나 악인의 수명은 짧아지느니라
> (잠언 10:27)

확실한 것은 요셉이 예수님의 공생애 이전에 사망했다는 것이었다. 이렇
게 "예수님의 공생애 이전에 요셉이 사망했다."라는 사실과 "요셉은 하나님
께 복을 받아 장수했을 것이 분명하다."라는 생각을 조화시키려는 과정에서

약혼 당시 요셉의 나이가 많았다는 주장이 나왔던 것은 아닐까 하는 생각이 든다. 그러나 장수(長壽)가 꼭 복은 아니다.

> [7]**어찌하여 악인이 생존하고 장수하며** 세력이 강하냐 [8]그들의 후손이 앞에서 그들과 함께 굳게 서고 자손이 그들의 목전에서 그러하구나 [9]그들의 집이 평안하여 두려움이 없고 하나님의 매가 그들 위에 임하지 아니하며 [10]그들의 수소는 새끼를 배고 그들의 암소는 낙태하는 일이 없이 새끼를 낳는구나 [11]그들은 아이들을 양 떼 같이 내보내고 그들의 자녀들은 춤추는구나 [12]그들은 소고와 수금으로 노래하고 피리 불어 즐기며 [13]그들의 날을 행복하게 지내다가 잠깐 사이에 스올에 내려가느니라(욥기 21:7-13)

거기에 더해, 내가 보기에 예수님의 공생애가 시작되기 전에 요셉이 사망한 사실은 모세가 약속의 땅에 들어가지 못한 것과 같은 맥락으로 보인다. 오해가 없기 바란다. 지금 내가 하는 말은 요셉의 죽음이 하나님의 징계라는 주장이 아니다. 모세 또한 마찬가지다. 겉으로는 이스라엘 백성과 모세의 불순종이 모세가 약속의 땅에 들어가지 못한 이유처럼 보이지만, 모세가 약속의 땅에 들어가지 못한 것은 하나님의 구원 역사에서 모세가 가지는 상징이 더 큰 원인이다.

> **율법은 모세로 말미암아 주어진 것이요** 은혜와 진리는 예수 그리스도로 말미암아 온 것이라(요한복음 1:17)

하나님의 구원 역사에서 모세는 '율법의 상징'이었다. 그런데 약속의 땅
은 '하나님의 은혜의 땅'이었다.[5] 이 점이 모세가 약속의 땅에 들어가지 못
한 이유이다. 하나님 입장에서는 아무리 모세를 율법의 상징으로 세우셨지
만, 모세가 정말 많이 안쓰러우셨던 것 같다. 하나님의 이러한 마음은 신명
기 34장 기사를 볼 때 마음속 깊이 느껴진다. 하나님께서는 모세가 죽기 전
모세가 이끌어 온 이스라엘 백성이 들어가 차지하게 될 땅 전체를 모세에게
직접 보여주신다. "여호와께서 길르앗 온 땅을 단까지 보이시고 또 온 납달
리와 에브라임과 므낫세의 땅과 서해까지의 유다 온 땅과 네겝과 종려나무
의 성읍 여리고 골짜기 평지를 소알까지 보이시고"

> [1]모세가 모압 평지에서 느보 산에 올라가 여리고 맞은편 비스가 산꼭대
> 기에 이르매 **여호와께서 길르앗 온 땅을 단까지 보이시고** [2]**또 온 납달리**
> **와 에브라임과 므낫세의 땅과 서해까지의 유다 온 땅과** [3]**네겝과 종려나**
> **무의 성읍 여리고 골짜기 평지를 소알까지 보이시고** [4]여호와께서 그에
> 게 이르시되 이는 내가 아브라함과 이삭과 야곱에게 맹세하여 그의 후
> 손에게 주리라 한 땅이라 **내가 네 눈으로 보게 하였거니와** 너는 그리로
> 건너가지 못하리라 하시매 [5]이에 여호와의 종 모세가 여호와의 말씀대

---

5 "[10]네 하나님 여호와께서 네 조상 아브라함과 이삭과 야곱을 향하여 네게 주리라 맹세하신 땅
으로 너를 들어가게 하시고 네가 **건축하지 아니한 크고 아름다운 성읍을** 얻게 하시며 [11]**네가**
채우지 아니한 아름다운 물건이 가득한 집을 얻게 하시며 네가 파지 아니한 우물을 차지하
게 하시며 네가 심지 아니한 **포도원과 감람나무를** 차지하게 하사 네게 배불리 먹게 하실 때에
[12]너는 조심하여 너를 애굽 땅 종 되었던 집에서 인도하여 내신 여호와를 잊지 말고 [13]네 하나
님 여호와를 경외하며 그를 섬기며 그의 이름으로 맹세할 것이니라"(신명기 6:10–13).: 우리
의 구원이 이와 같다. 이것이 복음이고 이것이 믿음이다. 이것이 은혜다.

로 모압 땅에서 죽어 ⁶벳브올 맞은편 모압 땅에 있는 골짜기에 장사되었
고 오늘까지 그의 묻힌 곳을 아는 자가 없느니라(신명기 34:1-6)

그렇다면 하나님께서는 요셉을 왜 예수님의 공생애 이전에 소천(召天)시
키셨을까? 내가 보기에 이것은 예수님께서 공생애에 나서실 때, 당시의 관
습으로도 예수님의 공생애가 합법적이어야 할 필요성 때문으로 보인다. "우
리는 온 우주의 창조주이심에도 불구하고 당신이 창조하신 피조세계의 질
서를 존중하시는 하나님의 방법을 배워야 한다." 믿음이 좋다는 것이 상식
없음과 동의어가 되는 현상은 경계해야 할 지점이다. 당시는 가장(家長)의
권위가 지금과는 비교도 안 될 만큼 강한 시절이었다. 즉 요셉이 살아있어
만에 하나 가장의 권위로 예수님의 공생애 사역을 반대했음에도 불구하고,
예수님께서 공생애를 시작하셨다면 예수님의 대적들에게 있어 이보다 더
좋은 도덕적 공격지점은 없었을 것이다. 그러나 요셉의 소천 후에는 마리아
의 맏아들이었던 예수님이 가장의 권위를 가지게 되었으므로 당시의 관습
법으로 볼 때 예수님의 공생애를 막을 권위자는 세상에 존재하지 않았던 것
이다.

예수님이 귀신에 들렸다는 소문에 예수님을 찾아온 마리아와 동생들이
밖에 서 있다는 말을 전해 듣고서 예수님께서 "누가 내 어머니이며 내 동생
들이냐? 나의 어머니와 나의 동생들을 보라. 누구든지 하늘에 계신 내 아버
지의 뜻대로 하는 자가 내 형제요 자매요 어머니이니라."고 하신 말씀은 가
장의 권위로 하신 말씀이기도 했다. 그러나 이때 예수님을 찾아온 마리아와
동생들 사이에 요셉이 있었다면 이야기가 달라진다. 당시의 관습으로는 남

편이 죽은 뒤 여인은 아들에게 순종해야 했다. 이러한 당시의 관습이 정당한지 그렇지 않은지를 21세기의 관점으로 여기에서 평가하는 것은 현명한 일이 아니다. 이 부분에 대한 예수님의 고뇌는 뒤에서 다루도록 하겠다.[6] 어찌 되었든, 그 당시 마리아는 가장인 예수님의 결정을 존중해야 하는 입장이었지, 예수님의 결정에 이래라 저래라 할 사회적 권위가 없었다.

> [30]이는 그들이 말하기를 더러운 귀신이 들렸다 함이러라 [31]그때에 예수의 어머니와 동생들이 와서 밖에 서서 사람을 보내어 예수를 부르니 [32]무리가 예수를 둘러 앉았다가 여짜오되 보소서 당신의 어머니와 동생들과 누이들이 밖에서 찾나이다 [33]대답하시되 누가 내 어머니이며 동생들이냐 하시고 [34]둘러 앉은 자들을 보시며 이르시되 내 어머니와 내 동생들을 보라 [35]누구든지 하나님의 뜻대로 행하는 자가 내 형제요 자매요 어머니이니라(마가복음 3:30-35)

예수님이 귀신들렸다는 소문에 예수님을 찾아왔던 마리아와 동생들 사이에 요셉이 같이 있었다면 상황이 어떻게 되었을까? 내가 보기에 예수님의 공생애가 시작되기 전에 요셉을 소천(召天) 시키신 것은 30년 가까운 세월 동안 최선을 다해서 예수님을 보호했던 요셉의 소명(召命)을 완성시키기 위한 '하나님의 배려'였던 것으로 보인다. 즉 요셉이 소천한 시기는 요셉을 향한 하나님의 은혜였다. 예수님의 공생애 이전에 죽음으로 요셉의 30년의

---

6 이 부분에 대한 예수님의 고뇌는 "십자가 앞에 선 마리아" 단원에서 자세히 다루었다.

고생이 헛된 수고가 되지 않았다. 복음을 위한 요셉 그의 헌신은 그의 죽음으로 완성되었다. 이렇듯 때로는 죽음이 그를 향한 '하나님의 은혜의 완성'일 때가 있다.

같은 동네에서 자란 사이이든지 아니면 축제 때 서로 눈이 맞은 사이이든지 어느 경우가 되었든 서로에게 호감을 가지게 된 남녀가 결혼하고 싶은 경우, 신랑은 신부가 알려준 집으로 약속된 시간에 자신의 아버지와 친족 어른 중 한 분을 모시고 신부 집을 방문했다.

당연히 신부 집에서는 그 시각에 맞추어 신랑 일행을 맞을 준비를 마친 상태다. 이렇게 첫 번째 결혼식인 약혼식을 위해 신부 집을 방문할 때 신랑은 상당한 액수의 돈을 지참했는데, 이때 신랑이 신부 값으로 신부 아버지에게 지불하는 돈을 '모하르(mohar)'라고 불렀다. 21세기 대한민국의 관점으로 볼 때 이상해 보이는 이 관습은 신부 또한 신부 집안의 소중한 '노동력'이었기 때문에 생긴 일이라고 한다. 기계 문명이 시작되기 전의 풍습이었다. 모든 것이 사람 손을 통해서만 가능했던 시절, 가족 구성원 한 명 한 명은 또 다른 의미에서는 공동체의 생존을 위한 노동력이었다. 그러한 이유로 신부가 신랑에게 시집갈 경우 생기는 노동력의 손실을 보상해 주는 돈이 '모하르(mohar)'였다고 전해진다.

이렇게 신부 아버지에게 '모하르(mohar)'가 건네지고 신부가 혼인에 동의하면 그 혼인은 성사(成事)된 것이었다. 그리고 이때부터 신랑 외에 그 누구도 신부에 대한 권리를 주장할 수 없었다. 신부 값을 신랑이 지불했으므로

신부는 영원히 신랑의 것이 된 것이다.[7]

> 여러분은 자기를 위하여 또는 온 양 떼를 위하여 삼가라 성령이 그들 가
> 운데 여러분을 감독자로 삼고 하나님이 **자기 피로 사신 교회**를 보살피
> 게 하셨느니라(사도행전 20:28)

> [18]음행을 피하라 사람이 범하는 죄마다 몸 밖에 있거니와 음행하는 자는
> 자기 몸에 죄를 범하느니라 [19]너희 몸은 너희가 하나님께로부터 받은 바
> 너희 가운데 계신 성령의 전인 줄을 알지 못하느냐 **너희는 너희 자신의**
> **것이 아니라** [20]**값으로 산 것이 되었으니** 그런즉 너희 몸으로 하나님께
> 영광을 돌리라(고린도전서 6:18-20)

> 일곱 대접을 가지고 마지막 일곱 재앙을 담은 일곱 천사 중 하나가 나아
> 와서 내게 말하여 이르되 이리 오라 내가 **신부 곧 어린 양의 아내**를 네
> 게 보이리라 하고(요한계시록 21:9)

이러한 유대인의 혼인 풍습은 하나님의 구원 역사 가운데 많은 부분을
이해할 수 있게 해준다. 그런 점에서 볼 때, 유대인들이 우리 주 예수 그리

7　"다윗이 사울의 아들 이스보셋에게 전령들을 보내 이르되 내 처 미갈을 내게로 돌리라 그는 내
　가 전에 블레셋 사람의 포피 백 개로 나와 정혼한 자니라 하니"(사무엘하 3:14).: 사울의 딸 미
　갈과 혼인할 때 다윗이 사울에게 지불한 블레셋 사람의 포피 백 개가 바로 '모하르(mohar)'다.
　다윗이 유다 지파의 왕이 된 이후, 다윗은 이 모하르를 근거로 사울의 아들 이스보셋에게 전령
　을 보내 사울의 딸 미갈에 대한 권리를 주장한다.

스도를 거부한 것은 하나님 앞에서 핑계 댈 것이 없어 보인다. 그들만큼 예수님을 통한 구원 역사를 이해하기 쉬운 민족은 이 지구상에 없다. 교회는 우리 주 예수 그리스도의 신부다. 예수님은 교회인 우리의 신랑 되신다. 예수님께서 우리를 위해 치르신 '모하르(mohar)'는 '십자가에서 흘리신 예수님의 보혈'이다. 세상 죄를 지고 가시는 하나님의 어린 양[8] 예수님께서 어린 양의 신부 된 교회를 당신의 피로 사신 것이다. 이것이 구원이다. 교회 된 우리는 새 하늘 새 땅이 임하기 전에도 이미 법적으로 어린 양의 신부이므로, 어린 양이신 우리 주 예수 그리스도에게 신부 된 우리에 대한 모든 권한이 주어져 있다.

여기에서 짚고 넘어갈 부분이 하나 있다. "하나님이 자기 피로 사신 교회", 하나님에게 피가 있을까? 하나님께서 피를 흘리실 수 있을까? 성경에 나오는 성자 하나님이신 우리 주 예수 그리스도에 대한 이러한 표현을 교리적으로는 '우리 주 예수 그리스도의 인성(人性)을 따라서' 그러하다고 한다. 여러 번 언급했지만, 성육신 이후 예수님은 100% 참 하나님이신 동시에 우리와 동일본질(同一本質)이신 100% 참 사람이시다. 그리고 예수님께서 신성(神性)을 따라 하신 일이 성자 하나님께서 하신 일이듯이, 예수님께서 인성(人性)을 따라 하신 일 또한 성자 하나님께서 하신 일이다. 그러므로 "하나님이 자기 피로 사신 교회"라는 표현은 예수님께서 인성을 따라 십자가에서

---

8 "이튿날 요한이 예수께서 자기에게 나아오심을 보고 이르되 보라 **세상 죄를 지고 가는 하나님의 어린 양이로다**"(요한복음 1:29).

희생하신 일을 말한다. 그리고 예수님께서 인성을 따라 하신 일 또한 성자 하나님이신 예수님께서 하신 일이시니 성육신 이후에는 "하나님이 자기 피로 사신 교회"라는 표현이 가능하게 된 것이다. 이 부분 또한 오랜 시간 묵상해 보기를 바란다. 피를 흘리실 수 없는 하나님께서 왜 피를 흘리셔야 했을까? 바로 우리의 구원을 위해서!

이렇게 첫 번째 결혼식인 약혼식을 마친 뒤, 신랑 일행은 신부를 친정에 두고 돌아간다. 이때부터 신랑과 신부는 각자 1년 뒤가 될지, 2년 뒤가 될지 모르는 본격적인 결혼생활을 위한 준비를 시작한다. 이 기간 신부는 '신부 수업(新婦 受業)'을 했다고 하며, 신랑은 신부와 함께 동거할 집을 지었다고 전해진다. 우리가 사는 이 땅도 불과 1−2세기 전만 해도 대궐이나 관청 혹은 벼슬아치의 집이 아닌 이상 자기가 살 집은 주변의 도움을 받아 직접 지었다는 사실을 기억하면 이해가 될 것이다. 우리의 구원과 관련하여 이 기간을 우리 주 예수 그리스도께서는 이렇게 설명하신 적이 있다. 즉 구원 사적(救援史的)으로 볼 때, 교회인 우리는 약혼식과 어린 양의 혼인 잔치 사이의 기간을 통과하는 중이다.[9] 그러므로 이 기간에 신부인 교회가 할 일은 신랑이신 예수님께서 준비하고 계신 새 하늘 새 땅에서 예수님과 동거하기 위한 '신부 수업'이다.

---

9 이때 약혼식은 우리 주 예수 그리스도께서 십자가를 통해 이루신 구원을 뜻하고, 어린 양의 혼인 잔치는 우리 주 예수 그리스도께서 재림하실 때를 의미한다.

¹너희는 마음에 근심하지 말라 하나님을 믿으니 또 나를 믿으라 ²내 아버지 집에 거할 곳이 많도다 그렇지 않으면 너희에게 일렀으리라 **내가 너희를 위하여 거처를 예비하러 가노니 ³가서 너희를 위하여 거처를 예비하면 내가 다시 와서 너희를 내게로 영접하여 나 있는 곳에 너희도 있게 하리라**(요한복음 14:1-3)

약혼식이라고 불리는 첫 번째 결혼식을 마친 신랑은 신부에게 '정표(情表)'로 선물¹⁰을 주는 것이 관례였다고 한다. 그리고 신랑은 신부에게 같이 거할

---

10 "⁸어떤 여자가 열 드라크마가 있는데 하나를 잃으면 등불을 켜고 집을 쓸며 찾아내기까지 부지런히 찾지 아니하겠느냐 ⁹또 찾아낸즉 벗과 이웃을 불러 모으고 말하되 나와 함께 즐기자 잃은 드라크마를 찾아내었노라 하리라"(누가복음 15:8-9).: 우리가 잘 알고 있는 '열 드라크마 비유'다. 이 당시 일꾼들의 하루 품삯이 보통 0.5에서 1드라크마였다고 한다. 이 말을 듣고 나면 이런 궁금증이 생길 것이다. 잃어버린 한 드라크마를 찾았다고 벗과 이웃을 불러 모아 '파티(party)'를 했다고? 몇 명을 불러 모았는지는 정확히 알 수는 없지만, 그 파티에 들어간 비용이 한 드라크마보다 많지 않았을까? 이것이 과연 합리적인 행동일까? 저 열 드라크마가 도대체 무엇이기에 그토록 부지런히 찾았을까? 우리가 모르는 다른 의미가 있는 물건이었나? 도대체 어떤 의미를 가진 물건이기에 찾은 후 그토록 벗과 이웃들을 불러 함께 기뻐할 일이었을까? 유대인의 풍습을 모르는 경우 이러한 생각은 당연하다. 그러나 예수님의 비유를 듣고 있었을 당시 유대인들 모두는 고개를 끄덕였을 것이 분명하다. 답은 바로 약혼식을 마치고 돌아가는 신랑이 신부에게 '정표(情表)'로 준 선물에 있다. 예수님 당시 신랑이 신부에게 주는 정표로 가장 흔한 것이 바로 드라크마 열 개를 이어 만든 목걸이였다고 한다. 그리고 이 목걸이에 걸려 있는 드라크마 중 한 개라도 잃어버리는 경우 파혼 사유가 되었다고 전해진다. 그러므로 한 드라크마를 잃어버렸다가 찾은 여인에게 있어서 그 한 드라크마는 하루 치 품삯과는 비교할 수조차 없는 가치를 가지고 있었던 것이다. 십자가에 못 박혀 죽으신 후 부활하신 예수님께서 우리의 처소를 준비하기 위해 승천하시면서 보내주신 '정표(情表)'로 보혜사 성령 하나님을 설명하는 신학자들이 있다. 개인적으로는 '너무 1:1로 끼워 맞춘 설명이 아닌가?'라는 생각이 들지만 그럭저럭 이해가 되는 설명이다.: "⁵지금 내가 나를 보내신 이에게로 가는데 너희 중에서 나더러 어디로 가는지 묻는 자가 없고 ⁶도리어 내가 이 말을 하므로 너희 마음에 근심이 가득하였도다 ⁷그러나 내가 너희에게 실상을 말하노니 내가 떠나가는 것이 너희에게 유익이라 내가 떠나가지 아니하면 보혜사가 너희에게로 오시지 아니할 것이요 가면 내가 그를 너희에게로 보내리니 ⁸그가 와서 죄에 대하여, 의에 대하여, 심판에 대하여 세상을 책망하시리라"(요한복음 16:5-8).

신혼집이 완성되면 데리러 오겠노라는 약속을 남기고 자신의 동네로 돌아갔다.[11] 이때부터 신랑은 주변의 도움을 받아 신혼집을 짓기 시작했는데, 신랑 아버지의 눈에 이 정도면 아들 부부가 들어와서 살아도 되겠다는 판단이 서게 되면 아들을 보내 신부를 데려오도록 했다고 한다. 그리고 이 시기는 전적으로 신랑 아버지의 권한에 속했으므로 그날은 어느 누구도 알 수 없었다.

> [32]그러나 그날과 그때는 아무도 모르나니 하늘에 있는 천사들도, **아들도 모르고 아버지만 아시느니라** [33]주의하라 깨어 있으라 그때가 언제인지 알지 못함이라(마가복음 13:32-33)

"그날과 그때는 아무도 모르나니 하늘에 있는 천사들도, 아들도 모르고, 아버지만 아시느니라." 자유주의 신학자 중에서는 당신의 재림 시기에 대해 말씀하신 예수님의 이 말씀을 근거로 예수님의 신성(神性)을 부정하려는 자들이 있다.

그들의 논리는 이와 같다. 하나님은 전지전능(全知全能)하신 분이시다. 즉 예수님께서 하나님이시라면 모르시는 것이 없어야 한다는 것이다. 그런데 "예수님께서 직접 당신의 재림 시기를 모른다고 증언하셨으므로 예수는 하나님이 아니시다."라는 참람한 논리를 그들이 펴는 것이다.

다시 말하지만, 성육신 이후 예수님은 100% 참 하나님이신 동시에, 우

---

11 바로 위에 인용한 요한복음 14장의 예수님의 말씀이 바로 신랑의 약속이다.

리와 100% 동일본질이신 참 사람이시다. 성육신 이후, 우리 주 예수 그리스도께서 신성을 따라 하신 일은 성자 하나님이신 예수님께서 하신 일이다. 또한 성육신 이후, 예수님께서 인성을 따라 하신 일 또한 성자 하나님이신 예수님께서 하신 일이다. 그러므로 "그날과 그때는 아무도 모르나니 하늘에 있는 천사들도 모르고, 아들도 모르고, 아버지만 아신다."라는 예수님의 말씀은 우리 주 예수 그리스도의 인성을 따라 하신 말씀이다. 즉 성자 하나님이신 우리 주 예수 그리스도의 인성을 따라 '예수님은 당신의 재림의 때를 모르시는 분'이시다. 동시에 성자 하나님이신 우리 주 예수 그리스도의 신성을 따라 '예수님은 아버지 하나님처럼 당신의 재림의 때를 아시는 분'이시다. 당신의 재림의 때를 아시지만, 동시에 알지 못하시는 분이 우리 주 예수 그리스도이시다.

그렇다면, 모든 것을 아시는 전지전능하신 성자 하나님께서 인성을 따라 당신의 재림의 때를 왜 모르셔야 하는가? 우리의 구원을 위해서! 아직도 이 말을 듣는 독자들 가운데 "이게 무슨 말이지?" 싶은 사람들이 있을 것이다. 이것은 무한하신 삼위일체 하나님의 구원 사역을 유한한 인간의 언어로 설명하는 과정에서 일어나는 당연한 일이다. 이 모든 것은 유한한 사람의 언어와 지혜로는 쉽게 설명할 수도 알 수도 없는 일이다. 이 모든 것은 오직 구원받은 하나님의 자녀안에 내주(內住)하시는 성령 하나님의 조명(照明)을 통하여서만 깨닫고 받아들여질 수 있다. 이 부분에 대해서 반복적으로 묵상해 보기를 바란다.

"주의하라. 깨어 있으라. 그때가 언제인지 알지 못함이라." 마가복음에 기록된 예수님의 이 말씀은 신부와 같이 거할 집을 지으러 간 신랑이 다시 신부를 데리러 오는 시기와 연관된 이야기였다. 예수님의 말씀을 듣고 있었던 그 시절의 유대인들은 예수님의 비유를 들으면서 자연스럽게 그들의 혼인 풍습을 떠올렸을 것이다. 통상적으로 약혼한 지 1년 정도의 시간이 지나면 신랑이 신부를 데리러 왔다고 한다. 하지만 정확한 날짜는 신혼집이 지어지는 진척(進陟) 정도에 따라 신랑 아버지가 결정했다. 그리고 아버지로부터 신부를 데려오라는 말을 듣고 신랑이 신부 집으로 향하는 경우 도보로 가는 길이었기 때문에 때때로 한밤중에 신부 집에 도착하는 경우가 있었다고 한다.

전화기나 통신수단이 발달하지 못했던 시절이었다. 그러므로 신부 입장에서는 신랑이 어느 날 어느 시에 도착할 지 알 수 없는 일이었다. 신부가 할 수 있는 일은 신랑이 집을 짓는 기간 신부 수업을 열심히 하는 가운데 언제든지 신랑이 자신을 데리러 왔을 때 바로 떠날 수 있는 채비를 해 놓는 것이었다. 신부의 이러한 태도는 우리가 거할 처소를 준비하러 가신 우리 주 예수 그리스도를 기다리는 우리들의 신앙 자세여야 한다. 교회는 어린 양이신 우리 주 예수 그리스도의 신부이며, 교회는 건물이 아니라 성령 하나님의 내주하심을 받은 바로 우리 자신이기 때문이다.[12]

---

12 출애굽 당시 광야교회를 생각하면 이해가 쉬울 것이다. 광야에 진을 쳤던 이스라엘 백성 한가운데 '여호와 하나님의 회막'이 있었으며, 그 회막에 '여호와 하나님의 영'이 임하셨다. 이를 가리켜 광야교회라고 한다. 여호와 하나님의 영이 그 가운데 임하신 하나님의 백성을 가리켜 교회라고 하며, 출애굽 당시의 광야교회는 성령 하나님의 내주하심을 입어 하나님의 성전이 된 신약시대 하나님의 자녀들의 모형에 해당한다. 그러한 이유로 사도 바울은 이와 같이 권면했다.: "[18]음행을 피하라 사람이 범하는 죄마다 몸 밖에 있거니와 음행하는 자는 자기 몸에 죄를 범하느니라 [19]너희 몸은 너희가 하나님께로부터 받은 바 너희 가운데 계신 성령의 전인 줄을 알지 못하느냐 너희는 너희 자신의 것이 아니라 [20]값으로 산 것이 되었으니 그런즉 너희 몸으로 하나님께 영광을 돌리라"(고린도전서 6:18-20).

그렇게 신랑이 신부를 데리러 신부네 동네에 도착하게 될 때, 신랑의 들러리들은 나팔을 불며 신랑이 왔다는 사실을 큰 소리로 알렸다고 전해진다. 이때 신랑과 신랑 친구들은 신부와 신부 가족들을 깜짝 놀라게 해주는 것이 전통이었다. 그러므로 이 행사는 당연히 예상치 않은 시각에 이루어져야 하는 일이었다. 초대교회 교인들은 신약 성경에 기록된 우리 주 예수 그리스도의 재림의 때를 묘사한 말씀을 읽으면서 당연히 유대인의 결혼 풍습 중 두 번째 결혼식(結婚式)이 시작되는 이 '나팔소리'를 상상했을 것이다.

우리 주 예수 그리스도를 교회의 신랑으로, 교회를 우리 주 예수 그리스도의 신부로 표현한 이러한 말씀들을 접할 때마다 초대교회 교인들이 마음속에 그려봤을 어린 양의 혼인 잔치를 상상해보는 것은 우리의 신앙생활과 구원받은 성도들의 삶을 이해하는 데 많은 도움이 된다.

> **¹⁶주께서 호령과 천사장의 소리와 하나님의 나팔 소리로 친히 하늘로부터 강림하시리니** 그리스도 안에서 죽은 자들이 먼저 일어나고 ¹⁷그 후에 우리 살아 남은 자들도 그들과 함께 구름 속으로 끌어 올려 공중에서 주를 영접하게 하시리니 그리하여 우리가 항상 주와 함께 있으리라 ¹⁸그러므로 이러한 말로 서로 위로하라(데살로니가전서 4:16-18)

비로소 두 번째 결혼식이자 '본 결혼식(本 結婚式)'에 해당하는 혼인 잔치가 시작된다. 통상적으로 혼인 잔치는 일주일간 열렸으며 신랑이 신부를 신랑 집으로 데리고 온 뒤에 시작되었다. 이때 신부네 동네에서 신랑의 동네까지 혼인 잔치에 참여하는 사람들이 행렬을 지어 갔는데, 첫날 혼인 잔치는 보통 저녁에 시작되었기 때문에 사람들은 횃불을 들고 행렬을 지어 갔다. 이러한 풍습 가운데 나온 비유가 '열 처녀 비유'이다.

> **¹그때에 천국은 마치 등을 들고 신랑을 맞으러 나간 열 처녀와 같다 하리니 ²그 중의 다섯은 미련하고 다섯은 슬기 있는 자라 ³미련한 자들은 등을 가지되 기름을 가지지 아니하고 ⁴슬기 있는 자들은 그릇에 기름을 담아 등과 함께 가져갔더니 ⁵신랑이 더디 오므로 다 졸며 잘새 ⁶밤중에 소리가 나되 보라 신랑이로다 맞으러 나오라 하매 ⁷**이에 그 처녀들이 다 일어나 등을 준비할새 ⁸미련한 자들이 슬기 있는 자들에게 이르되 우리 등불이 꺼져가니 너희 기름을 좀 나눠 달라 하거늘 ⁹슬기 있는 자들이 대답하여 이르되 우리와 너희가 쓰기에 다 부족할까 하노니 차라리 파는 자들에게 가서 너희 쓸 것을 사라 하니 ¹⁰그들이 사러 간 사이에 신랑이 오므로 준비하였던 자들은 함께 혼인 잔치에 들어가고 문은 닫힌지라 ¹¹그 후에 남은 처녀들이 와서 이르되 주여 주여 우리에게 열어 주소서 ¹²대답하여 이르되 진실로 너희에게 이르노니 내가 너희를 알지 못하노라 하였느니라 ¹³그런즉 깨어 있으라 너희는 그날과 그때를 알지 못하느니라(마태복음 25:1-13)

당시 풍습으로 볼 때, 열 처녀들은 신랑이 신부를 데리러 간 후 혼인 잔치가 벌어질 신랑의 집 부근에 모여 있었다. 즉 이 열 처녀는 신랑측 동네 사람들이었을 것이다. 신부네 동네에서 신랑의 동네까지 사람들이 횃불을 들고 행렬을 지어 오는 떠들썩한 모습과 신랑 집 앞에 모여서 등을 켜고 신랑을 기다리는 처녀들의 모습을 상상해 보면 혼인 잔치의 흥분과 기쁨을 어느 정도 짐작할 수 있을 것이다.

이 비유에서 열 처녀가 준비한 기름은 바로 신랑 집 앞에서 불을 밝히고 신랑을 기다릴 때 들었던 등에 쓰이는 기름이었다.

이렇게 기쁨에 넘치는 축제인 혼인 잔치를 기점으로 신랑과 신부는 비로소 동거에 들어가게 되었다고 한다.[13] 이것이 '유대인의 혼인 풍습'이다.

---

13 생각해 보면, 이렇게 많은 사람들이 모여 왁자지껄 환호하는 혼인 잔치를 모든 사람들이 치르지는 못했을 것이다. 지금의 대한민국 또한 경제적인 문제로 결혼식을 치르지 못하고 혼인신고만 하고 사는 부부가 적지 않다. 주변에 그런 사람을 본 적이 없다고 말하는 분들이 있을 것이다. 그 분들이 그런 사람을 본 적이 없는 이유는 간단하다. 사람이라는 존재는 보통의 경우 비슷비슷한 사정의 사람들끼리 어울리기 때문이다. 당시 유대인 중에는 혼인 잔치 비용 때문에 많은 빚을 지고 파산하는 경우도 있었다고 전해진다. 그러므로 모든 부부가 이러한 혼인 잔치를 치르지는 못했을 것이다. 그러나 예수님의 말씀을 듣던 유대인들 모두는 동네에서 벌어졌던 혼인 잔치에 대한 기억이 대부분 있었을 것이다.

나사렛에서 엔케렘까지,
그리고 다시 나사렛에서

[18]예수 그리스도의 나심은 이러하니라 그의 어머니 마리아가 요셉과 약혼하고 동거하기 전에 **성령으로 잉태된 것이 나타났더니** [19]**그의 남편 요셉은 의로운 사람이라 그를 드러내지 아니하고 가만히 끊고자 하여** [20]이 일을 생각할 때에 주의 사자가 현몽하여 이르되 다윗의 자손 요셉아 **네 아내 마리아 데려오기를 무서워하지 말라** 그에게 잉태된 자는 성령으로 된 것이라 [21]아들을 낳으리니 이름을 예수라 하라 이는 그가 자기 백성을 그들의 죄에서 구원할 자이심이라 하니라 [22]이 모든 일이 된 것은 주께서 선지자로 하신 말씀을 이루려 하심이니 이르시되 [23]보라 처녀가 잉태하여 아들을 낳을 것이요 그의 이름은 임마누엘이라 하리라 하셨으니 이를 번역한즉 하나님이 우리와 함께 계시다 함이라 [24]**요셉이 잠에서 깨어 일어나 주의 사자의 분부대로 행하여 그의 아내를 데려왔으나** [25]**아들을 낳기까지 동침하지 아니하더니 낳으매 이름을 예수라 하니라**(마태복음 1:18-25)

　마리아가 천사 가브리엘로부터 수태고지를 받은 때는 요셉과 약혼한 뒤 아직 동거하기 전이었다. 이 시기의 신랑과 신부는 법적으로는 부부였으나 동거하기 전이었으므로, 신부가 임신하는 경우 주변으로부터 손가락질의 대상이 되었다. 그래도 손가락질의 대상이 되는 경우는 신랑이 신부의 배 속에 있는 아이를 자신의 아이로 인정하는 경우였다. 이 경우 신랑은 경건 치 못한 사람으로 치부되었다.

　이 기간 신부의 임신이 드러나는 경우, 상당수의 신랑은 신부 아버지에 게 주었던 지참금인 '모하르(mohar)'를 돌려받고 신부와 신부 가족을 상대로 소송을 제기하곤 했었다고 전해진다. 당연히 이 과정에서 부정한 행위를 통 하여 임신했다는 이유로, 신부는 동네 사람들의 돌에 맞아 죽게 되었다.[1]

　그러므로 마리아가 천사 가브리엘로부터 수태고지를 받고 했던 "주의 여 종이오니 말씀대로 내게 이루어지이다."라는 말은 목숨을 건 신앙고백이었

1　(어린 양 예수의 신부인) 교회 된 우리의 현재 상황은 신랑 되신 예수님과 약혼하고 동거하기 전의 신부와 같다. 그리고 성경에서 말하는 이스라엘 백성의 음행은 하나님 아닌 다른 신을 섬 기는 것을 말한다.: "이는 **너를 지으신 이가 네 남편**이시라 그의 이름은 만군의 여호와이시며 네 구속자는 이스라엘의 거룩한 이시라 그는 온 땅의 하나님이라 일컬음을 받으실 것이라"(이 사야 54:5). "이 언약은 내가 그들의 조상들의 손을 잡고 애굽 땅에서 인도하여 내던 날에 맺은 것과 같지 아니할 것은 **내가 그들의 남편이 되었어도** 그들이 내 언약을 깨뜨렸음이라 여호와 의 말씀이니라"(예레미야 31:32).: 그런데 21세기에는 구약 시대와 같은 우상 숭배가 흔하지 않다. 그렇다면 구약 시대의 우상 숭배를 현대에 적용한다면 무엇이 있을까? 그 '힌트(hint)'는 예수님의 말씀에 있다. 예수님께서는 가장 큰 우상을 재물이라고 말씀하셨다.: "한 사람이 두 주인을 섬기지 못할 것이니 혹 이를 미워하고 저를 사랑하거나 혹 이를 중히 여기고 저를 경히 여김이라 **너희가 하나님과 재물을 겸하여 섬기지 못하느니라**"(마태복음 6:24). : 참고로, 이스 라엘 백성이 행했던 우상 숭배는 하나님을 버리는 것이기보다는 하나님'도' 섬긴 것이었다. 무 슨 말인가? 이스라엘 백성은 그들의 역사 가운데 하나님을 버린 적이 단 한 번도 없었다. 그들 은 항상 하나님과 더불어 이방신도 겸하여 섬겼을 뿐이다. 이 말을 마음에 와 닿게 표현하면 이와 같다. "그 신부는 신랑과도 잠자리를 했지만, 이웃집 남자와도 잠자리를 같이 했을 뿐이 다." 이것이 바로 '우상 숭배'다. 그렇다면, 오늘날의 우상 숭배는 어떤 모습일까?

다. 그러나 이것은 어디까지나 마리아의 입장이었다. 마리아의 부모와 요셉은 마리아로부터 천사 가브리엘이 그녀에게 나타나 했다는 말을 전해 들었을 뿐이다. 물론 마리아가 이 말을 할 때, 마리아는 혼자가 아니었을 것이다. 우선 사가랴와 엘리사벳 부부가 나서서 마리아를 적극적으로 변호했을 것이다. 앞에서도 언급했지만 이렇게 볼 수 있는 이유는 성경 본문에 나오는 엘리사벳의 고백 때문이다.

> [39]이때에 마리아가 일어나 빨리 산골로 가서 유대 한 동네에 이르러 [40]사가랴의 집에 들어가 엘리사벳에게 문안하니 [41]**엘리사벳이 마리아가 문안함을 들으매 아이가 복중에서 뛰노는지라** 엘리사벳이 성령의 충만함을 받아 [42]큰 소리로 불러 이르되 **여자 중에 네가 복이 있으며 네 태중의 아이도 복이 있도다** [43]**내 주의 어머니가 내게 나아오니 이 어찌 된 일인가** [44]**보라 네 문안하는 소리가 내 귀에 들릴 때에 아이가 내 복중에서 기쁨으로 뛰놀았도다** [45]**주께서 하신 말씀이 반드시 이루어지리라고 믿은 그 여자에게 복이 있도다**(누가복음 1:39-45)

천사 가브리엘로부터 수태고지를 받은 후 바로 일어나 엘리사벳의 집으로 출발할 당시, 이 일에 대한 증인은 오직 마리아 혼자뿐이었다. 그런 점에서, **"마리아는 말이 통할 상대가 필요했다."** 수태고지 당시 가브리엘의 입에서 나온 인물은 바로 엘리사벳과 사가랴였다. 그러므로 마리아 생각에 이 세상에서 유일하게 자신의 말을 믿어줄 부부가 엔케렘에 있었던 것이다. 사람이라는 존재가 원래 그렇다. 이 세상에는 굶어 죽는 사람보다 외로움에 죽는 사람이 더 많은 것이 현실이다. 굶주림마저 그렇다. 주변에 도와줄 사람이 있다면 사람은 절대 굶어 죽지 않는다. 사람을 죽음에 이르게 하는 가장 치명적인 요소는 '외로움'이다. 마리아는 자신의 이야기를 들어줄 귀가 필요했다.

소렉 골짜기에 위치한 엔케렘까지 165km가 넘는 험난한 길을 가는 동안 마리아는 무슨 생각을 했을까? 더군다나 산길이 절반이었다. 등산을 해보면 알겠지만, 산길은 평지와 거리 개념이 완전히 다르다.

성경에 기록된 정황으로 볼 때, 정말 무작정 나선 길이었다. 여자 혼자의 몸으로 마리아는 어떤 여정을 통하여 엔케렘에 도착했을까? 어느 곳에서 식사하고 숙박했을까? 쉽게 상상이 되지를 않는다. 아무리 나그네를 환대하는 풍습이 있던 시기라고 해도, 최소한 누군가의 집에 사정을 말하고 숙박할 수는 없었을 것이다. 여자 혼자의 몸으로 이러한 시도는 오히려 위험에 더 노출되는 일이었을 것 같다.[2] 그렇다면, 들짐승의 울음소리가 들리는 광야에서 홀로 노숙을 했다는 이야기가 된다. 집을 나설 때 지녔던 음식은

2　숙박 시설이 없는 선교지에서 여성들로만 구성된 일행이 안전하게 하룻밤을 지낼 수 있는 숙소를 구하는 방법은 이것이다. 오랜 경험을 가진 선교사님들의 말이다. 그것은 여러 명의 아이들을 데리고 다니는 남성을 발견할 경우, 그 남성에게 하룻밤의 숙소를 부탁하는 것이라고 한다. 숙박 시설이 없는 오지에서 낮에 여러 아이들이 졸졸 따라다니는 아빠를 발견할 경우, 일단 친한 척을 하면서 그에게 숙소를 부탁하면 거의 100% 안전한 하루를 보낼 수 있다고 한다. 이유는 간단하다. 여러 아이들을 부양해야 하는 남성의 경우 책임감이 강하고 모험을 하지 않기 때문이다. 이러한 선교사님들의 '노하우(know how)'는 의학적으로도 맞는 이야기다. 영국에서 발표된 의학 논문에 따르면 여러 아이들을 양육하는 아빠의 경우 남성호르몬이 급격히 저하되며 그 결과 몸집과 얼굴 표정 등 행동이 푸근해지며 여성성이 강화되는 경향이 있다고 한다.

얼마나 되었을까? 가는 길에 상하지는 않았을까? 어디서 목을 축였을까? 홀로 노숙하는 광야에서 들짐승 울음소리를 들으며 무엇을 보았을까? 당연히 바라보았을 하늘을 올려다보며 무슨 생각을 했을까? 그냥 별의 숫자를 세어 보다가 잠이 들었을까? 아니, 이런 것은 너무 한가하고 낭만적인 생각일 수도 있다. 들짐승과 강도의 위험에 주변에서 들리는 돌 부스러기 소리 하나에도 소름이 돋았을 것이다. 그 시간 무슨 기도를 했을까? 하나님께 무엇을 물었을까?

약혼자 요셉의 얼굴이 떠올랐을 때 어떤 느낌이었을까? 갑자기 요셉이 무척 보고 싶지는 않았을까? 그냥 하염없이 그의 품에 안겨 울고 싶었을까? 그가 차가운 표정과 냉정한 몸짓으로 자신을 밀어내는 꿈에 소스라치게 놀라 잠에서 깨어났을까? 아니면 돌을 든 채 험악한 표정을 하고 있는 동네 사람들 사이에서 자신을 향해 첫 번째로 돌을 던지던 요셉과 눈이 마주치는 순간 소리 지르며 깨어났을까?[3] 그 순간 온몸을 적신 식은땀의 선득거림을 느끼며 주섬주섬 자리를 털고 일어나 다시 광야 길을 걷기 시작했을까? 걷는 동안, 지난 꿈속에 나왔던 동네 사람들 중 어린 시절부터 잘 알고 지냈던 사람들의 낯선 표정을 되씹어 볼 때의 심정은 어떠했을까? 요셉 그는 마리아의 말을 믿어줄까? 천사 가브리엘이 마리아를 만나 처음 했던

---

3 "이런 자를 죽이기 위하여는 **증인이 먼저 그에게 손을 댄 후에** 뭇 백성이 손을 댈지니라 너는 이와 같이 하여 너희 중에서 악을 제할지니라"(신명기 17:7).: 물론, 이 말씀은 이방신을 섬긴 자를 처단하는 법 가운데 언급되었다. 그러나 율법에서는 항상 죄를 고발한 사람이 먼저 돌을 던지도록 되어 있다는 사실을 언급하기 위해 인용했다. 동거하기 전 신부의 부정한 임신 사실을 고발하는 사람은 약혼자가 될 수밖에 없다는 점에서 마리아가 돌에 맞게 된다면 첫 번째 날라 오는 돌은 요셉이 던진 돌일 수밖에 없다.

말은 "은혜를 받은 자여 평안할지어다."였다. 천사의 갑작스러운 방문에 놀라던 마리아에게 가브리엘이 재차 했던 말은 "마리아여 무서워하지 말라. 네가 하나님께 은혜를 입었느니라."이었다. "평안할지어다. 마리아여 무서워하지 말라." '천사 가브리엘이 그렇게 말해 준 이유가 있었구나.'라는 생각이 들지는 않았을까?

천사 가브리엘이 말했던 그 '은혜'는 마리아에게 어떤 모습으로 다가왔을까? 최소한 그 은혜는 평소 꿈꾸어왔던 것과는 거리가 있었을 것이다. 인생을 살아본 어른들이 항상 하는 이야기가 있다. "평범한 필부(匹夫)로 사는 것이 행복이다. 내 아이들의 아버지인 자상하고 성실한 남편과 사는 여인만큼 행복한 인생은 없다." 성경에는 요셉의 직업을 '나무를 다루는 손 혹은 사람'이라는 뜻의 목수(木手)로 번역했지만, 팔레스타인 지역은 건축 재료로 나무가 흔하지 않았던 지역이었다. 성경의 이러한 번역은 성경을 처음 영어로 번역할 당시 주로 나무를 건축 자재로 쓰던 '영미권(英美圈) 문화의 영향'이라고 전해진다. 그런 맥락에서 요셉의 정확한 직업을 건축가로 보는 관점도 있다.

> **이는 그 목수의 아들이 아니냐** 그 어머니는 마리아, 그 형제들은 야고보, 요셉, 시몬, 유다라 하지 않느냐(마태복음 13:55)

물론, 요셉의 직업이 건축가였다 할지라도 작은 산골 동네인 나사렛에서 활동했던 탓에 요셉과 마리아 부부는 가난했다. 이 사실은 모세의 법대로 정결 예식의 날이 찬 뒤에 이들 부부가 드린 제물의 종류를 보면 알 수 있

다. 아래 인용한 레위기 12장 8절에 언급된 정결 예식은 출산 후 지켜야 했
던 율법이다.[4] 이 말씀을 살펴볼 때, 정결 예식은 어린 양을 바치는 것이 원
칙이었다. 그러나 가난하여 힘에 미치지 못하는 경우 산비둘기 두 마리나
집비둘기 새끼 두 마리를 바치도록 허용하고 있음을 알 수 있다. 누가복음
의 기록을 보면, 예수님의 출산 후 요셉과 마리아는 산비둘기 한 쌍이나 혹
은 어린 집비둘기 둘로 제사하려 예루살렘 성전을 방문했음을 알 수 있다.
즉 이들 부부는 넉넉한 형편이 아니었다.

> [21]할례할 팔 일이 되매 그 이름을 예수라 하니 곧 잉태하기 전에 천사가
> 일컬은 바러라 [22]모세의 법대로 정결예식의 날이 차매 아기를 데리고 예
> 루살렘에 올라가니 [23]이는 주의 율법에 쓴 바 첫 태에 처음 난 남자마다
> 주의 거룩한 자라 하리라 한 대로 아기를 주께 드리고 [24]또 주의 율법에
> 말씀하신 대로 산비둘기 한 쌍이나 혹은 어린 집비둘기 둘로 제사하려

---

4 우리 주 예수 그리스도께서 십자가 위에서 하셨던 말씀이 있다. "예수께서 신 포도주를 받으
신 후에 이르시되 다 이루었다 하시고 머리를 숙이니 영혼이 떠나가시니라"(요한복음 19:30).
"다 이루었다."라는 예수님의 이 말씀은 우리를 대신하여 '구약의 모든 율법의 요구'를 다 이루
셨다는 뜻이다. 그리하여 율법을 지키지 못한 경우 발생하는 율법의 모든 저주를 우리 주 예수
그리스도께서 온 인류를 대표하여 푸셨다는 의미다. 그런데 예수님이 태어나신 뒤, 태(胎)에서
태어난 모든 첫 열매는 하나님의 것이니 거룩히 구별하여 하나님께 돌리라는 율법과 출산 후
정결 예식 그리고 할례는 마리아와 요셉을 통하여 이루신 것이었음을 알 수 있다. 이 점을 생
각할 때 요셉과 마리아가 우리 주 예수 그리스도의 구원 사역 가운데 충성한 부분은 결코 과소
평가될 수 없다. 그러나 우리 한국 교회는 요셉과 마리아에 대해서 잘 모른다. 그 이유는 모두
가 알고 있듯이, 로마 가톨릭의 요셉을 향한 '성인 추대'와 마리아를 향한 '천상의 모후 성모 마
리아'라는 우상화에 대한 경계심 때문이다. 당연히 로마 가톨릭의 이러한 성경적 진리에 대한
왜곡은 경계해야 한다. 동시에 하나님의 피조물로서 그리고 신앙인으로서 요셉과 마리아가 보
여준 모습과 한계 그리고 모범은 자세히 살펴 우리네 신앙생활에 소중한 모범(模範)과 반면교
사(反面敎師)로 활용해야 한다.

함이더라(누가복음 2:21 −24)**⁵**

그 여인이 어린 양을 바치기에 힘이 미치지 못하면 산비둘기 두 마리나
집비둘기 새끼 두 마리를 가져다가 하나는 번제물로, 하나는 속죄제물
로 삼을 것이요 제사장은 그를 위하여 속죄할지니 그가 정결하리라(레
위기 12:8)

목수이든 건축가이든 그의 직업을 볼 때 요셉은 성실한 사람이었던 것으
로 보인다. 게다가 성경은 요셉을 '의로운 사람'이라고 평가하고 있다. 이러
한 사실로 미루어 보아, 수태고지를 받기 전까지 마리아는 요셉과의 평범
한 일상을 꿈꾸며 살고 있었을 것이다. 비록 넉넉하지 못한 살림이었다 할
지라도 이들 부부가 살던 곳은 산골 동네였다. 인생을 어느 정도 살아본 사
람이라면 모두가 알고 있는 사실이 있다. '절대적(絕對的) 빈곤'을 벗어난 상
황이라면, 그러니까 굶주리는 상황이 아니라면 사람을 정말 힘들게 하는 것
은 '상대적(相對的) 빈곤'이다. 절대적 빈곤을 벗어난 상황에서 상대적 빈곤
을 느낄 일이 없다면 부유하지 못한 것이 특별히 문제되지 못한다. 마리아
가 살던 산골 동네에 눈에 띄는 부자가 있었을까? 그럴 리가 없다.

비록 부유하지는 않았지만, 마리아는 그녀가 태어나 자란 익숙한 동네의

---

5 누가복음 2장 21절에서 24절의 기록을 통해 우리는 마리아와 요셉 부부가 정결 예식과 더불
어 태에서 처음 난 모든 것을 다 거룩히 구별하여 하나님께 돌리라는 하나님의 말씀을 충실히
이행했음을 알 수 있다.: "'여호와께서 모세에게 일러 이르시되 ²이스라엘 자손 중에서 사람이
나 짐승을 막론하고 태에서 처음 난 모든 것은 다 거룩히 구별하여 내게 돌리라 이는 내 것이
니라 하시니라"(출애굽기 13:1−2).

익숙한 사람들 사이에서 성실한 남편을 만나 이제 막 새로운 인생을 시작하려는 상황이었다. 이미 요셉과의 약혼식을 마치고 신부 수업을 받는 기간이었다. 당연히 요셉은 마리아와 함께 살 집을 짓는 중이었을 것이다. 그 시절의 모든 여인들처럼 마리아는 아침과 저녁이면 우물가에 물을 길러 갔을 것이다.[6] 그렇게 온 마을이 같이 쓰는 우물가를 오가는 가운데, 그녀와 같이 살 집을 열심히 짓다가 마리아를 향해 환하게 웃어주던 요셉의 눈길에 남몰래 행복한 표정을 지었을 마리아가 눈에 선하다.

엘리사벳을 만나러 가는 길, 광야에서 매일 마주하게 되는 밤마다 마리아는 낯선 환경에 홀로 남겨진 자신을 발견했을 것이다. 요셉은 자신의 아이가 아닌 아이를 임신한 마리아를 보고 무엇이라고 할까? 마리아를 바라보던 요셉의 따뜻한 시선을 이후에도 누릴 수 있을까? 당연히 요셉과는 이일에 대해 상의하지 못한 채 급하게 떠나온 길이었다.

---

6 "⁶거기 또 야곱의 우물이 있더라 예수께서 길 가시다가 피곤하여 우물 곁에 그대로 앉으시니 **때가 여섯 시쯤 되었더라** ⁷사마리아 여자 한 사람이 물을 길으러 왔으매 예수께서 물을 좀 달라 하시니"(요한복음 4:6-7).: 앞에서 인용했던 우물가의 사마리아 여인의 경우 '여섯 시쯤'에 우물에 물을 길러 왔다고 요한은 기록하고 있다. 그 당시의 시간 개념으로 '여섯 시'는 정오를 의미한다. 팔레스타인 지역에서의 정오는 거의 활동하기 힘들 정도로 태양 빛이 강한 시간이다. 그러한 이유로 여인들은 햇빛이 강하지 않은 아침과 석양이 질 즈음에 우물가에서 물을 길었다. 그런데 사마리아 여인이 정오쯤 우물가에 물을 길러 왔다는 것은 무엇을 의미할까? 쉬운 말로, 그녀의 삶과 사정이 절대 남들 앞에 나설 처지가 못 될 만큼 처참한 인생역정을 가진 여인이었다는 것을 의미한다. 그러한 여인이 우물가로 물을 길러 나올 때에 맞추어 우리 주 예수 그리스도께서 사마리아를 통과하셨던 것이다. 당연히 그 지역에서는 정오에 이동하지 않는 것이 상식이었다. 그런데 굳이 그 시각에 그것도 사마리아 땅을 왜 예수님은 통과하셨을까? 그것은 사마리아 여인에게 구원을 선포하시기 위한 우리 주 예수 그리스도의 사랑과 은혜 때문이었다. 어찌 되었든, 마리아는 그 당시의 모든 처녀들이 그랬던 것처럼 아침과 저녁이면 우물가에 물을 길러 갔을 것이다.

마리아가 나사렛을 떠나던 때에도 요셉은 마리아와 함께할 집을 짓고 있었을 것이다. 건축가의 손으로 짓는 자신과 사랑하는 아내가 함께 살게 될 신혼집이었다. 얼마나 많은 애정과 관심이 가득 배인 집이었을까? 지금은 요셉에게 알리지 않고 길을 나섰지만, 결국 요셉에게 말해야 하는 일이 아닌가? 요셉이 찾지 않을까? 혹시 집 짓는 것을 포기하고 마리아를 찾아 헤매고 다니지는 않을까? 요셉 입장에서는 마리아와 함께 살 집을 열심히 짓고 있었는데 갑자기 마리아가 사라진 상황이었다. 신부가 없어졌는데 신혼집이 무슨 의미가 있을까? 마리아가 엘리사벳의 집에 머무는 기간 요셉은 과연 집 짓는데 힘을 낼 수 있었을까? 팔다리에 힘이 빠진다는 것은 이런 경우를 두고 하는 말일 것이다. 그렇게 갑자기 사라졌던 마리아가 석 달 만에 나타나서 했던 말은 이것이었다. "저 임신했어요." 그 순간 요셉이 지었을 표정이 상상 속에서는 떠오르지만, 글로는 어떻게 표현해야 할지 잘 모르겠다.

앞에서도 언급했지만, 마리아는 생각보다 행동이 먼저 나가는 인물이었음에 틀림없다. 그렇지 않고서야, 여행을 떠나는 경우 살아 돌아온다는 보장이 없던 시절에 산 넘고 물 건너 펼쳐진 광야 길을 여자 혼자 떠났겠는가? 더군다나 그 길은 족히 일주일이 넘게 걸리는 길이었다. 마리아는 이전에 이 길을 그녀의 부모를 따라 여러 번 다녀간 적이 있었을 것이다. 그렇게 생각한다면 이 길이 얼마나 험한지 모르고 떠난 것도 아니었다. 그 험난함을 알고도 떠난 길이었다.

인생이라는 것이 원래 그렇다. 모르고 떠난 뒤 그 험난함을 뒤늦게 깨달게 되는 경우, 사람은 그래도 그 길을 완주(完走)하는 경향이 있다. 왜냐하면, 이미 와버린 길이 아깝기도 하거니와 '이미 버린 몸'(?)에 관성(慣性)이 붙었기 때문이다. 그리고 결정적으로 도저히 돌아갈 엄두가 나지 않기 때문이다. 더군다나 요단강에서 예루살렘까지 올라가는 광야 길은 강도의 빈번한 출현으로 악명이 높은 곳이었다. 예루살렘 성전에 제사를 드리러 가는 사람들이 오가는 길이었다. 그래서 성전에 바칠 제물 살 돈을 노리는 강도의 위험이 가득한 지역이었다. 그리고 마리아는 이전에 부모를 따라 이 길을 오갈 때, 이 지역에 빈번히 출몰하는 강도 이야기를 수도 없이 들었을 것이다.

오랜 시간 상담자로 살아오면서 알게 된 사실이 하나 있다.[7] 사람들은 겉으로 씩씩해 보이는 누군가를 볼 때, 그 사람의 속마음 또한 씩씩하고 고통에 무딜 것이라고 상상하는 경향이 있다. 천만의 말씀이다. 이러한 상상 중 일부는 맞지만, 일부는 전혀 맞지 않는 생각이다. 이러한 상상 중 일부가 맞다고 한 이유는 이것이다. 이러한 성품을 지닌 사람들은 일반적으로 '버티는 힘'이 강하다. 그러나 '버티는 힘이 강한 것'과 '속마음이 강한 것'은 전혀 다른 이야기다. 또한 어떤 사람의 속마음이 강하다는 것이, 그 사람이 다른 사람들에 비해 고통을 덜 느낀다는 것을 의미하지도 않는다. 나는 이런

---

7 나의 첫 책 『하나님을 위한 변명』(예영커뮤니케이션)에서 자세히 밝혔듯이, 나는 정신과 전문의를 취득하자마자 한국누가회(CMF) 학원사역부에서 사역을 시작했다. 2022년을 기준으로 18년차 간사다. 총신대학교 신학대학원에서 신학(M.Div.)을 마쳤다. 의사가 된 뒤에 신학을 한, 정신과 전문의인 동시에 신학을 전공한 사역자인지라, 당연히 평생 상담자로 살아오면서 쌓인 세월이 자연스럽게 성경인물들의 구체적인 형편과 마음을 들을 수 있는 귀를 가지게 해주었다.

성격의 사람들의 성품을 '견갑류(堅甲類)'에 비유하곤 한다. 바닷게를 상상하면 이해가 쉬울 것이다. 이들이 겉으로 씩씩해 보임과 동시에 강해 보이는 이유는 부드럽고 세밀한 내적 감정을 보호하기 위함이다.

　이런 성격의 사람들은 겉으로 약해 보이는 사람들과 비교할 때, 어떤 일과 사건에 대해 한 박자 늦게 느끼는 경향이 있는 것 같다. 동시에 그 느낌의 잔상을 아주 오랜 시간 동안 깊게 간직하는 것이 이런 성품을 가진 사람들의 특징이다. 성경의 기록으로 볼 때, 마리아가 그랬다.

> ¹⁵천사들이 떠나 하늘로 올라가니 목자가 서로 말하되 이제 베들레헴으로 가서 주께서 우리에게 알리신 바 이 이루어진 일을 보자 하고 ¹⁶빨리 가서 마리아와 요셉과 구유에 누인 아기를 찾아서 ¹⁷보고 천사가 자기들에게 이 아기에 대하여 말한 것을 전하니 ¹⁸듣는 자가 다 목자들이 그들에게 말한 것들을 놀랍게 여기되 ¹⁹**마리아는 이 모든 말을 마음에 새기어 생각하니라**(누가복음 2:15-19)

> ³⁴시므온이 그들에게 축복하고 그의 어머니 마리아에게 말하여 이르되 보라 이는 이스라엘 중 많은 사람을 패하거나 흥하게 하며 비방을 받는 표적이 되기 위하여 세움을 받았고 ³⁵**또 칼이 네 마음을 찌르듯 하리니** 이는 여러 사람의 마음의 생각을 드러내려 함이니라 하더라(누가복음 2:34-35)

예수께서 함께 내려가사 나사렛에 이르러 순종하여 받드시더라 **그 어머**

너는 이 모든 말을 마음에 두니라(누가복음 2:51)

누가복음 2장에는 예수님과 관련된 사건들에 대해 놀랍게 여기는 주변 사람들과 대비되는, 마리아의 마음이 여러 번 언급되어 있다. 보통의 경우 사람들은 평소에 접하지 못했던 사건을 직면했을 때, 놀랍게 여기고 한꺼번에 몰려다니며 관심을 보이는 경향이 있다. 그러나 그 놀람과 관심은 항상 그렇지만 오래 지속되지 않는 특징이 있다. 사람들은 그 순간이 지나면 쉽게 그들의 일상으로 복귀하곤 한다. 그 후에는 누군가 그 사건을 언급할 때 기억 저편에 넣어 두었던 기억을 꺼내보는 것이 전부이다. 그러나 마리아는 그렇지 않았다. 마리아는 예수님과 관련된 사건마다 그 모든 것을 마음에 새겨 두었다.

물론 마리아의 입장에서는 '아들의 일'이니 당연한 것 아니냐고 말할 수도 있다. 그러나 오랜 시간 상담자로 살아오면서 내가 알게 된 또 하나의 사실이 있다. 그것은 모든 엄마가 그렇지는 않다는 것이다. 상담자가 되어 사람들과 인생의 내밀한 이야기를 듣다 보면 우리가 상식처럼 알고 있던 것들 중 상당 부분은 실재(實在)와 다르다는 사실을 깨닫게 된다. 모성애(母性愛) 또한 마찬가지다. 누군가에게는 불편한 동시에 '동심 파괴적'(?)인 이야기일 수도 있겠다. 그러나 모성애는 산업혁명 이후 아빠는 노동자로 엄마는 가정주부로 자리매김하여 국가 산업을 일으키고자 했던, 국가 주도의 교육에 의해 주입된 것으로 보는 관점 또한 존재한다. 쉽게 생각하면 어느 정도 이해되는 이야기다. 인류 역사 가운데 핵가족은 산업혁명 이후에 모습을 드러냈다. 현대의 육아가 힘든 이유가 여기에 있다. 산업혁명 이전 인류는 아이들을 부부 둘이 키워본 적이 없다. 아이들은 항상 대가족 혹은 부족 가운데 돌봄을 받았다. 우리는 인류 역사상 처음으로 부부가 단독으로 아이를 키우는 시대를 살고 있다. 그것도 아파트라는 주거환경으로 고립된 채로 말이다.[8] 이러한 고립의 결과 육아는 극한의 노동이 되고 말았다. 쉽게 말해, 인류는 역사상 상당기간 모성애만으로 아이를 양육하지 않았다.

그러므로 예수님과 관련된 사건마다 그 모든 것을 마음에 새겨 두었던 것은 '마리아의 성품'과 연관된 일이었다. 그리고 이러한 마리아의 성품은 수태고지를 받은 뒤 '엘리사벳에게도 임한 하나님의 은혜를 확인하러' 홀로 나선 광야 길에서부터, 그녀를 돌보시고 그녀를 구세주의 어머니로 성장시키기 시작하신 하나님과의 내밀한 신앙의 추억을 쌓는 계기가 되었다. 당연히 마리아는 예수님과 관련된 사건뿐 아니라, 수태고지 후 하나님께서 그녀와 동행하여 주시는 가운데 보여주신 모든 것을 가슴에 새겼을 것이다.

그렇게 일주일이 넘는 광야 길을 지나 사가랴의 집에 들어서 엘리사벳에게 문안하자, 마리아를 맞이한 것은 성령의 충만함을 받은 엘리사벳의 외침이었다.

[39]이때에 마리아가 일어나 빨리 산골로 가서 유대 한 동네에 이르러 [40]**사가랴의 집에 들어가 엘리사벳에게 문안하니** [41]엘리사벳이 마리아가 문안함을 들으매 아이가 복중에서 뛰노는지라 **엘리사벳이 성령의 충만함**

---

8 골목이 살아 있던 시절, 대문을 열어 두고 살던 시절에는 아이들을 온 동네가 같이 키웠다.

을 받아 ⁴²큰 소리로 불러 이르되 여자 중에 네가 복이 있으며 네 태중의 아이도 복이 있도다 ⁴³내 주의 어머니가 내게 나아오니 이 어찌 된 일인가 ⁴⁴보라 네 문안하는 소리가 내 귀에 들릴 때에 아이가 내 복중에서 기쁨으로 뛰놀았도다 ⁴⁵주께서 하신 말씀이 반드시 이루어지리라고 믿은 그 여자에게 복이 있도다(누가복음 1:39-45)

"여자 중에 네가 복이 있으며 네 태중의 아이도 복이 있도다. 내 주의 어머니가 내게 나아오니 이 어찌 된 일인가? 보라 네 문안하는 소리가 내 귀에 들릴 때에 아이가 내 복중에서 기쁨으로 뛰놀았도다. 주께서 하신 말씀이 반드시 이루어지리라고 믿은 그 여자에게 복이 있도다." 마리아에게 있어서 이보다 놀라운 고백은 없었을 것이다. 천사 가브리엘로부터 수태고지를 받은 지 이제 막 일주일 남짓한 시간이 흐른 상황이었다. 총신대학교 신학대학원 시절 교수님들로부터 예수님을 너무 의학적으로 표현한다고 혼이 난 적이 있었지만, 엘리사벳이 성령의 충만함을 받아 큰소리로 외칠 때 성령으로 잉태하신 '배아(embryo) 예수님'⁹은 이제 막 마리아의 자궁에 착상하는 중이었을 것이다. 그러므로 수태고지를 받은 마리아조차 자신이 임신한 사실을 확인할 방법이 딱히 없었던 때였다.

---

9 성령의 충만함을 받아 큰소리로 외쳤던 엘리사벳의 고백처럼 예수님은 '배아(embryo) 시절'부터 '우리와 동일본질이신 참 사람'이셨다. "내 주의 어머니가 내게 나아오니 이 어찌된 일인가?" 엘리사벳의 이 외침은 인성(人性)을 따라 배아 상태이신 우리 주 예수 그리스도를 향하여 외친 '신앙고백'이었다. 그런 점에서 수정(fertilization) 후 14일경에 나타나는 '원시선(primitive streak)'이 생기기 전까지의 배아는 사람이 아니라 '세포 덩어리'에 불과하므로 얼마든지 실험 도구로 사용할 수 있다는 주장은 성경적이지 않다.

그런데 마리아의 문안에 엘리사벳이 큰소리로 외친다. "내 주의 어머니가 내게 나아오니 이 어찌된 일인가?" 우선 마리아는 엘리사벳에게 천사 가브리엘의 수태고지를 말하기도 전에 엘리사벳이 자신의 임신 사실을 알아챈 것에 놀랐을 것이다. 주변 사람들을 통해 들리는 이러한 증언 하나하나가 쌓여가면서 마리아는 '구세주의 어머니로 조금씩 성장'해갔다.[10]

이 시기 사가랴와 엘리사벳은 오랜 결혼 생활로 나이든 반면, 마리아는 이제 막 정혼을 한 새색시였다. 그런데 어린 시절 부모를 따라 예루살렘 성전을 방문했을 때 보았던 친족 어른인 엘리사벳이 마리아를 보자마자 큰소리로 이렇게 외치는 것이다. "내 주의 어머니가 내게 나아오니 이 어찌된 일인가?" 더군다나, 마리아를 향해 이렇게 외치는 엘리사벳은 사가랴가 성전에 들어가 지성소 앞에서 분향한 뒤에 오랜 불임의 시간을 딛고 기적적으로 임신한 상태였다. 그리고 임신 육 개월이었던 그녀의 배는 누가 보아도 그

---

10 우리의 구원 또한 마찬가지다. 우리는 우리 주 예수 그리스도를 힘입어 구원받는다. 하나님의 자녀가 된다. 이렇게 '신분적'으로 하나님의 자녀 됨이 바로 '칭의(稱義)'다. 그러나 우리 모두가 잘 알고 있듯이 '예수 안에 있는 믿음으로 말미암아 하나님의 자녀가 되었다'고 해서 바로 하나님의 자녀답게 되는 사람은 매우 드물다. 하나님은 우리를 시공간적 존재로 만드셨다. 구원받은 우리는 하나님의 자녀답게 되는 시공간을 거쳐야만 한다. 이 과정을 교리적으로는 성화(聖化)라고 한다. : "또 어려서부터 성경을 알았나니 성경은 능히 너로 하여금 **그리스도 예수 안에 있는 믿음으로 말미암아 구원에 이르는 지혜**가 있게 하느니라"(디모데후서 3:15). : 앞에 설명했던 문장 중에서 '예수 안에 있는 믿음으로 말미암아 하나님의 자녀가 되었다'라는 표현은 교리적인 표현이다. : "그러므로 나의 사랑하는 자들아 너희가 나 있을 때뿐 아니라 더욱 지금 나 없을 때에도 **항상 복종하여 두렵고 떨림으로 너희 구원을 이루라**"(빌립보서 2:12). : 하나님의 은혜로 이루어가는 성화에 대한 대표적인 성경 말씀이다. 빌립보서의 이 말씀은 우리가 우리의 구원에 기여할 수 있는 부분이 있다는 근거 구절이 아니다. 이 부분을 잘못 해석하면 로마 가톨릭과 같이 '신인협력구원설(神人協力救援說)'에 빠질 수 있다. 우리의 구원은 오직 하나님으로만 가능하다. 빌립보서의 이 말씀은 하나님의 전적인 은혜에 반응하는 '인격적인 존재로서' 하나님의 형상의 인격적 반응을 촉구'하는 것이다.

녀가 임신한 상태임을 알 수 있었을 것이다. "보라 네 친족 엘리사벳도 늙어서 아들을 배었느니라. 본래 임신하지 못한다고 알려진 이가 이미 여섯 달이 되었나니 대저 하나님의 모든 말씀은 능하지 못하심이 없느니라." 마리아가 천사 가브리엘에게 들었던 대로였다.

이렇게 성령의 충만함을 받아 크게 외치는 엘리사벳의 고백을 듣고 마리아가 하나님을 찬양한다.

> [46]마리아가 이르되 내 영혼이 주를 찬양하며 [47]내 마음이 하나님 내 구주를 기뻐하였음은 [48]그의 여종의 비천함을 돌보셨음이라 보라 이제 후로는 만세에 나를 복이 있다 일컬으리로다 [49]능하신 이가 큰 일을 내게 행하셨으니 그 이름이 거룩하시며 [50]긍휼하심이 두려워하는 자에게 대대로 이르는도다 [51]그의 팔로 힘을 보이사 마음의 생각이 교만한 자들을 흩으셨고 [52]권세 있는 자를 그 위에서 내리치셨으며 비천한 자를 높이셨고 [53]주리는 자를 좋은 것으로 배불리셨으며 부자는 빈 손으로 보내셨도다 [54]그 종 이스라엘을 도우사 긍휼히 여기시고 기억하시되 [55]우리 조상에게 말씀하신 것과 같이 아브라함과 그 자손에게 영원히 하시리로다 하니라(누가복음 1:46-55)

이후 마리아는 엘리사벳과 삼 개월 정도 같이 있다가 나사렛으로 돌아갔다. 앞에서도 언급했지만, 마리아가 엘리사벳을 방문했을 때 엘리사벳이 임신한 지 여섯 달이 지난 상황이었다는 것을 감안하면 마리아는 세례 요한의 출산에 즈음하여 그녀의 집으로 돌아갔다는 것을 알 수 있다. 마리아가 석 달 만에 집으로 돌아와 그녀의 부모와 약혼자 요셉에게 그녀의 임신 사실을 알렸을 때는 이제 막 세례 요한이 태어난 시기였다. 세례 요한이 태어난 뒤, 입이 열리고 혀가 풀렸던 사가랴의 일은 사람들의 입과 입을 통하여 온 유대 산골에 두루 퍼졌다.

> [64]이에 그 입이 곧 열리고 혀가 풀리며 말을 하여 하나님을 찬송하니 [65]그 근처에 사는 자가 다 두려워하고 **이 모든 말이 온 유대 산골에 두루 퍼지매** [66]듣는 사람이 다 이 말을 마음에 두며 이르되 이 아이가 장차 어찌 될까 하니 이는 주의 손이 그와 함께 하심이러라(누가복음 1:64-66)

당연히 마리아의 부모도 오랜 시간 임신하지 못했던 친족 사가랴와 엘리사벳이 낳은 세례 요한의 이야기를 들었을 것이다. 그러므로 갑자기 사라졌다가 임신한 몸으로 나타난 딸이 하는 말이라 해도 마리아의 부모는 그 말을 쉽게 무시하지는 못했을 것이다. "아니, 믿고 싶었을 것이다." 게다가 엘리사벳이 같이 보낸 사람들의 증언 또한 그렇지 아니한가? 그러니 그 상황에서 마리아의 부모의 관심은 온통 '정혼(定婚)한 몸으로 동거하기 전에 임신한 딸의 안전'과 '사위 요셉의 반응'에 집중되었을 것이 분명하다.

> [18]예수 그리스도의 나심은 이러하니라 그의 어머니 마리아가 요셉과 약혼하고 동거하기 전에 **성령으로 잉태된 것이 나타났더니** [19]그의 남편 요셉은 의로운 사람이라 **그를 드러내지 아니하고 가만히 끊고자 하여** [20]**이 일을 생각할 때에** 주의 사자가 현몽하여 이르되 다윗의 자손 요셉아 네

아내 마리아 데려오기를 무서워하지 말라 그에게 잉태된 자는 성령으로 된 것이라 [21]아들을 낳으리니 이름을 예수라 하라 이는 그가 자기 백성을 그들의 죄에서 구원할 자이심이라 하니라 [22]이 모든 일이 된 것은 주께서 선지자로 하신 말씀을 이루려 하심이니 이르시되 [23]보라 처녀가 잉태하여 아들을 낳을 것이요 그의 이름은 임마누엘이라 하리라 하셨으니 이를 번역한즉 하나님이 우리와 함께 계시다 함이라 [24]요셉이 잠에서 깨어 일어나 주의 사자의 분부대로 행하여 그의 아내를 데려왔으나 [25]아들을 낳기까지 동침하지 아니하더니 낳으매 이름을 예수라 하니라(마태복음 1:18-25)

성령으로 잉태하게 되었다는 마리아의 말을 들은 요셉의 마음은 어떠했을까? 내가 보기에 요셉은 '마리아를 신뢰하지 못했다.'라기보다는 '이러한 상황을 감당하기 버거웠던 것'으로 보인다. 내가 이렇게 생각하게 된 근거는 요셉의 꿈에 나타난 '주의 사자의 말' 때문이다. 우리는 요셉의 꿈에 현몽한 주의 사자의 말이 "네 아내 마리아를 의심하지 말라."가 아니라 "네 아내 마리아 데려오기를 무서워하지 말라."였다는 사실에 주목해야 한다. 그리고 요셉이 마리아의 임신 사실을 알게 되었다는 내용을 성경 말씀은 이렇게 기록하고 있다. "그의 어머니 마리아가 성령으로 잉태된 것이 나타났더니"

앞에서도 언급했지만, 초산의 경우 보통 임신 5개월이 되어야 주변에서 임산부를 알아보기 시작한다. 그러므로 천사 가브리엘로부터 수태고지를 받은 후 나사렛과 엔케렘 사이를 왕복한 시간에 더해 엘리사벳과 같이 지낸 시간이 석 달쯤 되었다는 것을 감안할 때, 마리아는 나사렛으로 돌아온 후 얼마 되지 않아 배가 조금씩 불러오기 시작했을 것이다.

물론 당시 의복은 몸에 착 달라붙지 않았기 때문에 가족이 아닌 경우에는 그보다 늦은 시간에 마리아의 임신 사실을 알아보았을 수도 있다. 그 사이 마리아는 그녀의 부모와 이 일에 대해 대화할 수 있는 시간을 가질 수 있었을 것이다. 그리고 요셉 또한 마리아와 엘리사벳이 보낸 증인들로부터 충분한 설명을 들을 기회가 있었을 것이다. 엘리사벳의 집에서 돌아온 뒤 동네 사람들이 마리아의 임신 사실을 알아보기까지는 한 달이 넘는 시간이 걸렸을 것이다. 그러므로 마리아에게는 그녀의 부모와 그리고 약혼자인 요셉에게 이 일에 대해 상의할 수 있는 충분한 시간이 있었을 것이다. 이것이 하나님께서 하나님의 사람들에게 주시는 시간이다. 이에 대한 요셉의 반응을 성경은 이렇게 기록하고 있다. "그의 남편 요셉은 의로운 사람이라 그를 드러내지 아니하고 가만히 끊고자 하여 이 일을 생각할 때에"

천사 가브리엘로부터 수태고지를 받은 후 적극적으로 행동에 나섰던 마리아와는 달리 요셉은 생각이 많고 무언가 결정할 때 신중한 성격이었던 것으로 보인다.[11] 쉽게 표현하면 무언가를 신속히 결정하는 것을 힘들어하는

---

11 성경 본문을 근거로 마리아와 요셉의 성격을 유추한 내 관점이 정확하다면, 요셉과 마리아는 성격적으로 잘 맞는 부부였다. 간단히 표현하자면, 마리아와 요셉 부부는 행동이 앞서는 아내와 신중한 남편의 조합이다. 시장 언어로 표현하자면, 일단 저지르고 보는 아내와 어느 정도 결정 장애가 있는 남편의 조합이다. 보통 "배우자로 어떤 성격이 좋은지?" 질문을 받을 때 나는 이렇게 대답한다. "성격에 있어서 우열은 존재하지 않는다. 다만 나에게 맞는 성격과 맞지 않는 성격이 존재할 뿐이다. 무엇을 해도 자신이 결정해야 하는 두 사람이 만나게 되면 그 가정은 항상 분쟁지역이 될 것이다. 반면 결정하는 것을 힘들어하는 두 사람이 만나게 되면 그 집은 되는 일이 없을 것이다. 반면 결정하는 것을 좋아하는 사람과 결정하는 것을 힘들어하는 사람이 만나 한 가정을 이루면 최상의 팀이 될 것이다."

성격이었던 것으로 보인다.[12] 나는 요셉에 대한 성경의 증언 중 두 곳을 근
거로 이렇게 생각하게 되었다.

　우선 "그의 남편 요셉은 의로운 사람이라."라는 성경의 증언으로 보아,
요셉은 좋은 성품의 소유자였던 것으로 보인다. 성경에 기록된 '의롭다'라
는 단어는 '관계적 언어'다. 성경에서 누군가를 향하여 의롭다고 하는 경우,
이것은 그와 하나님과의 관계가 바른 관계인 동시에 그가 하나님의 형상인
사람들과의 관계에도 신실하다는 것을 의미한다. 마리아가 성령으로 잉태
한 것을 알고 요셉이 이 일에 대하여 생각하던 때는 아직 우리 주 예수 그리
스도의 십자가에 의한 은혜가 보편적으로 적용되던 시대가 아니었다. 즉 이
시기에 누군가가 '의롭다.'라는 것은 그가 율법에 충실한 사람이었다는 것을
의미했다.[13] 동시에 그에게 하나님의 형상인 사람에 대한 긍휼함이 있었다
는 것을 의미했다.

　그런 점에서 요셉은 서로 상반되는 두 개의 가치 사이에서 고민했던 것
으로 보인다. 우선 요셉 그가 율법에 충실하려면 자신의 약혼자 마리아가

---

12 사실과 견해(의견)의 차이가 이러한 것이다. 누군가 밥을 맛있게 먹고 있는 모습을 보고 두 가
　　지로 표현할 수 있다. 밥 먹는 사람이 사랑스러워 보일 때에는 이렇게 말한다. "복스럽게 먹는
　　다." 미울 때는 이렇게 말한다. "돼지처럼 처먹는다." 무언가를 쉽게 결정하지 못할 때도 마찬
　　가지다. 긍정적으로 표현할 때는 "신중하다." 부정적으로 표현할 때는 "우유부단하다."라고 한
　　다. 반대로 무언가를 쉽게 결정하는 경우, 사랑하는 사람을 향해서는 "결단력이 있다." 미워하
　　는 사람을 향해서는 "과격하다."라고 말하는 것이 사람이다. 결론적으로 나는 요셉은 '신중한
　　성격의 소유자'라고 말하고 싶다. 내가 소천한 뒤에 천국에서 나의 안전을 생각할 때 더욱 그러
　　하다. 나는 요셉을 사랑한다.
13 이 말에 오해가 없기를 바란다. 우리 주 예수 그리스도의 십자가의 은혜가 율법에 충실하지 않
　　아도 된다는 것을 의미하지 않는다.

그의 아이가 아닌 다른 아이를 임신했다는 사실을 고발해야만 했다. 그런데 요셉이 그렇게 율법에 따라 마리아를 고발하는 경우, 마리아와 마리아의 배 속에 있는 아이의 생명은 죽음의 위험에 노출될 수밖에 없었다. 더군다나 요셉은 마리아와 엘리사벳이 보낸 증인들로부터 마리아의 임신과 연관된 일련의 사실들을 전해들은 상황이었다. 이 사실을 성경은 이렇게 증언한다. "성령으로 잉태된 것이 나타났더니"

그렇다면 요셉은 마리아의 말을 믿었을까? 믿었을 가능성이 높다. 내가 그렇게 생각하는 이유는 사가랴와 엘리사벳 때문이다. 당시 정혼한 여인이 남편의 아이가 아닌 다른 아이를 임신했다는 것이 그녀에게 무엇을 의미하는지 사가랴와 엘리사벳은 잘 알고 있었을 것이다. 그렇다면 성령의 충만함을 받아 "내 주의 어머니가 내게 나아오니 이 어찌 된 일인가?"라고 큰소리로 외쳤던 엘리사벳은 마리아를 나사렛으로 돌려보내는 과정에서 자신이 할 수 있는 모든 것을 다 했을 것이다. 사가랴와 엘리사벳이 아무 대책 없이 마리아를 돌려보내는 경우 마리아를 기다리는 것은 사람들이 던지는 돌밖에 없었을 것이다.

사가랴는 제사장이었다. 그러므로 사가랴와 세례 요한의 탄생 이야기는 이스라엘 사람들에게 충분히 '이슈(issue)'가 될 수 있었다. 요셉이 마리아로부터 천사 가브리엘의 수태고지를 전해 들었을 당시 세례 요한의 탄생에 얽힌 일련의 사건들이 사람들의 입에서 입으로 온 유대 산골에 두루 퍼진 상태였다. 지금처럼 '인터넷(internet)'이나 '엔터테인먼트(entertainment)'가 흔하지 않던 시절이었다. 그러니 만나는 사람들마다 온통 '세례 요한의 탄생 이야기'뿐이었을 것이다.

앞에서도 언급했지만 세례 요한은 그의 사역을 통하여 우리 주 예수 그리스도의 길을 예비한 것뿐 아니라, 그의 탄생 과정을 통해서도 우리 주 예수 그리스도의 탄생을 예비했다.[14] 천사 가브리엘을 통한 수태고지 후 소렉 골짜기에 위치한 엔케렘까지 165km가 넘는 험난한 길을 가는 동안 마리아는 '혼자'였지만, 엔케렘에서 나사렛으로 돌아오는 길에는 '두 사람의 증인'이 더해진 상황이었다. 요한복음 8장 17절에 기록된 예수님의 말씀 "너희 율법에도 두 사람의 증언이 참되다 기록되었으니"처럼 그녀의 임신이 성령으로 말미암은 것이라는 마리아의 고백은 '사가랴와 엘리사벳' 두 사람의 증언을 통해 확증된 상태였다. 그러므로 성경에서 의인이라고 평가받는 요셉

---

14 그것뿐 아니다. 세례 요한은 그의 죽음 이후에도 우리 주 예수 그리스도의 길을 예비했음을 알 수 있다. 사도 바울에 이어 고린도교회의 2대 사역자였던 아볼로의 경우를 볼 때 그러하다.: "²⁴알렉산드리아에서 난 아볼로라 하는 유대인이 에베소에 이르니 이 사람은 언변이 좋고 성경에 능통한 자라 ²⁵그가 일찍이 주의 도를 배워 열심으로 예수에 관한 것을 자세히 말하며 가르치나 요한의 세례만 알 따름이라 ²⁶그가 회당에서 담대히 말하기 시작하거늘 브리스길라와 아굴라가 듣고 데려다가 하나님의 도를 더 정확하게 풀어 이르더라 ²⁷아볼로가 아가야로 건너가고자 함으로 형제들이 그를 격려하며 제자들에게 편지를 써 영접하라 하였더니 그가 가매 은혜로 말미암아 믿은 자들에게 많은 유익을 주니 ²⁸이는 성경으로써 예수는 그리스도라고 증언하여 공중 앞에서 힘있게 유대인의 말을 이김이러라"(사도행전 18:24-28).: "아볼로가 아가야로 건너가고자 함으로"에서 '아가야'는 고린도가 위치한 로마의 속주를 지칭한다.: "¹아볼로가 고린도에 있을 때에 바울이 윗지방으로 다녀 에베소에 와서 어떤 제자들을 만나 ²이르되 너희가 믿을 때에 성령을 받았느냐 이르되 아니라 우리는 성령이 계심도 듣지 못하였노라 ³바울이 이르되 그러면 너희가 무슨 세례를 받았느냐 대답하되 요한의 세례니라 ⁴바울이 이르되 요한이 회개의 세례를 베풀며 백성에게 말하되 내 뒤에 오시는 이를 믿으라 하였으니 이는 곧 예수라 하거늘 ⁵그들이 듣고 주 예수의 이름으로 세례를 받으니 ⁶바울이 그들에게 안수하매 성령이 그들에게 임하시므로 방언도 하고 예언도 하니 ⁷모두 열두 사람쯤 되니라"(사도행전 19:1-7).: 에베소 교회에서 아볼로가 고린도로 파송된 후, 사도 바울이 그의 파송교회인 '수리아 안디옥 교회'(사도 바울이 1차 선교 여행 때 개척했던 갈라디아 지방의 '비시디아 안디옥 교회'와 구분하기 위해 '수리아 안디옥 교회'라고 했다.)에 2차 선교 여행 보고를 마치고 3차 선교 여행 중에 있었던 일이다. 에베소 교회는 사도 바울이 2차 선교 여행을 마치고 예루살렘을 거쳐 안디옥 교회로 돌아가는 길에 브리스길라와 아굴라를 에베소에 두고 가면서 개척된 교회다.

이 마리아의 말을 믿지 않을 이유는 없었을 것이다.

게다가 요셉은 21세기 대한민국 땅에 사는 사람이 아니라, 기원전 1세기 말에서 기원후 1세기 팔레스타인 지역에 살았던 사람이었다. 이 당시 이스라엘 사람이라면 누구나 '메시아 대망 사상'을 가슴에 새기고 있었다. 그러므로 마리아가 요셉에게 하는 말은 처음 들어보는 이야기가 아니었다. 어려서부터 귀에 박히도록 들었던 '가슴 뛰는 예언의 말씀'이었다.

그런데 요셉은 왜 성령으로 아이를 잉태했다는 마리아와의 결혼을 가만히 파혼으로 끝내려 했던 것일까? 답은 요셉의 꿈에 현몽한 주의 사자의 말에 있다. "다윗의 자손 요셉아 네 아내 마리아 데려오기를 무서워하지 말라." 요셉은 무서웠던 것이다. 처녀가 잉태한다는 것이 무엇을 의미하는지 '다윗의 혈통인 요셉'은 너무도 잘 알고 있었다. 그래서 더 무서웠던 것 같다. 이스라엘 온 민족이 꿈에도 그리던 일이 드디어 시작되었다. 이 사실은 반갑고도 감사한 일이었다. 그런데 중요한 문제는 "내가 그 구세주의 어린 시절의 보호자가 되어야 한다."였다. "이 조그마한 산골 나사렛의 시골뜨기 목수 나 요셉이?"

> 그의 남편 요셉은 의로운 사람이라 **그를 드러내지 아니하고 가만히 끊고자 하여**(마태복음 1:19)

이때 요셉이 하려고 했던 일은 두세 증인 앞에서 마리아에게 '이혼증서'를 써 주는 것이었다. 요셉이 생각한 두세 증인은 어쩌면 사가랴와 엘리사벳이 보낸 증인들이었을 수도 있다. 이렇게 될 경우, 마리아와 마리아의 부모는 동네를 떠나 다른 곳으로 이주할 시간을 벌 수 있었을 것이다. 즉 요셉의 입장에서는 마리아와 마리아의 배 속에 있는 아이의 생명을 구하는 동시에, 아무리 생각해도 버거운 '다윗의 자손으로 오시는 그 메시아와 얽히는 일'로부터 도망치고 싶었던 것으로 보인다. 그러한 이유로 요셉의 꿈에 나타난 주의 사자가 이렇게 말했던 것이다. "다윗의 자손 요셉아 네 아내 마리아 데려오기를 무서워하지 말라."

> [13]이사야가 이르되 **다윗의 집이여 원하건대 들을지어다** 너희가 사람을 괴롭히고서 그것을 작은 일로 여겨 또 나의 하나님을 괴롭히려 하느냐 [14]그러므로 주께서 친히 징조를 너희에게 주실 것이라 **보라 처녀가 잉태하여 아들을 낳을 것이요 그의 이름을 임마누엘이라 하리라**(이사야 7:13-14)

요셉은 어린 시절부터 이사야의 예언을 배워서 알고 있었을 것이다. 그러므로 성령으로 임신하게 되었다는 마리아의 말과 사가랴와 엘리사벳의 증언을 들었을 때, 요셉은 자신의 아내 마리아의 배 속에 잉태된 아이가 그토록 오랜 세월 동안 이스라엘 민족이 기다리고 기다리던 '그 메시아'라는 사실을 알았을 것이다.

요셉처럼 행동보다는 생각이 많은 사람에게 있어서 이러한 경우는 사실 '재난적 상황'에 해당한다. 요셉은 도망가고 싶었을 것이다. 이러한 요셉의 타고난 성품을 잘 알고 계셨던 하나님께서 당신의 사자를 보내 요셉을 안심시키신다. "다윗의 자손 요셉아 네 아내 마리아 데려오기를 무서워하지 말라." 굳이 요셉을 향하여 "다윗의 자손"이라고 한 주의 사자의 말은 이사야 선지자를 통하여 하셨던 하나님의 말씀 "다윗의 집이여 원하건대 들을지어다."를 상기시키기에 충분했을 것이다. 즉 요셉의 꿈에 현몽한 주의 사자의 말은 '요셉에게 맞추어주신 말씀'이었다. 이것이 바로 하나님의 은혜가 우리에게 임하는 '전형적인 방식'이다.

하나님의 격려를 받은 요셉은 비로소 행동하기 시작한다. "요셉이 잠에서 깨어 일어나 주의 사자의 분부대로 행하여 그의 아내를 데려왔다."라는 표현의 뜻은 약혼 뒤 요셉이 마리아와 같이 살기 위해 지었던 집으로 마리아를 데려와 동거하기 시작했다는 말이다.

> [24]요셉이 잠에서 깨어 일어나 주의 사자의 분부대로 행하여 **그의 아내를 데려왔으나** [25]**아들을 낳기까지 동침하지 아니하더니** 낳으매 이름을 예수라 하니라(마태복음 1:24-25)

한 가지 사실을 확인하고 지나가자면, 요셉은 마리아를 자신의 집으로 데리고 와 동거하기 시작했지만 예수님을 낳기까지 동침하지 않았다. 이 말을 통해 알 수 있는 사실은 무엇일까? 예수님의 탄생 이후에는 요셉과 마리아가 동침했다는 이야기다.

이 이야기를 짚고 가는 이유는 마리아를 신격화하는 로마 가톨릭의 '마리아 4대 교리' 때문이다. 로마 가톨릭에서는 평생 동안 마리아가 동정녀로 살았다고 가르친다. '천상의 모후 성모 마리아'로 마리아를 우상화하는 로마 가톨릭의 입장에서 마리아가 예수님을 낳은 뒤 평범한 남자인 요셉과 성생활을 하고 아이를 낳아 키웠다는 사실이 몹시 불편했을 것이다. 거기에 더해 이러한 사실이 '마리아의 신격화'에 방해가 된다고 판단했던 것으로 보인다. 그래서 로마 가톨릭에서는 '예수님의 동생'으로 소개되는 인물들을 예수님과 같은 항렬[15]에 해당하는 친척 동생들이라고 주장한다. 그러나 이것은 마리아를 신격화하기 위해 성경을 왜곡하는 행위에 불과하다.

심지어 예수님의 형제를 가리키는 헬라어는 같은 항렬의 친척이 아닌 친형제를 지칭하는 단어로 알려져 있다. 물론 이때 쓰인 헬라어는 '아델포스(αδελφός)'로서 신약 성경의 서신서에 흔히 나오는 "형제들아"라는 말에도 쓰인 것을 확인할 수 있다. 로마 가톨릭에서는 이 점을 들어 '아델포스'가 친형제를 뜻하지 않고 친척형제를 뜻한다고 주장하곤 한다. 그러나 오히려 이때 쓰인 '아델포스'는 예수님께서 십자가에서 흘리신 보혈을 통하여 '하나님을 같은 아버지로 두게 된 우리'를 가리키는 단어라는 점에서, 헬라어 '아델포스'는 같은 항렬에 해당하는 친척 동생이 아니라 '같은 아버지를 둔 친형제(親兄弟)'를 가리키는 말임을 알 수 있다.

> [53]예수께서 이 모든 비유를 마치신 후에 그 곳을 떠나서 [54]고향으로 돌아가사 그들의 회당에서 가르치시니 그들이 놀라 이르되 이 사람의 이 지

---

15 항렬(行列)이라는 말이 익숙하지 않은 젊은 세대들을 위해 설명을 남긴다. 예를 드는 것이 쉬울 것 같다. 나는 전주 최씨 문성공(文成公)계 대호군파(大護軍公派) 24대손으로 호(鎬)자 돌림이다. 이때 전주 최씨 대호군파 24대손에 해당하는 호(鎬)자 돌림으로 이름이 지어진 친척들을 나와 같은 항렬이라고 한다.

혜와 이런 능력이 어디서 났느냐 [55]이는 그 목수의 아들이 아니냐 그 어머니는 마리아, 그 형제들은 야고보, 요셉, 시몬, 유다라 하지 않느냐 [56]그 누이들은 다 우리와 함께 있지 아니하냐 그런즉 이 사람의 이 모든 것이 어디서 났느냐 하고 [57]예수를 배척한지라 예수께서 그들에게 말씀하시되 선지자가 자기 고향과 자기 집 외에서는 존경을 받지 않음이 없느니라 하시고 [58]그들이 믿지 않음으로 말미암아 거기서 많은 능력을 행하지 아니하시니라(마태복음 13:53-58)

"이는 그 목수의 아들이 아니냐?" 우리 주 예수 그리스도의 공생애 기간 예수님께서 고향에 있는 회당에 방문하셨을 때 고향 사람들이 했던 말이다. 이 말을 근거로 생각해 볼 때, 주의 사자가 현몽한 뒤 마리아를 자신의 집으로 데려온 요셉은 '마리아가 성령으로 잉태했다는 사실'을 주변에 알리지 않았던 것으로 보인다. 이것은 쉽게 예상할 수 있는 일이다. 로마의 식민 지배를 받고 있던 상황에서 '다윗의 자손으로 오실 그 메시아'는 당시 유대인들이 가진 이해의 틀 안에서는 '정치적 군사적 메시아'를 뜻했다. 요셉 또한 마리아 태중에 계신 예수님을 '다윗의 자손으로 오실 다윗과 같은 정치적 군사적 메시아'로 이해했을 것이다. 그러므로 요셉이 이 사실을 주변에 알리게 되는 경우, 마리아와 마리아의 배 속에 있는 예수님은 위험에 처할 수도 있었다.

또한, 요셉은 마리아를 자신의 집으로 데려오는 과정에서 혼인 잔치를 치르지 않았던 것으로 보인다. 이 모습을 본 동네 사람들은 곧바로 마리아의 임신 사실을 알게 되었을 것이다. 앞에서도 언급했지만, 이와 같이 약혼 후 혼인 잔치를 치르기 전에 임신한 신부를 신랑이 데려와 동거하는 경우 사람들의 손가락질은 당연히 신랑을 향했다. 이때 신랑을 향한 손가락질은 그가 신실하지 못한 동시에 절제할 줄 모른다는 것이었다.

이러한 상황은 생각할수록 참으로 아이러니한 상황이다. 성경은 요셉이 주의 사자의 분부대로 그의 아내를 데려왔으나 아들을 낳기까지 동침하지 않았다고 증언한다. 즉 같은 집에 살면서 마리아와 동침하지 않았다는 말이다. 이러한 상황은 그 시대를 살던 사내 중 '가장 절제심이 많았던 요셉'이 그만도 못한 사내들에게 '절제심이 없는 존재'라는 손가락질을 감내해 냈다는 이야기가 된다. 그 결과 우리 주 예수 그리스도는 '그 목수의 아들'로 불리게 되었고, 공생애 이전 익명성을 보장받으며 안전한 성장기를 누리실 수 있었다. 이것이 '진정한 사랑'이다. 이것이 '요셉이 의로운 사람인 이유'이다.

> 하나님이 **죄를 알지도 못하신 이를 우리를 대신하여 죄로 삼으신 것은** 우리로 하여금 그 안에서 하나님의 의가 되게 하려 하심이라(고린도후서 5:21)

이러한 사실은 죄도 모르시는 분이신 예수님께서 십자가에 못 박혀 온 인류의 죄를 감당하신 것을 상기시킨다. 절제의 대가인 요셉은 그렇게 절제할 줄 모르고 누군가를 향해 쉽게 손가락질하는 다른 사내들의 비난을 감당함으로 예수님의 어린 시절 충실한 보호자의 역할을 잘 감당하게 되었던 것이다.

베들레헴에서 애굽으로,
애굽에서 나사렛으로

[19]헤롯이 죽은 후에 주의 사자가 애굽에서 요셉에게 현몽하여 이르되 **[20]일어나 아기와 그의 어머니를 데리고 이스라엘 땅으로 가라 아기의 목숨을 찾던 자들이 죽었느니라** 하시니 [21]요셉이 일어나 아기와 그의 어머니를 데리고 이스라엘 땅으로 들어가니라 **[22]그러나 아켈라오가 그의 아버지 헤롯을 이어 유대의 임금 됨을 듣고 거기로 가기를 무서워하더니** 꿈에 지시하심을 받아 갈릴리 지방으로 떠나가 [23]나사렛이란 동네에 가서 사니 이는 선지자로 하신 말씀에 나사렛 사람이라 칭하리라 하심을 이루려 함이러라(마태복음 2:19-23)

마리아와 달리 생각이 많고 무언가 결정할 때 신중했던 요셉의 성격은 주의 사자로부터 헤롯이 죽었다는 사실을 통보받았을 때도 반복되는 것을 볼 수 있다. 이때 죽은 헤롯은 '대헤롯'이라고 불렸던 인물로 예수님의 탄생 당시 베들레헴에서 영아 살해를 저질렀던 자(者)다. 그리고 아켈라오는 '대헤롯'의 네 번째 부인에서 태어난 '헤롯 아켈라오'를 가리킨다. 아켈라오는 그의 아비 대헤롯으로부터 잔인한 성품(性品)은 물려받았으나 지능(知能)은 물려받지 못한 인물로 알려진다. 그 결과 아켈라오는 분봉왕이 된 지 얼마 지나지 않아 유대 장로들의 고발과 민심의 불안정을 이유로 로마 황제로부터 폐위된다. 그 후 아켈라오가 다스리던 지역에는 로마 총독이 파견되었는데, 예수님의 공생애 시절 유대 지역의 총독이 바로 빌라도다. 팔레스타인 지역 전체를 다스렸던 대헤롯과 달리 '분봉왕 헤롯 아켈라오'는 예루살렘을 포함한 유대 지역만을 다스렸다. '분봉왕'은 중세 시대에 있었던 '영주 정도의 직위'라고 생각하면 쉽게 이해가 될 것이다. 대헤롯이 죽은 뒤 팔레스타인 지역의 통치권은 세 아들에게 나뉘어 계승되었고, 나사렛이 있는 갈릴리 지역의 분봉왕은 '헤롯 안디바'였다.

대헤롯이 살아있던 시절부터 헤롯 아켈라오의 잔인성은 팔레스타인 지역에 정평(定評)이 나 있었다. 비록 베들레헴에서 영아 살해를 저질렀던 대헤롯은 죽었으나, 잔인성이라는 측면에서 그 아비에게 전혀 뒤지지 않는 아켈라오가 유대 지역의 분봉왕이 되었다는 소식을 요셉은 이스라엘 지경(地境)에 들어온 뒤에 들었던 것 같다.

"요셉이 일어나 아기와 그의 어머니를 데리고 이스라엘 땅으로 들어가니라." 아기의 목숨을 찾던 자들이 죽었으니 이스라엘 땅으로 돌아가라는 지시를 받고 요셉은 마리아와 예수님을 데리고 이스라엘 땅으로 돌아온다. 그러나 아켈라오가 불과 2년 전 영아들의 피로 물 들었던 베들레헴 지역의 새로운 통치자가 되었다는 소식을 접했을 때, 요셉은 차마 발이 떨어지지 않앉을 것이다.[1] 머뭇거리는 요셉의 모습을 보고 다시 한번 주의 사자가 요셉의 꿈에 나타난다. 이러한 기록으로 볼 때, 요셉이 처음 받았던 지시는 유대 지역으로의 복귀였던 것으로 보인다. 그런데 요셉이 무서워하자 하나님께서는 지시를 변경해 주신다.

하나님의 사람의 인생에서 이러한 하나님의 모습은 비교적 흔하다. 하지만 결론을 미리 말하자면, 요셉은 유대 지역으로 복귀하는 것이 나았다. 하나님의 사람들의 인생 또한 마찬가지다.

전지전능(全知全能)하신 하나님께서는 이러한 요셉의 반응을 미리 알고 계셨다. 이 사실을 성경은 이렇게 기록하고 있다. "그러나 아켈라오가 그의 아버지 헤롯을 이어 유대의 임금 됨을 듣고 거기로 가기를 무서워하더니 꿈에 지시하심을 받아 갈릴리 지방으로 떠나가 나사렛이란 동네에 가서 사니 이는 선지자로 하신 말씀에 나사렛 사람이라 칭하리라 하심을 이루려 함이러라."

이 지점에서 나올 수 있는 질문은 이것이다. "그렇게 유대 지역으로 돌아가라고 하셨을 때, 요셉이 어떻게 반응할지도 알고 계셨고 요셉의 반응에 따라 갈릴리로 지시를 변경하실 요량(料量)이셨으면서 왜 처음부터 갈릴리로 돌아가라고 하시지 않으셨나요? 그리고 요셉과 마리아의 고향은 나사렛이잖아요?" 답은 간단하다. "잘 모르겠다." 그러나 우리가 모르는 분명한 사정이 있었을 것이다. 어쩌면 이후에 펼쳐지는 유대와 갈릴리의 정치적 변화

---

1 예수님이 애굽에 머문 기간을 통상 2년 정도로 본다.

를 보며 하나님의 처음 명령에 순종하는 것이 보다 나은 선택이었다는 교훈을 요셉에게 남기고 싶으셔서 그러셨을 거라는 생각이 든다. 우리네 인생을 뒤돌아볼 때 이 추측이 맞을 가능성이 꽤 높다.

어찌 되었든, 한 가지 분명한 사실은 이것이다. 하나님께서 요셉에게 유대로 복귀하라고 하신 것은 명령을 받을 당시 요셉이 미처 깨닫지 못한 것일 뿐, 알고 보면 분명히 하나님 쪽에서의 배려였다. 그러나 이러한 하나님의 배려마저 하나님의 사람에게 너무 버겁게 느껴지는 경우, 하나님께서는 다른 대안을 제시해 주신다. 왜냐하면 그러한 대안을 통해서도 하나님은 당신의 구원 역사를 충분히 이루실 수 있기 때문이다.

실제로 이후에 일어난 역사적 사실들을 살펴보면, 요셉이 애굽에서 처음 받았던 지시대로 유대로 복귀하는 것이나 갈릴리로 복귀하는 것이나 별반 차이가 없었다는 것을 알 수 있다.[2] 결론적으로 보면, 오히려 유대로 복귀하는 것이 더 편했을 것이다.[3] 앞에서 언급했듯이, 대헤롯을 이어 갈릴리 지역의 분봉왕이 된 인물은 대헤롯이 네 번째 부인으로부터 얻은 아들 '헤롯 안디바'였다. 즉 '헤롯 아켈라오'와 '헤롯 안디바'는 친형제 사이였다. 헤롯 안디바는 훗날 세례 요한의 목을 베어 죽인 인물이다. '헤롯 아켈라오'와 '헤롯 안디바'는 잔인한 성품에 있어서는 쌍둥이와 같은 존재였다. 게다가

---

2   우리 주 예수 그리스도께서 구원 역사를 이루시는 데 있어서 그렇다. 그리고 예수님의 어린 시절 보호자 역할을 해야 했던 요셉의 입장에서도 그렇다.

3   해마다 유월절에 예루살렘 성전을 오갔던 것을 생각하면 오히려 편했을 것이다. 나사렛에서 예루살렘은 왕복 14일이 넘게 걸리는 여정이었지만, 유대 지역에 거주했다면 하루 이틀에 해결될 일이었다. 예수님 또한 마찬가지셨을 것이다. 물론 요셉이 무서워한 덕에 갈릴리 지역에 거주하던 백성들이 예수님을 훨씬 더 많이 접할 수 있었다.

유대 지역의 아켈라오는 얼마 지나지 않아 분봉왕에서 쫓겨나지만, 갈릴리 지역의 헤롯 안디바는 예수님의 공생애 기간까지도 건재(健在)했다.[4] 그러니 아켈라오의 잔인함 때문에 유대로의 복귀를 무서워했던 요셉의 판단은 사실 옳은 판단은 아니었다.[5]

> [1]그때에 분봉 왕 헤롯이 예수의 소문을 듣고 [2]그 신하들에게 이르되 이는 세례 요한이라 그가 죽은 자 가운데서 살아났으니 그러므로 이런 능력이 그 속에서 역사하는도다 하더라 [3]**전에 헤롯이 그 동생 빌립의 아내 헤로디아의 일로 요한을 잡아 결박하여 옥에 가두었으니 [4]이는 요한이 헤롯에게 말하되 당신이 그 여자를 차지한 것이 옳지 않다 하였음이라** [5]헤롯이 요한을 죽이려 하되 무리가 그를 선지자로 여기므로 그들을 두려워하더니 [6]마침 헤롯의 생일이 되어 헤로디아의 딸이 연석 가운데

4　"[31]곧 그때에 어떤 바리새인들이 나아와서 이르되 나가서 여기를 떠나소서 **헤롯이 당신을 죽이고자 하나이다** [32]이르시되 **너희는 가서 저 여우에게 이르되** 오늘과 내일은 내가 귀신을 쫓아내며 병을 고치다가 제삼일에는 완전하여지리라 하라 [33]그러나 오늘과 내일과 모레는 내가 갈 길을 가야 하리니 선지자가 예루살렘 밖에서는 죽는 법이 없느니라"(누가복음 13:31-33).: 이때 예수님께서 "너희는 가서 저 여우에게 이르되"에서 '여우'가 바로 '헤롯 안디바'다. 요셉이 처음 지시대로 유대 지역으로 복귀했다면, 헤롯 안디바가 예수님을 죽이려 할 이유가 없었다. 예수님 공생애 당시 유대 지역은 로마 총독의 관할이었기 때문이다.

5　"[6]빌라도가 듣고 그가 갈릴리 사람이냐 물어 [7]헤롯의 관할에 속한 줄을 알고 헤롯에게 보내니 그때에 헤롯이 예루살렘에 있더라 [8]헤롯이 예수를 보고 매우 기뻐하니 이는 그의 소문을 들었으므로 보고자 한 지 오래였고 또한 무엇이나 이적 행하심을 볼까 바랐던 연고러라 [9]여러 말로 물으나 아무 말도 대답하지 아니하시니 [10]대제사장들과 서기관들이 서서 힘써 고발하더라 [11]헤롯이 그 군인들과 함께 예수를 업신여기며 희롱하고 빛난 옷을 입혀 빌라도에게 도로 보내니 [12]헤롯과 빌라도가 전에는 원수였으나 당일에 서로 친구가 되니라"(누가복음 23:6-12).: 이 일 또한 마찬가지다. 요셉이 하나님께 처음 받은 지시대로 유대로 복귀했다면, 예수님은 헤롯 안디바로부터 바로 앞에 인용한 수치를 당하지 않으셨을 것이다. 유대는 빌라도의 관할이었고, 나사렛이 있는 갈릴리는 헤롯 안디바의 관할이었기 때문이다.

서 춤을 추어 헤롯을 기쁘게 하니 [7]헤롯이 맹세로 그에게 무엇이든지 달라는 대로 주겠다고 약속하거늘 [8]그가 제 어머니의 시킴을 듣고 이르되 **세례 요한의 머리를 소반에 얹어 여기서 내게 주소서 하니** [9]**왕이 근심하나 자기가 맹세한 것과 그 함께 앉은 사람들 때문에 주라 명하고** [10]**사람을 보내어 옥에서 요한의 목을 베어** [11]**그 머리를 소반에 얹어서 그 소녀에게 주니 그가 자기 어머니에게로 가져가니라**(마태복음 14:1-11)

위에 인용한 성경에 나오는 등장인물 중, '그 동생 빌립'은 대헤롯의 세 번째 부인의 아들로 분봉왕이 되지 못했다. 이 빌립과 헤로디아 사이에는 살로메라는 딸이 있었는데도 불구하고, 헤롯 안디바와 헤로디아는 각각의 결혼을 파기하고 재혼한다. 이는 권력에 눈이 먼 행동이었다. 헤로디아 입장에서 이 결혼은 분봉왕마저 되지 못한 남편 빌립을 버리고 팔레스타인 전체 지역의 통치권에 한 발 가깝게 다가선 것으로 보이는 헤롯 안디바를 선택한 것이었다. 동시에, 헤롯 안디바의 입장에서 이 결혼은 바벨론 포로기 이후 주전 2세기에 처음으로 이스라엘 민족의 독립 왕조를 이루었던 '하스몬 왕조의 피가 섞인 헤로디아'와의 결혼을 통하여 자신의 통치권을 강화하려고 했던 것이었다. 세례 요한이 헤롯 안디바에게 했던 "당신이 그 여자를 차지한 것이 옳지 않다."라는 말의 뜻은 성적(性的)인 의미보다는 권력(權力)을 차지하기 위해 수단방법을 가리지 않았던 헤롯 안디바와 헤로디아의 행태를 지적한 것이었다.

게다가 헤로디아는 대헤롯이 두 번째 부인[6]을 통하여 얻은 손녀였다. 우리는 헤롯 안디바의 어머니인 대헤롯의 네 번째 부인의 모함으로 대헤롯의 두 번째 부인과 두 아들이 죽었다는 사실을 기억해야 한다. 즉 헤로디아는 자신의 할머니와 아버지 그리고 큰아버지를 죽인 '원수의 아들과 재혼'한 것이었다.

세례 요한은 헤롯 안디바와 헤로디아의 이러한 패륜(悖倫)을 지적한 뒤 투옥된다. 사람이라는 존재가 원래 그렇다. "사람은 속마음을 정확히 지적받을 때 분노한다." 그러니 헤로디아에게 있어서 세례 요한은 죽이고 싶은 대상이었다. 그러한 헤로디아에게 눈에 가시였던 세례 요한을 없앨 기회가 왔는데, 그것은 원수의 아들 생일잔치에서 춤추었던 '헤로디아의 딸 살로메'가 헤롯 안디바를 기쁘게 한 일이었다. 그 결과 세례 요한의 목은 잘려 소반에 얹어져서 헤로디아에게로 넘어간다.

이러한 일련의 사건들을 생각해 보면, 요셉이 애굽에서 처음 받았던 지시대로 유대 지역으로 복귀하는 것이나 갈릴리 지역으로 복귀하는 것이나 이후 요셉의 삶의 질에는 별반 차이가 없었을 것임을 알 수 있다. 다만, 요셉이 머뭇거리며 무서워하는 모습을 보이자 하나님께서는 요셉에게 긍휼을 더하여 주신다. 하나님과 동행하는 세월을 살아본 하나님의 사람들이라면 누구나 간증하는 내용이 바로 이것이다. 물론 당하는 순간에는 앞이 보이지 않는 것이 사람이다. 우리 또한 요셉과 같은 입장에 처할 경우 요셉과 같이

---

6 이 사람이 '하스몬 혈통'인 '마리암네 1세'다. 에서의 후손인 에돔 족속 혈통이었던 대헤롯은 팔레스타인 지역을 다스리는 통치자로서 자신의 혈통적 약점을 극복하기 위하여 하스몬 혈통인 '마리암네 1세'와 결혼했다. 이와 연관된 사건들은 뒤에 각주에서 좀 더 자세히 설명해 두었다.

행동할 것이다. 그리고 하나님께서는 요셉에게 해주셨던 것처럼 우리를 배려해 주실 것이다. 하지만 사실은 양쪽 길 모두 하나님께서 우리를 통하여 당신의 목표를 이루시는 데 있어서 별 차이가 없다. 요셉의 입장에서는 처음 지시대로 유대 지역으로 복귀했을 때보다 유월절마다 예루살렘 성전을 오갈 때 다리가 상당히 많이 아팠을 것이다.

　요셉은 무언가 결정하는 것을 힘들어하는 성격이기는 하지만, 일단 결정이 난 일에 대해서는 대단한 성실함을 보이는 특성의 소유자였던 것으로 보인다. "일어나 아기와 그의 어머니를 데리고 이스라엘 땅으로 가라. 아기의 목숨을 찾던 자들이 죽었느니라." 주의 사자를 통해 이 명령을 받았던 때, 요셉은 마리아와 예수님을 데리고 애굽으로 피신한 상태였다. 이 일은 모태 신앙인 지체라면 어린 시절 크리스마스 때마다 촌극으로 접했을 동방 박사의 경배 이야기와 관련된다.

　　¹헤롯 왕 때에 예수께서 유대 베들레헴에서 나시매 동방으로부터 박사들이 예루살렘에 이르러 말하되 ²**유대인의 왕으로 나신 이가 어디 계시냐 우리가 동방에서 그의 별을 보고 그에게 경배하러 왔노라** 하니 ³**헤롯 왕과 온 예루살렘이 듣고 소동한지라**(마태복음 2:1-3)

　동방 박사가 예루살렘에 던진 "유대인의 왕으로 나신 이가 어디 계시냐? 우리가 동방에서 그의 별을 보고 그에게 경배하러 왔노라."라는 말에 대해 헤롯과 온 예루살렘이 소동한다. 이처럼 난리가 난 이유는 그 당시 팔레스타인 지역의 정치 구도와 연관된다. 예수님 당시 '유대인의 왕'이라는 호칭은 팔레스타인 전 지역에 대한 통치권을 의미했다. 물론 이 당시 팔레스타인은 로마의 식민지였다. 즉 로마제국의 힘이 전 세계를 호령하던 시대였다. 그리고 그 시대 팔레스타인 출신이 로마 황제로부터 받을 수 있는 가장 영예로운 직위는 '유대인의 왕'이었다.

예수님 당시 이 '유대인의 왕'이라는 호칭을 로마 황제로부터 받아 팔레스타인 전 지역에 대한 통치권을 행사했던 인물로는 '대헤롯'과 대헤롯의 손자 '헤롯 아그립바'[7] 둘이 있었다. 이 둘의 통치 기간을 제외하면 팔레스타인 지역은 보통[8] '예루살렘을 포함한 유대 지역, 나사렛이 있는 갈릴리 지역, 북부 지역'으로 나뉘어 분봉왕이나 총독이 다스렸다. 그리고 로마 황제

---

7 성경에 나오는 '헤롯 아그립바'는 두 명이다. 우선 사도행전 12장에 나오는 인물은 '헤롯 아그립바 1세'로 이 사람이 바로 로마 황제로부터 '유대인의 왕'이라는 호칭을 받았던 인물이다. 이 자(者)가 바로 12사도 중 첫 번째로 순교했던 야고보를 죽인 자이며, 베드로를 감옥에 가둔 자다.: "¹그때에 헤롯 왕이 손을 들어 교회 중에서 몇 사람을 해하려 하여 ²요한의 형제 야고보를 칼로 죽이니 ³유대인들이 이 일을 기뻐하는 것을 보고 베드로도 잡으려 할새 때는 무교절 기간이라 ⁴잡으매 옥에 가두어 군인 넷씩이 네 패에게 맡겨 지키고 유월절 후에 백성 앞에 끌어 내고자 하더라"(사도행전 12:1-4).: 이 헤롯 아그립바 1세는 그의 교만으로 인해 하나님께서 그를 치시매 벌레에 먹혀 죽게 된다.: "²¹헤롯이 날을 택하여 왕복을 입고 단상에 앉아 백성에게 연설하니 ²²백성들이 크게 부르되 이것은 신의 소리요 사람의 소리가 아니라 하거늘 ²³헤롯이 영광을 하나님께로 돌리지 아니하므로 주의 사자가 곧 치니 벌레에게 먹혀 죽으니라"(사도행전 12:21-23).: 사도행전 26장에서 사도 바울을 심문하는 인물은 헤롯 아그립바 1세의 아들 '헤롯 아그립바 2세'이다. '헤롯 아그립바 2세'는 팔레스타인 전체가 아니라 팔레스타인의 북부 지역을 다스렸던 분봉왕이었다.: "¹아그립바가 바울에게 이르되 너를 위하여 말하기를 네게 허락하노라 하니 이에 바울이 손을 들어 변명하되 ²아그립바 왕이여 유대인이 고발하는 모든 일을 오늘 당신 앞에서 변명하게 된 것을 다행히 여기나이다"(사도행전 26:1-2).

8 항상 그렇지는 않았다는 의미로 '보통'이라는 말을 덧붙였다. 로마 식민지 시절, 팔레스타인 지역은 당연히 이 세 지역 말고도 시기마다 다양한 이름으로 분할 통치되었다. 역사적 성경 지리를 연구하는 학자가 아닌 경우에 "이러한 사실을 굳이 일일이 확인해서 알 필요가 있을까?"라는 생각에, 그리고 이야기의 흐름을 끊지 않기 위해 단순화해서 언급했다.

는 분봉왕을 임명할 때 "정치를 잘해서 공을 세우면 '유대인의 왕'이 될 수 있게 해주겠다."라는 약속을 했다고 전해진다.

로마 황제의 입장에서는 팔레스타인 지역을 안정적으로 통치하기 위해서 분봉왕들을 자극하고 격려하려는 의도로 한 이야기였을 것이다. 그러나 분봉왕들은 로마 황제의 이 말을 자신을 향한 관심과 기대로 여겼을 것이 분명하다. 사람이라는 존재가 원래 그렇다. 분봉왕들은 "황제께서 나에게 말씀하시기를 지금은 우선 팔레스타인 지역 중 일부의 통치권만 그대에게 맡기지만 통치를 잘하면 팔레스타인 전 지역에 대한 통치권을 넘겨주겠다." 라고 약속하셨노라고 떠들고 다녔을 것이다. 그리고 그들은 '유대인의 왕'이 될 그날만을 꿈꾸며 살았을 것이다. 당연히 이러한 분봉왕들의 언행은 팔레스타인 전 지역에 영향을 주었을 것이다.

더군다나 앞에서 언급했던, '헤롯 안디바'와 '헤로디아'의 재혼은 '유대인의 왕'이라는 자리를 차지하기 위한 분봉왕들 사이의 암투 가운데 일어난 일이었다. 즉 이들의 재혼은 '유대인의 왕'을 향한 경쟁에서 유리한 위치를 차지하기 위한 정략결혼이었다.

헤로디아 입장에서는 분봉왕조차 되지 못한 첫 번째 남편을 버리고 분봉왕들 사이에서 그래도 입지가 나아 보이는 '헤롯 안디바'를 선택했던 것이고, 헤롯 안디바는 하스몬 혈통인 헤로디아와 결혼함으로써 정치적 정통성을 확보하고 싶었다.[9] 이를 본 북부 지역의 분봉왕 '헤롯 빌립'은 헤로디아

---

9   바벨론 포로 이후, '마카비 혁명'을 통해 처음으로 이스라엘의 독립 왕조를 이루었던 하스몬 왕

의 딸인 살로메와 결혼하는 정말 '막장 중에 막장'을 보여준다. 이때 '헤롯 빌립'은 당연히 헤로디아의 첫 번째 남편인 '헤롯 빌립'이 아니다. 헤로디아의 첫 번째 남편 '헤롯 빌립'은 대헤롯의 세 번째 부인의 아들인 반면, 헤로디아의 딸 살로메와 결혼한 '헤롯 빌립'은 대헤롯의 다섯 번째 부인의 아들이었다. 그렇게 놓고 보면 헤롯 안디바의 생일잔치에서 춤을 춘 대가로 세례 요한의 목을 소반에 요구했던 살로메는 촌수(寸數)로 할아버지뻘인 사람과 결혼한 것이다.

이러한 사실들을 살펴볼 때, 헤로디아가 경계해야 했던 인물은 세례 요한이 아니라 그녀의 딸 살로메였음을 알 수 있다. 살로메가 할아버지뻘인 헤롯 빌립과 결혼한 이유는 간단하다. 헤롯 빌립을 '유대인의 왕'으로 만들어 '유대인의 왕의 부인'이 되고 싶었던 것이다. 이렇듯이, 예수님 당시 팔레스타인 지역에 있던 권력자들은 전부 '유대인의 왕'이 되기 위해서라면 무슨 짓이라도 할 준비가 되어 있었다.

물론 동방 박사들이 예루살렘을 방문했던 그 시점은 아직 '헤롯 안디바와 헤로디아' 그리고 '헤롯 빌립과 살로메'가 역사적으로 전무후무(前無後無)한 '스캔들(scandal)'을 일으키기 전(前)이었다. 아직 이들의 아버지[10]이자 할아버지[11]이며 상할아버지[12]였던 대헤롯이 살아있던 시절이었다. 하지만, '헤롯

조의 혈통은 예수님 당시에도 팔레스타인 지역에서 막강한 권위를 가지고 있었다.
10 '대헤롯'은 '헤롯 안디바'와 '헤롯 빌립'의 아버지다.
11 '대헤롯'은 '헤로디아'의 할아버지다.
12 '대헤롯'은 '살로메'의 상할아버지다. 쉽게 말하면 이 사건들은 대헤롯의 아들 둘과 손녀 그리고

안디바와 헤로디아' 그리고 '헤롯 빌립과 살로메'가 저지른 패륜(悖倫)의 분위기는 대헤롯이 뿌린 '욕망의 씨앗'에서 비롯된 것이다. 정말이다. 자녀는 '부모의 등'을 보고 자란다. 21세기 대한민국 땅에서 벌어지는 양육의 행태(行態)를 볼 때, 능력의 차이에 따른 정도의 차이가 있을 뿐 '대헤롯이 뿌린 욕망과 같은 씨앗'이 자라는 모습을 어렵지 않게 발견할 수 있다.

그 시절 팔레스타인 지역의 이러한 분위기에서 동방 박사들이 와서 던진 말이 이것이었다. "유대인의 왕으로 나신 이가 어디 계시냐?" 동사 박사들이 던진 이 말에 온 예루살렘이 소동했던 것은 당연한 일이었다. 그 시절 그 시대, 자신에게 조그마한 가능성이라도 보인다고 생각했던 인간들은 모두 '유대인의 왕'이라는 호칭을 향해 미쳐 날뛰던 시절이었다. 물론 가능성이 보이지 않는 인간들 또한 예외는 아니었을 것이다. 그 시절 그 시대의 인간들 상당수는 자신의 능력과 힘이 닿을 수 있는 한(限) "그들의 영역에서의 유대인의 왕"이 되기 위해 미쳐 날뛰었을 것이다. 이러한 시대 상황을 알고 나면, 왜 예수님을 향해 사람들이 '유대인의 왕'이라고 했을 때 당시 권력자들이 그토록 민감하게 반응했는지 이해가 될 것이다.

> [4]왕이 모든 대제사장과 백성의 서기관들을 모아 **그리스도가 어디서 나겠느냐** 물으니 [5]이르되 **유대 베들레헴이오니 이는 선지자로 이렇게 기록된 바** [6]또 유대 땅 베들레헴아 너는 유대 고을 중에서 가장 작지 아니하도다 네게서 한 다스리는 자가 나와서 내 백성 이스라엘의 목자가 되

증손녀들이 벌인 정략결혼이었다.

리라 **하였음이니이다** [7]이에 헤롯이 가만히 박사들을 불러 별이 나타난 때를 자세히 묻고 [8]베들레헴으로 보내며 이르되 **가서 아기에 대하여 자세히 알아보고 찾거든 내게 고하여 나도 가서 그에게 경배하게 하라**(마태복음 2:4-8)

"유대인의 왕으로 나신 이가 어디 계시냐?"라는 동방 박사들의 질문에 대헤롯이 대제사장과 서기관들을 모아 그리스도가 어디에서 태어나실 지를 묻는다. 대제사장들과 서기관들에게 있어서 이 질문에 답하는 것은 어렵지 않았다. 이 일은 구약성경에 나오는 예언을 아는 사람이라면 누구나 알고 있는 사실이었다.[13]

베들레헴 에브라다야 너는 유다 족속 중에 작을지라도 이스라엘을 다스릴 자가 네게서 내게로 나올 것이라 그의 근본은 상고에, 영원에 있느니라(미가 5:2)

헤롯이 동방 박사들을 불러 별이 나타난 때를 자세히 물으면서 했던 말 "아기에 대하여 자세히 알아보고 찾거든 내게 고하여 나도 가서 그에게 경배하게 하라."는 분명히 거짓말이었다. 헤롯은 극도로 의심이 많았던 인물로 알려진다. 의심이 많은 헤롯의 이러한 성격은 그의 여러 부인들 사이에 있었던 차기 왕권에 대한 암투에 이용되었다. 앞에 언급했던 '헤롯 아켈라

---

[13] 당연히 마리아와 요셉 또한 알고 있었을 것이다.

오와 '헤롯 안디바'는 헤롯의 네 번째 부인의 아들이며, '헤롯 아그립바 1세'
는 둘째 부인의 손자였다. 헤롯의 의심병을 이용한 네 번째 부인의 모함이
있자, 헤롯은 두 번째 부인인 '마리암네 1세'와 그녀를 통해 얻은 두 아들을
사형시킨다.[14]

　즉 헤롯은 자신의 권력에 조금이라도 위협이 될 것 같은 의심이 드는 경
우, 그 상대가 처자식(妻子息)이라 할지라도 그냥 두지 않았다. 이러한 광기
에 사로잡힌 인물이 '유대인의 왕'이 태어났다는 말을 듣고 가만히 있을 리
없었다. 이러한 헤롯의 광기는 베들레헴에서 영아 학살이라는 엄청난 비극
을 가져온다.

---

14 헤롯의 네 번째 부인이 헤롯의 여러 부인들 중 '마리암네 1세'를 모함한 이유는 간단하다. 에돔
혈통이었던 헤롯은 유대인의 통치자로서 혈통적 약점을 극복하기 위하여 '하스몬 혈통'인 '마
리암네 1세'와 결혼했다. 그리고 그녀를 통해 두 아들을 얻은 상태였다. '하스몬 왕가'는 바벨
론 포로기 이후 수 세기에 걸쳐 이민족의 지배를 받던 이스라엘 민족에게 '마카비 혁명 기간'을
포함하여 백 년 남짓한 기간 동안 독립 왕국을 선사했던 왕조다. 이때 이스라엘의 독립 왕국은
'마카비 혁명'으로부터 시작되었다. '마카비 혁명'은 '셀레우코스 왕조 안티오코스 4세'의 종교
적 폭정에 대항하여 성전회복을 위해 일어난 운동으로 그 최선봉에는 제사장 출신 '맛다디아와
다섯 아들'이 있었다. 이들이 벌인 오랜 게릴라 투쟁의 결과로 이스라엘은 독립을 이루었다. 이
일의 선봉에 선 맛다디아와 다섯 아들의 자손들을 '하스몬 혈통'이라고 불렀다. '하스몬 혈통'은
예수님 당시 팔레스타인 지역에 사는 유대인이라면 누구나 인정하는 소위(所謂) '로얄 패밀리
(royal family)'였다. 즉 헤롯의 네 번째 부인의 입장에서는, 하스몬 혈통을 이어받은 마리암네
1세의 아들 둘을 그냥 둘 경우 자신의 아들들에게는 미래가 없어 보였을 것이다. 헤롯의 네 번
째 부인은 의심이 많은 헤롯의 성품을 자극했고, 그 결과 하스몬 혈통인 마리암네 1세와 두 아
들은 사형선고를 받게 된다. 그러나 이러한 정치적 격랑 속에서도 살아남아 로마에서 유학했
던 마리암네 1세의 둘째 아들의 아들 둘이 있었다. 그리고 이 둘 중 '로마의 3대 황제인 칼리굴
라'와 친분이 있었던 인물이 있었는데 그가 바로 '헤롯 아그립바 1세'다. '헤롯 아그립바 1세'는
칼리굴라가 로마 황제에 오르자 '유대인의 왕' 칭호를 가지고 금의환향(錦衣還鄉)했고, 헤롯 아
그립바 1세의 복귀 후 네 번째 부인의 아들이었던 분봉왕 '헤롯 안디바'는 폐위된 후 헤로디아
와 함께 추방되었다. 이때 '헤로디아'와 남매 사이였던 '헤롯 아그립바 1세'가 헤로디아에게 팔
레스타인 지역에 남을 경우, 그녀가 가지고 있었던 모든 재산과 사회적 지위를 보장해 주겠다
고 제안을 했으나 헤로디아는 '헤롯 안디바'를 따라 유배지로 향했다고 전해진다. 헤로디아의
첫 번째 남편 '헤롯 빌립'과 두 번째 남편 '헤롯 안디바'는 둘 다 헤로디아와는 삼촌 사이였다.

> [9]박사들이 왕의 말을 듣고 갈새 **동방에서 보던 그 별이 문득 앞서 인도하여 가다가 아기 있는 곳 위에 머물러 서 있는지라** [10]그들이 별을 보고 매우 크게 기뻐하고 기뻐하더라 [11]집에 들어가 아기와 그의 어머니 마리아가 함께 있는 것을 보고 **엎드려 아기께 경배하고 보배합을 열어 황금과 유향과 몰약을 예물로 드리니라** [12]그들은 꿈에 **헤롯에게로 돌아가지 말라 지시하심을 받아 다른 길로 고국에 돌아가니라**(마태복음 2:9-12)

동방 박사의 고국은 '바벨론 지역'이었을 것이라는 의견이 다수(多數)이다. 이러한 의견을 가진 신학자들은 그 이유를 이렇게 설명한다. 메소포타미아 문명권에는 오래전부터 천문학이 발달 되어 있었다. 그리고 이 천문학은 앗수르와 바벨론 시기를 지나 그대로 그 지역에 전수되었다. 그런데 바벨론 포로기 이후 귀환하지 않고 그 지역에 눌러앉았던 유대인 공동체가 있었고, 그들을 통하여 '메시아 대망(待望) 사상'이 그 지역의 천문학자들에게 영향을 주었을 것이라는 견해다. 내가 보기에 충분히 개연성이 있는 설명이다.

어찌 되었든, 동방 박사들 앞에 '그들이 고국에서 보고 나섰던 그 별'이 다시 나타나 인도하기 시작한다. 예수님의 탄생 시기에 맞추기 위해 동방 박사들은 몇 달 전에 고국을 떠났을까? 요셉이 마리아를 그가 준비한 집으로 들일 때였을까? 나는 성경에 증언된 이러한 사실들을 접할 때마다, 세밀하게 모든 것을 준비하시는 하나님의 손길을 느낀다. 동방 박사들을 인도하는 별을 보면서 쉽게 떠오르는 장면이 있을 것이다.

> [21]여호와께서 그들 앞에서 가시며 **낮에는 구름 기둥으로 그들의 길을 인**

도하시고 밤에는 불 기둥을 그들에게 비추사 낮이나 밤이나 진행하게
하시니 [22]낮에는 구름 기둥, 밤에는 불 기둥이 백성 앞에서 떠나지 아니
하니라(출애굽기 13:21-22)

동방 박사들을 인도하던 별이 예수님이 탄생한 곳 위에 머물러 서자, 동
방 박사들이 크게 기뻐하고 기뻐하였다고 성경은 증언하고 있다. 성경은 특
별히 강조하고 싶은 경우에 같은 단어를 두 번 반복해서 쓰곤 한다. 즉 우리
주 예수 그리스도께서 탄생하신 곳을 알게 되었을 때 동방 박사들은 기쁨에
넘쳐 어쩔 줄 몰랐다는 이야기다.

그리고 집에 들어가 예수님과 마리아가 함께 있는 것을 보고 엎드려 아
기 예수님께 경배하고 보배 합을 열어 '황금과 유향과 몰약'을 예물로 드렸
다. 동방 박사들이 이때 드린 '황금과 유향과 몰약'은 요셉이 헤롯을 피해 마
리아와 예수님을 이끌고 애굽으로 피신할 때 필요한 여비로 사용되었을 것
이다. 앞에서도 언급했지만, 요셉과 마리아 부부는 넉넉한 사람들이 아니었
다. 게다가 이들 부부가 베들레헴에 와서 예수님을 낳았을 때는 "천하로 다
호적하라."는 로마 황제 가이사 아구스도의 영에 의해 강제로 고향인 나사
렛을 떠나 베들레헴에 도착한 때였다.

[1]그때에 가이사 아구스도가 영을 내려 천하로 다 호적하라 하였으니 [2]이
호적은 구레뇨가 수리아 총독이 되었을 때에 처음 한 것이라 [3]모든 사람
이 호적하러 각각 고향으로 돌아가매 [4]요셉도 다윗의 집 족속이므로 갈
릴리 나사렛 동네에서 유대를 향하여 베들레헴이라 하는 다윗의 동네

로 ⁵그 약혼한 마리아와 함께 호적하러 올라가니 마리아가 이미 잉태하였더라 ⁶거기 있을 그때에 해산할 날이 차서 ⁷첫아들을 낳아[15] 강보로 싸서 구유에 뉘었으니 이는 여관에 있을 곳이 없음이러라(누가복음 2:1-7)

성경의 기록으로 볼 때, 요셉과 마리아는 베들레헴에서 출산한 후 나사렛으로 돌아가지 않은 상태에서 바로 애굽으로 피신했던 것으로 보인다. 요셉과 마리아가 베들레헴으로 호적하러 갈 당시 마리아는 만삭(滿朔)이었다. 그리고 나사렛과 베들레헴 사이에는 사마리아 땅이 있었다.

³유대를 떠나사 다시 갈릴리로 가실새 ⁴사마리아를 통과하여야 하겠는지라(요한복음 4:3-4)

물론 예수님은 갈릴리와 예루살렘 사이를 여행하실 때 사마리아를 통과하셨지만, 통상적으로 유대인들은 사마리아 지역에 들어가지 않았다. 그러므로 갈릴리의 산골 나사렛으로부터 예루살렘에서 남서쪽으로 10km 정도 떨어진 베들레헴까지 가는 길은 간단한 여정이 아니었다. 사마리아 지역을

---

15 "마리아가 '첫아들'을 낳았다."라는 이 표현으로 볼 때도 앞에서 언급했던 바와 같이 마리아가 평생 동정녀였다는 로마 가톨릭의 주장은 성경적이지 않음을 알 수 있다. 마리아가 평생 동정녀이며 일생동안 예수님만을 낳았다면 '첫아들을 낳았다.'는 표현이 아니라 '아들을 낳았다.'는 표현을 썼을 것이 분명하다. 즉 마리아가 평생 동정녀였다는 로마 가톨릭의 주장은 하나님을 빙자한 우상 숭배에 불과하다.∴ '단순히 우상만을 예배하든지 하나님을 우상으로 예배하든지 그곳에는 조금도 차이가 없다.' (1.11.9).∴ (1.11.9). 이 표시는 세계 공용으로 쓰이는 표기로서 『기독교 강요 1권』 11장 9절에서 인용했다는 표시다.

우회하기 위해서 요셉과 마리아는 갈릴리의 산골 나사렛에서 내려온 뒤 요단강을 두 번 건너야 했으며 그 후 여리고 성을 지난 뒤 예루살렘으로 향하는 험난한 광야 길을 오른 뒤에도[16] 예루살렘을 지나 10km를 더 가야 했다.

이 여정(旅程)의 대부분은 천사 가브리엘로부터 수태고지를 받은 뒤 엘리사벳을 만나기 위해 마리아 홀로 지나야 했던 길이었다. 불과 9개월 전에 홀로 지나야 했던 길을 9개월 만에 남편 요셉과 만삭의 몸으로 지나며 마리아는 많은 생각과 상념에 잠겼을 것이다. 동행하는 사람이 생겼다는 것 말고도 바뀐 것이 있다면 9개월 전보다 훨씬 걷기 힘들어졌다는 사실이었을 것이다. 이것 또한 하나님께서 하나님의 사람을 배려하시는 방식이다.

또한 사실은 내 개인 경험이다. 하나님께 강인한 체력을 기도할 때마다, 하나님께서는 나에게 연약함을 주셨다. 그리고 기도의 응답으로 내가 강한 체력을 통해 할 수 있을 것이라고 상상했던 일을 할 동역자를 체력 대신 붙여주셨다. 베들레헴으로 향하는 길, 마리아는 무거워진 몸 대신 그녀의 곁을 지켜줄 남편 요셉과 함께하게 되었던 것이다.

어찌 되었든, 가난한 그들 부부에게는 나귀와 같은 이동 수단이 있었을 리가 없다. 만삭의 불편한 몸으로 애쓰며 길을 지나온 까닭에 요셉과 마리아는 다른 사람들과 달리 밤늦게 베들레헴에 도착했을 것이다. 여행 계획을 베들레헴에 일부러 밤늦게 도착하는 것으로 짰을 리는 없다. 그러나 이들 부부의 예상과는 달리 만삭의 몸으로 1,200m 높이에 달하는 광야의 오르

---

16 약 1,200m 정도를 올라가야 했다.

막길을 오르는 것은 간단한 일이 아니었다. 그 결과 여관에 있을 곳을 얻지 못했던 이들 부부는 '양 우리'에서 출산하게 되었다.[17]

지금과 같이 밤을 밝히는 전기가 없던 시절이었다. 그 어두움 속에서 예수님이 태어나셨다. 첫 번째 출산이었던 마리아는 산파의 도움을 받을 수 있었을까? 내 생각에 당시의 인심으로 볼 때 현지의 경험 있는 여인네들의 도움을 받을 수는 있었을 것이다. 더군다나 호적(戶籍)을 하던 시기였다. 그러니 베들레헴에 사는 사람들 입장에서는, 지금 자신의 동네를 방문한 사람들 모두는 같은 지파 같은 혈통의 사람들이라는 사실을 알고 있었을 것이다. 베들레헴이라는 작은 동네에 호적을 위해서 갑자기 엄청나게 많은 사람들이 몰린 것이 문제였지 베들레헴의 인심이 좋지 않았을 리는 없다.

신학대학원 시절 조직신학 교수님 중 한 분은 예수님께서 '양 우리'에서 태어나신 이 일을 '하나님의 섭리'로 설명하신 적이 있다. 예수님께서 우리의 연약함을 동정하실 수 있는 이유에 대해 설명한 성경 말씀을 언급하면서였다. "성자 하나님이신 우리 주 예수 그리스도는 우리의 연약함을 동정하시기 위해[18] 태어나시는 순간부터 가장 낮은 곳에 임하실 계획이셨던 것으로 보입니다. 생각해 보세요. 만삭의 임산부가 출산하는데, 사람의 인심으

---

17 우리 한국 교회에서는 예수님께서 태어나신 장소를 '말 구유'라고 표현하는 경우가 많다. 그러나 베들레헴은 양을 치는 지역이다. 베들레헴에서 태어난 다윗이 양을 치는 목동이었다는 사실을 기억하면 이해하기 쉬울 것이다.
18 "우리에게 있는 대제사장은 우리의 연약함을 동정하지 못하실 이가 아니요 모든 일에 우리와 똑같이 시험을 받으신 이로되 죄는 없으시니라"(히브리서 4:15).

로 어떻게 양 우리에서 낳게 놔둘 수가 있겠습니까? 호적하기 위해 온 사람들이니 서로 간에 얼굴은 몰라도 서로가 같은 혈통의 친척이라는 것은 아는 상황이지 않겠습니까? 베들레헴은 다윗의 고향입니다. 즉 다윗왕가를 낸 동네입니다. 그러니 다윗의 혈통이 얼마나 융성하고 그 수가 많았겠습니까? 그런데 하나님께서 베들레헴을 작은 동네 그대로 두신 거예요. 왜요? 그래야, 성자 하나님께서 가장 낮은 곳에서 태어나실 수 있으니까요. 생각해 보세요. 다윗왕가의 본거지인데 베들레헴이 그렇게 작은 동네로 남아 있는 상태에서, 다윗의 혈통이 전부 한꺼번에 호적하러 베들레헴에 모이게 되면 어떤 상황이 벌어질까요? 동네가 거의 폭발하기 직전이었다는 이야기에요. 아마 노숙을 한 사람들 또한 엄청 많았을 것입니다. 마리아는 만삭이어서 집에 딸린 양 우리라도 얻은 것일지도 모릅니다. 이것이 하나님께서 당신의 섭리를 이루시는 방식이랍니다."

　어찌 되었든, 그 열악한 상황 속에서 우리 주 예수 그리스도께서 태어나셨다. 그러나 하나님은 예수님의 수태고지 직후 엘리사벳을 방문하려 홀로 길을 떠났던 마리아를 그 이후 단 한 번도 홀로 두지 않으셨다.

> [8]그 지역에 목자들이 밤에 밖에서 자기 양 떼를 지키더니 [9]주의 사자가 곁에 서고 주의 영광이 그들을 두루 비추매 크게 무서워하는지라 [10]천사가 이르되 무서워하지 말라 보라 내가 온 백성에게 미칠 큰 기쁨의 좋은 소식을 너희에게 전하노라 [11]오늘 다윗의 동네에 너희를 위하여 구주가 나셨으니 곧 그리스도 주시니라 [12]너희가 가서 강보에 싸여 구유에 뉘

어 있는 아기를 보리니 이것이 너희에게 표적이니라 하더니 ¹³홀연히 수
많은 천군이 그 천사들과 함께 하나님을 찬송하여 이르되 ¹⁴지극히 높은
곳에서는 하나님께 영광이요 땅에서는 하나님이 기뻐하신 사람들 중에
평화로다 하니라 ¹⁵천사들이 떠나 하늘로 올라가니 목자가 서로 말하되
이제 베들레헴으로 가서 주께서 우리에게 알리신 바 이 이루어진 일을
보자 하고 ¹⁶빨리 가서 마리아와 요셉과 구유에 누인 아기를 찾아서 ¹⁷보
고 천사가 자기들에게 이 아기에 대하여 말한 것을 전하니 ¹⁸듣는 자가
다 목자들이 그들에게 말한 것들을 놀랍게 여기되 ¹⁹마리아는 이 모든
말을 마음에 새기어 생각하니라 ²⁰목자들은 자기들에게 이르던 바와 같
이 듣고 본 그 모든 것으로 인하여 하나님께 영광을 돌리고 찬송하며 돌
아가니라(누가복음 2:8-20)

누가복음 2장에 증언된 "그 지역에 목자들이 밤에 밖에서 자기 양 떼를
지키더니"에서 '그 지역'은 베들레헴의 동쪽에 위치한 유대 광야를 말한다.
베들레헴 지역은 양을 치기에 좋은 자연조건이었다.

주의 사자를 통해 다윗의 동네인 베들레헴에 구주가 나셨다는 사실을 전
해들은 목자들은 천사가 일러준 대로 강보에 싸여 구유에 누워 있는 예수님
을 발견하고는 천사가 자신들에게 말해준 내용을 요셉과 마리아 그리고 주
변 사람들에게 전해주었다.

물론 이러한 의식(ceremony)은 인류 구원을 위한 '우리 주 예수 그리스도
의 구원 사역의 시작'에 대한 삼위일체 하나님의 기쁨에 겨운 자축(自祝)의
의미도 있을 것이다. 동시에 우리는 이를 통하여 마리아를 견고하게 만들어

가시는 하나님의 모습을 볼 수 있다. "마리아는 이 모든 말을 마음에 새기어 생각하니라." 천사 가브리엘의 수태고지 후부터, 마리아의 마음에는 하나님께서 이러저러한 경로를 통하여 전해주시는 메시지들이 하나하나 쌓이기 시작했을 것이다. 이 모든 것이 예수님께서 이루실 구원 사역의 첫 번째 동역자가 되기 위한 마리아 편에서의 준비였음은 말할 필요도 없다.

동시에 하나님 입장에서는, 호적을 위해 베들레헴에 방문했다가 예수님을 출산한 뒤 객지인 그곳에서 바로 헤롯을 피해 애굽으로 피신해야 했던 마리아의 산후조리에 호의를 베풀 사람들이 필요하셨을 것이다. 마리아는 그 당시 객지에서 출산한 상태였다. 더군다나 양 우리에서의 출산이었다. 애굽으로의 긴 여행 전에 마리아의 몸을 빨리 회복시키기 위해서는 베들레헴 사람들의 절대적인 도움이 필요했다. 마리아의 출산이 끝나고 베들레헴에 호적하려 북적이던 사람들은 전부 다시 자신들의 생활터전으로 떠났을 것이다.

호적을 위해 베들레헴을 방문했던 사람 중, 산후조리가 필요했던 마리아와 남편 요셉 그리고 예수님만이 베들레헴에 남아 있는 상태였을 것이다. 그렇다면, 마리아의 산후조리는 양 우리에서 이루어지지 않았을 것이 분명하다. "첫아들을 낳아 강보로 싸서 구유에 뉘었으니 이는 여관에 있을 곳이 없음이러라."라는 성경 말씀에서 '여관'의 헬라어는 '카탈리마(katalyma)'로 '여관(旅館)'보다는 '객실(客室)'을 의미한다. 마태복음 22장 11절에서 12절에 나오는 예수님의 최후의 만찬 때 사용된 마가의 다락방을 가리키는 단어 또한 헬라어로는 '카탈리마(katalyma)'다. 즉 "첫아들을 낳아 강보로 싸서 구유에 뉘었으니 이는 여관에 있을 곳이 없음이러라."라는 기록에서 여관은 원래 요셉과 마리아가 머무를 수 있으리라 예상했던 친척 집의 객실 혹은 거실에 해당하는 장소였을 것이다.

그렇다면 베들레헴의 가옥 중 상당수가 위층은 주거지로 아래층은 양 우리로 사용되는 경우가 많았다는 것으로 보아, 예수님이 태어나신 장소는 요셉과 마리아의 친척 집 아래층에 위치했던 양 우리였을 가능성이 높다. 그렇게 양 우리에서 예수님을 출산한 마리아에게 그 지역의 목자들이 방문하여 주의 사자가 전해준 이야기를 요셉과 마리아뿐 아니라 그 집에 있던 모든 사람에게 증언한 뒤에는 요셉과 마리아를 대하는 사람들의 태도는 분명히 달라졌을 것이다. 그리고 이러한 사람들의 태도 변화는 마리아의 산후조리에 큰 도움이 되었을 것이 분명하다.

> [21]**할례할 팔 일이 되매 그 이름을 예수라 하니** 곧 잉태하기 전에 천사가 일컬은 바러라 [22]**모세의 법대로 정결예식의 날이 차매 아기를 데리고 예루살렘에 올라가니** [23]이는 주의 율법에 쓴 바 첫 태에 처음 난 남자마다 주의 거룩한 자라 하리라 한 대로 아기를 주께 드리고 [24]또 주의 율법에 말씀하신 대로 산비둘기 한 쌍이나 혹은 어린 집비둘기 둘로 제사하려 함이더라(누가복음 2:21-24)

태어나신 지 팔일이 되자 예수님은 율법에 기록된 대로 할례를 받으셨다.[19] 우리를 위해 율법 아래 태어나사 '모든 율법의 요구를 다 이루신'[20] 우리 주 예수 그리스도의 사역은 이렇게 베들레헴에서부터 시작되었다. 그리고 정결 예식의 날이 차매 요셉과 마리아는 예수님을 데리고 예루살렘 성전에 올라가 정결 예식을 거행한다. 앞에서도 언급했지만, 베들레헴에서 예루살렘까지는 10km 정도의 거리로 정결 예식을 위한 예루살렘 성전의 방문은 아침 일찍 길을 나서면 하루 사이에 다녀올 수 있었을 것이다. 더군다나 이 시절 팔레스타인 지역에서 아침저녁으로 우물가에서 물을 긷던 여인들이 오가던 거리가 때로는 8km 정도에 이르렀다는 것으로 보아 예루살렘 성전을 방문하는 일은 크게 무리 되는 일이 아니었을 것이다.

그렇게 정결 예식을 위해 방문했던 성전에서도 마리아를 '주의 어머니'로서 준비시키시는 하나님의 말씀이 기다리고 있었다.

[25]예루살렘에 시므온이라 하는 사람이 있으니 이 사람은 의롭고 경건하

---

19 "[2]이스라엘 자손에게 말하여 이르라 여인이 임신하여 **남자를 낳으면** 그는 이레 동안 부정하리니 곧 월경할 때와 같이 부정할 것이며 [3]**여덟째 날에는** 그 아이의 포피를 벨 것이요 [4]그 여인은 아직도 삼십삼 일을 지내야 산혈이 깨끗하리니 정결하게 되는 기한이 차기 전에는 성물을 만지지도 말며 성소에 들어가지도 말 것이며 [5]여자를 낳으면 그는 두 이레 동안 부정하리니 월경할 때와 같을 것이며 산혈이 깨끗하게 됨은 육십육 일을 지내야 하리라 [6]아들이나 딸이나 정결하게 되는 기한이 차면 그 여인은 번제를 위하여 일 년 된 어린 양을 가져가고 속죄제를 위하여 집비둘기 새끼나 산비둘기를 회막 문 제사장에게로 가져갈 것이요 [7]제사장은 그것을 여호와 앞에 드려서 그 여인을 위하여 속죄할지니 그리하면 산혈이 깨끗하리라 이는 아들이나 딸을 생산한 여인에게 대한 규례니라 [8]그 여인이 어린 양을 바치기에 힘이 미치지 못하면 산비둘기 두 마리나 집비둘기 새끼 두 마리를 가져다가 하나는 번제물로, 하나는 속죄제물로 삼을 것이요 제사장은 그를 위하여 속죄할지니 그가 정결하리라"(레위기 12:2-8).
20 "예수께서 신 포도주를 받으신 후에 이르시되 **다 이루었다** 하시고 머리를 숙이니 영혼이 떠나가시니라"(요한복음 19:30).

여 이스라엘의 위로를 기다리는 자라 성령이 그 위에 계시더라 [26]그가 주의 그리스도를 보기 전에는 죽지 아니하리라 하는 성령의 지시를 받았더니 [27]성령의 감동으로 성전에 들어가매 마침 부모가 율법의 관례대로 행하고자 하여 그 아기 예수를 데리고 오는지라 [28]시므온이 아기를 안고 하나님을 찬송하여 이르되 [29]주재여 이제는 말씀하신 대로 종을 평안히 놓아 주시는도다 [30]내 눈이 주의 구원을 보았사오니 [31]이는 만민 앞에 예비하신 것이요 [32]이방을 비추는 빛이요 주의 백성 이스라엘의 영광이니이다 하니 [33]**그의 부모가 그에 대한 말들을 놀랍게 여기더라** [34]시므온이 그들에게 축복하고 그의 어머니 마리아에게 말하여 이르되 **보라 이는 이스라엘 중 많은 사람을 패하거나 흥하게 하며 비방을 받는 표적이 되기 위하여 세움을 받았고** [35]**또 칼이 네 마음을 찌르듯 하리니 이는 여러 사람의 마음의 생각을 드러내려 함이니라** 하더라 [36]또 아셀 지파 바누엘의 딸 안나라 하는 선지자가 있어 나이가 매우 많았더라 그가 결혼한 후 일곱 해 동안 남편과 함께 살다가 [37]과부가 되고 팔십사 세가 되었더라 이 사람이 성전을 떠나지 아니하고 주야로 금식하며 기도함으로 섬기더니 [38]마침 이때에 나아와서 하나님께 감사하고 예루살렘의 속량을 바라는 모든 사람에게 그에 대하여 말하니라(누가복음 2:25-38)

정결 예식을 위해 예루살렘 성전을 방문하는 요셉과 마리아를 시므온이라는 사람이 기다리고 있었다. 그는 주의 그리스도를 보기 전에는 죽지 아니하리라는 성령의 지시를 받은 사람이었다. 성령의 감동으로 시므온의 발길이 성전으로 향하던 날, 마침 마리아와 요셉이 정결 예식을 위해 예수님을 안고 성전으로 들어오는 모습이 그의 눈에 보였다.

시므온이 아기 예수님을 안고 찬송하며 외쳤다. "주재여 이제는 말씀하신 대로 종을 평안히 놓아 주시는도다. 내 눈이 주의 구원을 보았사오니 이는 만민 앞에 예비하신 것이요 이방을 비추는 빛이요 주의 백성 이스라엘의 영광이니이다." 그리고 시므온이 마리아에게 예언의 말씀을 전했다. "보라 이는 이스라엘 중 많은 사람을 패하거나 흥하게 하며 비방을 받는 표적이 되기 위하여 세움을 받았고 또 칼이 네 마음을 찌르듯 하리니 이는 여러 사람의 마음의 생각을 드러내려 함이니라." 이 모든 장면과 말들은 마리아의 가슴에 글자를 새기듯이 깊이 남았을 것이다.

이 모든 일은 수태고지를 받은 후 1년이 되기도 전에 연이어 일어난 일이었다. 마리아는 천사 가브리엘의 갑작스러운 방문 이후 폭포수가 쏟아지듯이 자신을 향하여 끊임없이 부어지는 하나님의 말씀을 듣게 되었다. 동시에 마라아는 하나님께서 주시는 말씀과 일련의 사건들 가운데 점차 '바뀌어 가는 자신의 모습'을 발견하게 되었을 것이다. 이 과정을 통하여 마리아는 엘리사벳의 고백처럼 '주의 어머니[21]가 되어 가고 있는 자신을 느꼈을 것이다. 마리아는 '예수님을 낳은 육신의 어머니로서의 주의 어머니'뿐 아니라 '예수님의 구원 사역에 동행하는 첫 번째 동역자로서 주의 어머니'가 되어 가고 있었다.

앞에 각주에서 인용한 레위기 12장의 내용대로 정결 예식은 아들을 낳은

---

21 "내 주의 어머니가 내게 나아오니 이 어찌 된 일인가"(누가복음 1:43).

경우, 출산 후 사십일이 지난 후에 행해졌다. 이 시간을 감안하면, 요셉과 마리아 부부는 베들레헴에 적어도 사십 일 넘게 머물렀을 것이다. 당연한 이야기이지만, 이 기간은 마리아의 산후조리 기간이었다. 그렇게 놓고 보면, 베들레헴 지역의 목자들의 방문과 동방 박사들의 방문 사이에는 사십일 정도의 기간이 있었음을 알 수 있다.

> [10]그들이 별을 보고 매우 크게 기뻐하고 기뻐하더라 [11]집에 들어가 아기와 그의 어머니 마리아가 함께 있는 것을 보고 **엎드려 아기께 경배하고 보배합을 열어 황금과 유향과 몰약을 예물로 드리니라** [12]그들은 꿈에 헤롯에게로 돌아가지 말라 지시하심을 받아 다른 길로 고국에 돌아가니라 [13]그들이 떠난 후에 주의 사자가 요셉에게 현몽하여 이르되 **헤롯이 아기를 찾아 죽이려 하니 일어나 아기와 그의 어머니를 데리고 애굽으로 피하여 내가 네게 이르기까지 거기 있으라** 하시니 [14]**요셉이 일어나서 밤에 아기와 그의 어머니를 데리고 애굽으로 떠나가** [15]**헤롯이 죽기까지 거기 있었으니** 이는 주께서 선지자를 통하여 말씀하신 바 애굽으로부터 내 아들을 불렀다 함을 이루려 하심이라(마태복음 2:10-15)

동방 박사들은 꿈에 하나님께서 지시하신 대로 헤롯에게 돌아가지 않고 다른 길로 고국으로 돌아간다. 그렇게 동방 박사들이 떠난 후, 주의 사자가 이번에는 요셉에게 현몽하여 이른다. "헤롯이 아기를 찾아 죽이려 하니 일어나 아기와 그의 어머니를 데리고 애굽으로 피하여 내가 네게 이르기까지 거기 있으라."

성경에 동방 박사들이 헤롯에게 돌아가지 않고 다른 길로 고국으로 돌아 갔다는 이야기 바로 뒤에 "요셉이 일어나서 밤에 아기와 그의 어머니를 데 리고 애굽으로 떠나갔다."라고 기록되어 있는 것으로 보아, 요셉은 동방 박 사들이 방문했다가 떠난 날 밤 잠이 들었다가 꿈을 꾸었고 요셉이 꾼 꿈에 주의 사자가 나타나 이 지시를 했던 것으로 보인다.

동방 박사들이 별을 따라 예수님이 계시는 곳으로 인도되었다는 기록으 로 보아, 동방 박사들이 방문한 시간 또한 밤이었을 것이다. 그렇다면 동방 박사들이 방문하고 떠나간 뒤 잠이 들었던 요셉은 잠이 들자마자 꿈을 꾸었 을 것이다. 그리고 이번에는 다른 때와 달리 바로 일어나 행동했다. 일련의 시간대를 상상해볼 때, 요셉이 마리아와 예수님을 데리고 애굽으로 출발한 시각은 자정이 넘은 꼭두새벽이었을 가능성이 크다. 어쩌면 애굽으로 길을 나선 지 얼마 되지 않아 먼동이 트기 시작했을지도 모른다. 생각이 많고 무 언가를 결정할 때마다 힘들어했던 요셉이었다. 그러나 이번에는 이전과는 달리 꿈에서 지시를 받자마자 짐을 싸서 바로 애굽으로 향했다는 것을 알 수 있다.

이것이 하나님께서 하나님의 사람을 다루시는 전형적인 방법이다. 요셉 처럼 생각이 많고 무언가 결정하는 것을 힘들어하는 사람을 쓰실 때, 하나 님께서는 그가 움직일 만한 준비를 때에 맞추어 해주시는 경향이 있다. 요 셉이 꿈을 꾸던 날 밤, 요셉과 마리아 부부는 동방 박사로부터 '황금과 유향 과 몰약'을 받았다.[22] 물론 동방 박사들의 입장에서는 아기 예수님께 드리

---

22 정결 예식을 위해 예루살렘 성전을 방문하기 이전에 동방 박사들이 요셉과 마리아 부부에게

는 예물이었지만, 이 예물들은 애굽으로 피신해야 했던 요셉과 마리아 부부에게는 요긴한 여비(旅費)와 생활비(生活費)를 의미했다. 더군다나 유향과 몰약은 애굽에서 비싼 값을 받을 수 있는 물건이었다.

> [25] 그들이 앉아 음식을 먹다가 눈을 들어 본즉 **한 무리의 이스마엘 사람들이 길르앗에서 오는데 그 낙타들에 향품과 유향과 몰약을 싣고 애굽으로 내려가는지라** [26] 유다가 자기 형제에게 이르되 우리가 우리 동생을 죽이고 그의 피를 덮어둔들 무엇이 유익할까 [27] 자 그를 이스마엘 사람들에게 팔고 그에게 우리 손을 대지 말자 그는 우리의 동생이요 우리의 혈육이니라 하매 그의 형제들이 청종하였더라 [28] 그때에 미디안 사람 상인들이 지나가고 있는지라 **형들이 요셉을 구덩이에서 끌어올리고 은 이십에 그를 이스마엘 사람들에게 팔매 그 상인들이 요셉을 데리고 애굽으로 갔더라**(창세기 37:25-28)

'마리아의 남편 요셉'과 같은 이름을 가진 '야곱의 사랑하는 아들 요셉'이 이스마엘 사람들에게 팔려 애굽에 가게 된 기록이다. 요셉의 형들이 요셉을 노예로 팔 때 요셉을 산 이스마엘 사람들이 낙타에 싣고 가던 물품이 바로

'황금과 유향과 몰약을 주었다면, 요셉과 마리아 부부는 산비둘기 한 쌍이나 혹은 집비둘기 둘이 아닌 어린 양으로 제사를 드렸을 것이다. 즉 동방 박사의 방문은 예루살렘 성전 방문 이후였으며, 동방 박사의 방문 후 요셉은 마리아와 아기 예수님을 데리고 신속하게 애굽으로 피신할 수 있었다. 성경에 나오는 하나님의 사람들의 삶 속에서 이렇게 때와 시기를 맞추어 주시는 하나님의 섭리를 하나하나 알아보는 것은 또 하나의 즐거움인 동시에 하나님께서 일하시는 방식과 그분의 세밀한 은혜를 더 깊이 깨닫게 한다.

'향품과 유향과 몰약'이었다. 요셉의 형들로부터 요셉을 사서 애굽에 팔아넘긴 이스마엘 사람들은 당시 국제무역을 하던 상인들이었다. 광야를 지나 그 먼 거리를 오가며 상행위(商行爲)를 하는 상인들이 파는 물건은 당연히 값비싼 기호품(嗜好品) 혹은 사치품(奢侈品)이었을 것이다.

　이 사실을 감안하고 다시 살펴보면, 요셉의 형들로부터 요셉을 산 이스마엘 사람들이 취급하는 물품이 눈에 들어올 것이다. '향품과 유향과 몰약', 동방 박사들로부터 아기 예수님이 받으신 예물은 '황금과 유향과 몰약'이었다. 구약의 시작인 창세기에서는 요셉이 '향품과 유향과 몰약'과 함께 노예로 팔려 애굽에 들어갔지만, 신약의 시작인 마태복음에서는 요셉이 '황금과 유향과 몰약'과 함께 마리아와 아기 예수님의 목숨을 지키기 위해 애굽에 들어갔다.

> 집에 들어가 아기와 그의 어머니 마리아가 함께 있는 것을 보고 엎드려 아기께 경배하고 보배합을 열어 **황금과 유향과 몰약을 예물로 드리니라** (마태복음 2:11)

예수님의 어린 시절의 하브루타,
요셉과 마리아

아기가 자라며 강하여지고 지혜가 충만하며 하나님의 은혜가 그의 위에
있더라(누가복음 2:40)

나사렛으로 돌아와 어린 시절을 보냈던 예수님에 대한 누가의 증언이다.
"아기가 자라며 강하여지고 지혜가 충만하며", 나는 이 부분에서 예수님을
양육했던 요셉과 마리아의 교육방식이 궁금했다. 반복해서 하는 이야기지
만, 성자 하나님이신 우리 주 예수 그리스도는 성육신(成肉身)하신 이후에는
100% 참 하나님이신 동시에 100% 우리와 동일본질(同一本質)이신 참사람이
시다. "예수님을 양육했던 요셉과 마리아의 교육방식"이라는 문장이 불편
할지도 모를 상당수의 한국 교회 성도들을 위해서 다시 한번 언급해 둔다.
"성자 하나님이신 우리 주 예수 그리스도는 성육신하신 이후에는 100% 참
하나님이신 동시에 100% 우리와 동일본질이신 참사람이시다."
 "어떻게 하나님이신 예수님을 피조물인 요셉과 마리아가 가르칠 수 있는

가? 이 얼마나 참람한 말인가?"라고 분개할 것이 아니라, 이 부분에서 우리
는 우리를 구원하기 위해 철저히 낮아지신 성자 하나님의 마음을 배워야 한
다. 초대교회 당시 믿음의 선배들이 예배 때마다 암송했다는 성경 구절을
다시 한번 인용한다.[1] 이 말씀이 우리의 고백이 되기를 기도한다.

> [5]너희 안에 이 마음을 품으라 곧 그리스도 예수의 마음이니 [6]그는 근본
> 하나님의 본체시나 하나님과 동등됨을 취할 것으로 여기지 아니하시고
> [7]오히려 자기를 비워 종의 형체를 가지사 사람들과 같이 되셨고 [8]사람의
> 모양으로 나타나사 자기를 낮추시고 죽기까지 복종하셨으니 곧 십자가
> 에 죽으심이라 [9]이러므로 하나님이 그를 지극히 높여 모든 이름 위에 뛰
> 어난 이름을 주사 [10]하늘에 있는 자들과 땅에 있는 자들과 땅 아래에 있
> 는 자들로 모든 무릎을 예수의 이름에 꿇게 하시고 [11]모든 입으로 예수
> 그리스도를 주라 시인하여 하나님 아버지께 영광을 돌리게 하셨느니라
> [12]그러므로 나의 사랑하는 자들아 너희가 나 있을 때뿐 아니라 더욱 지
> 금 나 없을 때에도 항상 복종하여 두렵고 떨림으로 너희 구원을 이루라
> (빌립보서 2:5-12)

모든 지식의 창조주(創造主)이시자 수여자(授與者)이신 우리 주 예수 그리
스도께서 피조물인 인간의 육신을 입고 태어나사, 일개 촌부(村夫, 村婦)였던
요셉과 마리아로부터 교육을 받으셔야 했던 이유를 우리는 깊이 묵상해야

---

1   이 책 '들어가는 이야기'에서도 인용했다.

한다. 우리는 예수님의 마음을 너무 피상적(皮相的)으로만 생각하는 경향이 있다. 진정한 낮아짐과 겸손이 무엇인지 우리는 너무 모른다. 그런 점에서 나는 '내려놓음'이라는 말을 싫어한다. 이유는 간단하다. 우리 같은 인생에 무엇이 있다고 무엇을 내려놓는다는 말인가? 내려놓겠다는 말은 이미 자신이 가진 것이 '자신으로 말미암은 자신의 것'이라는 전제하에 하는 이야기다. 온 우주 가운데 내려놓으실 수 있는 분은 오직 하나님밖에 없다. 그리고 이 모든 것은 다 우리의 구원을 위해 하신 일이다.

"아기가 자라며 강하여지고 지혜가 충만하며 하나님의 은혜가 그의 위에 있더라." 나는 이 말씀에서 예수님을 양육했던 요셉과 마리아의 교육방식이 무척 궁금했다. 일단 유대인의 교육방식을 찾아보았다. 그 과정에서 유대인들이 탈무드를 '구전(口傳) 토라'라고 부른다는 사실에 주목하게 되었다. 이에 대비(對比)하여 '모세 오경'에 해당하는 토라를 '서전(書傳) 토라'라고 부른다는 사실도 알게 되었다. 자료에 따라 차이가 있으나, 탈무드는 기원전 500년경에서 기원후 500년경까지 이루어진 토론집(討論集)이다.

탈무드는 "토라에 언급된 하나님의 계명을 어떻게 하면 잘 지킬 수 있을까?"에 대한 유대인들의 오랜 토론의 결과를 집대성한 책이다. 즉 우리가 흔히 어린 시절 읽었던 한 권짜리 책과는 그 양에 있어서 엄청난 차이가 있는 문서다. 어떻게 하면 탈무드의 분량에 대해 쉽게 설명할 수 있을까? 내 방식대로 설명하자면, 탈무드는 출판 방식에 따라서 약간의 차이가 있지만 대충 책 전체의 무게가 75kg에서 100kg 정도에 이르는 분량이다. 그리고 유대인들은 만 13세가 되는 바로 다음 날 성인식을 치르는데, 탈무드가 이

때까지의 주 교육교재다. 그럼에도 불구하고, 유대인 중 탈무드 전체를 제대로 읽은 사람이 거의 없다고 할 정도로 엄청난 분량의 토론집이다.

한때 이스라엘에서는 대한민국 아이들의 말이 언론을 뜨겁게 달군 적이 있었다고 한다. 그 내용은 이러하다. 이스라엘의 한 교수가 행사차(行事次) 우리나라를 방문했던 적이 있었다. 그 교수가 어느 행사에서 초등학교 아이들을 향해 "탈무드를 읽어본 적이 있느냐?"라고 물었다. 그런데 그 자리에 있었던 우리의 자랑스러운 초등학교 아이들이 했던 말이 질문을 던진 이스라엘의 학자를 놀라게 했다. 그 자리에 있던 아이들이 손을 들고 이렇게 답했다고 한다. "예, 다 읽어보았어요. 저희 집에 탈무드가 있어요. 저는 몇 번 못 읽었는데, 제 친구 중에는 탈무드를 12번이나 읽어본 애도 있어요." 아이들의 말에 깜짝 놀란 이 학자가 귀국한 뒤에 언론에 글을 기고했다. "대한민국이 전쟁의 폐허 속에서도 단기간에 경제성장과 민주화를 이룬 이유가 있었다. 유대인이 아닌 대한민국의 모든 집에 탈무드가 있다고 한다. 그리고 대한민국의 아이들은 탈무드를 전부 읽었다고 한다. 극동(極東)의 이방인들도 이토록 탈무드를 열심히 읽는데, 우리는 지금 무엇을 하고 있는가?"

한바탕 소동이 벌어진 뒤 일부 언론이 '팩트 체크(fact check)'에 들어갔다. 그 결과 대한민국 아이들이 읽었다고 하는 탈무드는 이스라엘 학자가 상상했던 탈무드 전집이 아니라 탈무드에 나오는 우화를 중심으로 출판된 1권짜리 편집본(編輯本)이었다는 사실이 밝혀졌다. 그 정도로 탈무드는 유대인들의 교육에 있어서 핵심을 이루는 동시에 유대인들의 자부심이 된 책이다.

앞에서도 언급했듯이 탈무드는 토론집이다. 그것도 모세 오경에 나오는 율법을 어떻게 하면 실생활에 잘 구현할 수 있을지에 대해 오랜 세월 동안 쌓여온 토론의 결과물이다. 유대인들의 경우 임신한 때부터 자녀 교육이 시작되는 것으로 알려져 있다. 이때 자녀 교육에 쓰이는 자료는 '모세 오경인 토라와 탈무드'다. 임신한 엄마는 소리 내어 토라를 읽는 가운데 태중에 있는 아이에게 하나님의 말씀을 들려준다. 그리고 아이가 태어난 후에는 '하브루타'라는 교육법을 쓴다고 한다. 이때 '하브루타'의 뜻은 '친구'이다. 나는 이 교육법을 이번에 처음 알게 되었다. 그런데 주변에 물어보니 상당수가 이미 이 교육법을 알고 있다는 사실에 내심(內心) 많이 놀랐다. 그리고 자녀 입시에 열정적인 엄마들의 경우 유대인의 이러한 학습법에 나름 전문가라는 사실도 알게 되었다. 이때 이 열정적인 엄마들이 무엇을 놓치고 있는지 여기에서는 언급하지 않겠다.

대한민국에서 '하브루타'는 '자기 주도 학습법'으로 알려져 있다. 하지만, 엄밀히 말해서 '하브루타'는 정답(正答)이 아닌 인생의 해답(解答)을 '찾아가는' 학습법이다. 하나님께서 선물하신 우리네 인생 가운데 정답이 있는 경우는 그리 많지 않다. 정답은 정보(情報)와 연결되는 지식(知識)인 반면, 해답은 '자신만의 정답'을 찾아가는 지혜(智惠)를 기르는 과정에서만 얻을 수 있다. 그런 점에서 해답은 시행착오를 통해서 얻을 수 있는 그 무엇이다. 또한 정답은 두뇌가 주로 하는 일이지만, 해답은 가슴과 두뇌가 협동할 때만 찾을 수 있는 길이다. 즉 따뜻한 감성(感性)과 하나님의 형상으로서의 바른 인성(人性)이 없는 경우, 인생의 해답은 '하브루타'가 아니라 아무리 눈부신 학습법을 동원한다 할지라도 얻을 수 없다.

학교에 다녀온 대한민국의 아이들에게 엄마가 가장 많이 하는 질문은 이것이다. "선생님 말씀 잘 듣고 열심히 공부하고 왔어?" 반면 학교에 다녀온 유대인 아이들에게 엄마가 가장 많이 하는 질문은 이것이라고 한다. "오늘 선생님한테 무슨 질문을 했니?" 대한민국의 아이들이 선생님과 엄마한테서 가장 많이 듣는 말은 이것이다. "공부 열심히 해라." 유대인 아이들이 엄마와 선생님한테서 가장 많이 듣는 말은 이것이라고 한다. "너는 어떻게 생각하니?"

즉 우리는 "2 더하기 3은 몇이니?"라고 정답을 묻는다. 반면 유대인들은 "무엇과 무엇을 더해야 5가 될까?"를 묻는다. 유대인 아이가 태어난 뒤, 아이의 첫 번째 '하브루타'는 아버지라고 한다. 유대인 아이는 자신의 아버지와 짝을 이루어, 하나님의 말씀인 '모세 오경'과 그 실천에 대해 축적된 토론집인 '탈무드'를 가지고 끊임없이 이야기를 나누고 토론하는 것으로 세상을 향한 지혜와 지식을 쌓아가게 된다. 이 과정을 통하여 유대인 아이들은 성인이 되는 만 13세까지 "어떻게 살아야 하는지? 왜 살아야 하는지?"에 대한 자신만의 해답(解答)을 찾아가게 된다.

예수님 또한 어린 시절 요셉과 마리아로부터 같은 방식으로 교육받았을 것이다. 특별히 탈무드가 기원전 500년경에서 기원후 500년경까지의 토론을 집대성한 것이라고 하니, 예수님 때도 비록 완성되지는 않았으나 탈무드에 대한 어느 정도의 자료들이 꽤 많이 있었을 것이다. 그리고 비록 가난한 시골 동네였지만, 내가 보기에 마리아를 향해 "내 주의 어머니"라고 고백했던 엘리사벳과 사가랴 부부를 통해 교육 자료가 공급되었을 가능성 또한 배

제할 수 없다. 그런 점에서 보면, 세례 요한은 단순히 그의 사역을 통해서
만 우리 주 예수 그리스도의 길을 예비한 것이 아니라 그의 존재와 배경 그
리고 사역 전반을 통하여 우리 주 예수 그리스도의 길을 예비했음을 짐작할
수 있다. 이것 또한 하나님께서 하나님의 사람들을 통하여 일을 이루시는
방법이다.

그러나, 예수님을 향한 요셉과 마리아의 교육은 요란하지 않았던 것 같
다. 즉 동네 사람들이 알아볼 정도로 열정을 보이거나 특별대우를 하면서
예수님을 양육했던 것 같지는 않다.

> ⁵³예수께서 이 모든 비유를 마치신 후에 그 곳을 떠나서 ⁵⁴고향으로 돌아
> 가사 그들의 회당에서 가르치시니 그들이 놀라 이르되 **이 사람의 이 지**
> **혜와 이런 능력이 어디서 났느냐** ⁵⁵**이는 그 목수의 아들이 아니냐 그 어**
> **머니는 마리아, 그 형제들은 야고보, 요셉, 시몬, 유다라 하지 않느냐**
> ⁵⁶**그 누이들은 다 우리와 함께 있지 아니하냐** 그런즉 이 사람의 이 모든
> 것이 어디서 났느냐 하고 ⁵⁷예수를 배척한지라 예수께서 그들에게 말씀
> 하시되 선지자가 자기 고향과 자기 집 외에서는 존경을 받지 않음이 없
> 느니라 하시고 ⁵⁸그들이 믿지 않음으로 말미암아 거기서 많은 능력을 행
> 하지 아니하시니라(마태복음 13:53-58)

예수님께서는 공생애 기간 나사렛을 방문하셨을 때, 회당을 방문하여 고
향 사람들을 가르치셨다. 이때 나사렛 사람들이 보인 반응이다. "이 사람의
이 지혜와 이런 능력이 어디서 났느냐? 이는 그 목수의 아들이 아니냐?" 나

사렛 사람들의 이러한 반응으로 볼 때, 고향 사람들의 눈에 비쳤던 예수님의 어린 시절은 익명성을 보장받았던 삶이었던 것으로 보인다. 한 사람의 성장에서 익명성은 많은 유익이 있다. 그런 점에서 보면, 유명인사의 자녀나 교회에서 목사님들의 자녀는 성장 과정에서 일정 부분 어린 나이에 감당키 힘든 부담을 안고 자란다는 사실을 알 수 있다. 어찌 되었든 "아기가 자라며 강하여지고 지혜가 충만하며"에서 예수님의 충만한 지혜는 열두 살 때 유월절을 맞이하여 방문한 예루살렘 성전에서 성전에 있는 선생들과 토론할 때까지는 가족을 넘어서 겉으로 드러나지 않았던 것으로 보인다. 그리고 이것은 요셉과 마리아가 열심히 의도했던 것이었을 것이다.[2]

---

2   요셉과 마리아의 이러한 태도는 너무도 당연한 이야기다. 앞에서도 잠깐씩 언급했지만, 이 당시 '다윗의 자손으로 오실 그 메시아'에 대한 이스라엘 백성들의 개념은 전적으로 '군사적 정치적 메시아'였다. 그러므로 요셉과 마리아가 이해한 '예수님의 구원 사역'은 '군사적 정치적 혁명'이었을 것이다. 우리 모두가 알고 있듯이, 혁명이라는 것은 현재의 권력자를 그 자리에서 끌어내린 뒤 새로운 세력이 그 권력을 차지하는 것을 의미한다. 그런 점에서 요셉과 마리아가 이해한 예수님의 존재는 현재 권력인 로마에게는 치명적인 위협이었다. 즉 요셉과 마리아의 입장에서는 예수님이 현실적인 힘을 가지기 전까지 예수님의 존재가 로마의 권력자들에게 알려져서는 절대 안 되는 일이었다. 더군다나 요셉과 마리아에게는 베들레헴에서 벌어진 영아 살해와 이를 피해 떠났던 애굽으로의 피난 생활에 대한 기억이 각인된 상황이었다. 그러니 예수님의 어린 시절, 요셉과 마리아는 어떻게 해서든지 예수님의 비범(非凡)함이 겉으로 드러나지 않도록 조심했을 것이 분명하다. 또한, 예수님 당시의 이러한 메시아 대망 사상(待望 思想)은 예수님의 공생애 기간 예수님과 예수님의 열두 제자들뿐 아니라 마리아와도 갈등을 빚게 된다. 이 부분은 관련 성경 말씀만 인용하고 뒤에서 설명하도록 하겠다. : "[21]이때로부터 예수 그리스도께서 자기가 예루살렘에 올라가 장로들과 대제사장들과 서기관들에게 많은 고난을 받고 죽임을 당하고 제삼일에 살아나야 할 것을 제자들에게 비로소 나타내시니 [22]베드로가 예수를 붙들고 항변하여 이르되 주여 그리 마옵소서 이 일이 결코 주께 미치지 아니하리이다 [23]예수께서 돌이키시며 베드로에게 이르시되 사탄아 내 뒤로 물러 가라 너는 나를 넘어지게 하는 자로다 네가 하나님의 일을 생각하지 아니하고 도리어 사람의 일을 생각하는도다 하시고"(마태복음 16:21-23). "[28]내가 진실로 너희에게 이르노니 사람의 모든 죄와 모든 모독하는 일은 사하심을 얻되 [29]누구든지 성령을 모독하는 자는 영원히 사하심을 얻지 못하고 영원한 죄가 되느니라 하시니 [30]이는 그들이 말하기를 더러운 귀신이 들렸다 함이러라 [31]그때에 예수의 어머니와 동생들이 와서 밖에 서서 사람을 보내어 예수를 부르니 [32]무리가 예수를 둘러 앉았다가 여짜오

⁴¹**그의 부모가 해마다 유월절이 되면 예루살렘으로 가더니** ⁴²예수께서 열두 살 되었을 때에 그들이 이 절기의 관례를 따라 올라갔다가 ⁴³그날들을 마치고 돌아갈 때에 아이 예수는 예루살렘에 머무셨더라 그 부모는 이를 알지 못하고 ⁴⁴동행 중에 있는 줄로 생각하고 하룻길을 간 후 친족과 아는 자 중에서 찾되 ⁴⁵만나지 못하매 찾으면서 예루살렘에 돌아갔더니 ⁴⁶**사흘 후에 성전에서 만난즉 그가 선생들 중에 앉으사 그들에게 듣기도 하시며 묻기도 하시니** ⁴⁷**듣는 자가 다 그 지혜와 대답을 놀랍게 여기더라** ⁴⁸그의 부모가 보고 놀라며 그의 어머니는 이르되 아이야 어찌하여 우리에게 이렇게 하였느냐 보라 네 아버지와 내가 근심하여 너를 찾았노라 ⁴⁹예수께서 이르시되 어찌하여 나를 찾으셨나이까 내가 내 아버지 집에 있어야 될 줄을 알지 못하셨나이까 하시니 ⁵⁰그 부모가 그가 하신 말씀을 깨닫지 못하더라(누가복음 2:41-50)

요셉과 마리아는 해마다 유월절이 되면 예루살렘 성전을 방문했다. 예수님의 성육신 후 예루살렘 성전은 이집트로의 피난 기간을 제외하고는 '진정한 유월절 어린 양'의 방문을 받게 된 것이다.

너희는 누룩 없는 자인데 새 덩어리가 되기 위하여 묵은 누룩을 내버리

되 보소서 당신의 어머니와 동생들과 누이들이 밖에서 찾나이다 ³³대답하시되 누가 내 어머니이며 동생들이냐 하시고 ³⁴둘러 앉은 자들을 보시며 이르시되 내 어머니와 내 동생들을 보라 ³⁵누구든지 하나님의 뜻대로 행하는 자가 내 형제요 자매요 어머니이니라"(마가복음 3:28-35).

라 우리의 유월절 양 곧 그리스도께서 희생되셨느니라(고린도전서 5:7)

예수님께서 유대인들이 성인식을 치르는 열세 살이 되기 바로 일 년 전에 있었던 일이다. 여느 해와 마찬가지로 요셉과 마리아는 가족을 이끌고 유월절을 지키기 위하여 예루살렘 성전을 방문했다. 해마다 치르는 몇 주에 걸친 대장정이었을 것이다. 그렇게 유월절 절기를 모두 마치고 나사렛으로 돌아갈 때, 예수님은 홀로 예루살렘 성전에 남으셨다. 그러나 요셉과 마리아는 이 사실을 모르고 나사렛으로 향했다.

"그날들을 마치고 돌아갈 때에 아이 예수는 예루살렘에 머무셨더라. 그 부모는 이를 알지 못하고 동행 중에 있는 줄로 생각하고 하룻길을 간 후 친족과 아는 자 중에서 찾되 만나지 못하매 찾으면서 예루살렘에 돌아갔더니", 성경의 이 기록이 쉽게 이해되지 않는 사람이 많을 것이다. 특별히 이 부분은 로마 가톨릭에서 예수님의 동생들이 예수님의 친동생이 아닌 같은 항렬(行列)의 친척 동생들이며, 마리아는 평생 동정녀로 남아 예수님 외에는 어떤 아이도 출산하지 않았다고 주장할 때 인용하는 근거 구절이기도 하다.

로마 가톨릭에서 주장하는 논지(論旨)는 이렇다. 당시는 핵가족이 된 현대와는 달리 대가족 단위로 생활했다. 그 결과 예루살렘 성전을 방문할 때도 안전을 위해서 대가족 단위로 길을 떠났다. 그리고 그 당시 친척 형제들은 마치 같은 부모의 아이들처럼 대체로 공동육아를 했기 때문에 요셉과 마리아는 다른 친척이 예수님을 돌보며 동행하고 있을 것이라고 생각하며 마음을 놓고 길을 떠났다는 것이다. 그렇게 하룻길을 간 후에 당연히 친척 형제들과 함께 있을 것이라고 생각했던 예수님이 눈에 보이지 않자, 그제서야 부랴부랴 예루살렘으로 돌아갔다고 설명한다.

그러나, 요셉과 마리아가 하룻길을 갈 때까지 예수님을 찾지 않은 이유에 대한 내 생각은 로마 가톨릭의 설명과는 다르다. 그 근거는 위에 인용했던 나사렛 사람들의 예수님을 향한 증언이다. "이는 그 목수의 아들이 아니냐 그 어머니는 마리아, 그 형제들은 야고보, 요셉, 시몬, 유다라 하지 않느냐? 그 누이들은 다 우리와 함께 있지 아니하냐?" 이때 쓰인 형제라는 단어에 해당하는 헬라어 '아델포스(αδελφός)'에 대해서는 앞에서 설명했다. 나사렛 사람들의 증언을 볼 때, 마리아에게는 아들이 다섯 있었다. 그리고 딸이 몇 있었는지는 정확히 알 수 없으나 '누이들'이라는 말로 미루어 보아 마리아에게는 딸이 적어도 둘 이상이 있었음을 알 수 있다. 그러므로 마리아에게 아들이 다섯 있었고 같은 수의 딸이 있었다면 열 명의 자녀가 있었다는 이야기가 된다.[3] 만에 하나 딸이 아들들보다 적은 둘밖에 없었다 하더라도 마리아는 일곱 자녀의 어머니였다. 여인에게 있어서 다산(多産)이 하나님께 받는 가장 큰 축복으로 여겨졌던 시대였다. 엘리사벳이 큰소리로 외쳤던 것처럼 마리아는 "여자 중에 복이 있는" 여인이었다.[4]

---

3 당연히 딸의 숫자가 아들보다 많았을 수도 있다.

4 "[41]엘리사벳이 마리아가 문안함을 들으매 아이가 복중에서 뛰노는지라 엘리사벳이 성령의 충만함을 받아 [42]큰 소리로 불러 이르되 **여자 중에 네가 복이 있으며** 네 태중의 아이도 복이 있도다"(누가복음 1:41-42).: 물론, 이때 엘리사벳이 성령의 충만함을 받아 외친 마리아의 복은 '구세주의 어머니'가 되는 복을 의미한다.

성경에 예수님의 공생애 이후 요셉에 대한 언급이 없다는 점과 교회사의 기록으로 볼 때, 요셉은 예수님의 공생애 시작 얼마 전에 세상을 떠난 것으로 보인다. 그렇다면 마리아는[5] 약 30년 가까운 세월 동안 최소 일곱에서 열 명 정도의 자녀를 낳았다는 이야기가 된다. 그리고 기록에는 없으나, 내가 아는 하나님이시라면 요셉에게 막내의 성인식까지 볼 수 있는 시간을 허락하셨을 것이다. 누가 뭐래도, 우리 주 예수 그리스도의 어린 시절 예수님의 충실한 보호자는 요셉이었다. 이러한 요셉을 향하여 "하나님께서 어떤 배려를 해 주셨을까?"를 상상해보면, 아마도 내 추측이 전혀 얼토당토않은 이야기는 아니라는 사실에 대충 동의할 수 있을 것이다.

이러한 나의 추측이 틀리지 않았다면, 유대인의 성인식이 만13세라는 점을 감안할 때 마리아는 약 17년 정도에 걸쳐 적게는 일곱 번에서 열 번 정도 출산했다는 이야기가 된다. 그렇다면 마리아가 낳은 남매들 사이에 터울은 일곱인 경우는 3년, 열인 경우는 2년 정도가 된다.[6] 그리고 예수님께서 유월절에 예루살렘을 방문한 뒤에 홀로 성전에 남으신 사건은 열두 살 때 있었던 일이다. 그렇다면, 이때 요셉과 마리아 부부가 나사렛에서 예루살렘 성전까지 동행해야 했던 자녀들의 나이는 어떻게 될까? 두 살 터울이라면 '두 살, 네 살, 여섯 살, 여덟 살, 열 살, 열두 살'이 된다. 이렇게 여섯 자녀를 데리고 나사렛에서 예루살렘까지 그 험한 산길을 왕복해야 하는 상황이었다.

---

5 "요셉과 마리아 부부는"이라고 하지 않고 "마리아는"이라고 한 것은 의도적인 표현이다. 마리아의 첫째 아들 예수님은 엄밀히 말해서 요셉의 아이가 아니라 성령으로 잉태된 경우이므로 표현을 의도적으로 구별하여 썼다.
6 물론 연년생으로 출산하기도 했을 것이다.

게다가 요단강을 두 번 건너 지나게 되는 여리고에서 예루살렘까지 오르는 길은 고도차가 1,200m였다. 성전에 드릴 제물 값을 지니고 있는 사람들의 돈주머니를 노리는 강도가 빈번히 출몰하는 지역이었다. 그러한 이유로 안전을 위해 한 동네 전체가 한꺼번에 움직이는 경우, 무리의 맨 앞과 맨 뒤에 지팡이든 물맷돌이든 나름의 무장을 한 성인 남성들이 몰려서 걸었으며 그 가운데에 부녀자들과 아이들이 섞여서 이동했다고 전해진다. 이러한 대열 가운데 '두 살, 네 살, 여섯 살, 여덟 살, 열 살, 열두 살'의 자녀와 동행해야 했던 요셉과 마리아는 누구에게 온 정신을 집중하고 있었을까? 여기까지 이야기를 듣고 나면, 당연히 그때의 장면이 눈앞에 그려질 것이다. 일단 '여덟 살, 열 살, 열두 살' 정도까지 자란 자녀는 당연히 아이들의 그룹에서 알아서 따라올 것이라고 생각하는 것이 상식이다.

그렇게 하룻길을 간 후, 요셉과 마리아는 인원 점검을 했을 것이다. 그런데 예수님이 눈에 보이지 않는 것이다. 놀란 가슴을 쓸어내리면서, 친족과 아는 자 중에서 찾아보았지만 만나지 못하자 예루살렘으로 돌아갔다. 아마도 동행했던 예수님의 동생들은 친족과 아는 사람들에게 맡겼을 것이다. 이렇게 놓고 보면, 예수님의 이 비유는 어쩌면 예수님의 입장에서는 당신의 열두 살 시절 예루살렘 성전을 방문했을 당시를 추억하며 하신 비유일지도 모른다.

[3]예수께서 그들에게 이 비유로 이르시되 [4]너희 중에 어떤 사람이 양 백 마리가 있는데 **그 중의 하나를 잃으면 아흔아홉 마리를 들에 두고 그 잃은 것을 찾아내기까지 찾아다니지 아니하겠느냐**(누가복음 15:3-4)

이 비유를 말씀하실 당시, 예수님의 눈에는 사흘 동안 당신을 찾아 헤매다 거의 넋을 놓은 요셉과 마리아의 표정이 선했을 것이다. 이 비유를 말씀하신 날, 예수님의 눈에는 그날 당신을 찾아 헤매다 초점을 잃어버린 요셉의 눈빛이 선했을 것이다. 나이가 든다는 것은 이런 것 같다. 사랑하는 사람을 잃어버린 경험이 생기고, 그 결과 그리움이 무엇인지 깊이 알게 된다. 이 비유를 말씀하신 날 밤, 요셉을 그리워하시며 광야에서 홀로 밤하늘을 바라보셨을 예수님을 상상해보는 것은 성육신하신 이후 우리와 100% 동일본질인 참사람이 되신 '우리 주 예수님의 소극적 고난'을 묵상하는 데 유익하다.

신학적으로는 우리 주 예수 그리스도께서 우리의 구원을 위하여 겪으신 고난을 '적극적 고난'과 '소극적 고난'으로 나누어 구분한다. 예수님께서 겪으신 적극적 고난은 '십자가 상의 고난'이다. 소극적 고난은 우리와 동일본질이신 육체를 입음으로 예수님께서 '인성(人性)'을 따라 겪으신 고난을 말한다. 왜 천지의 창조주이시자 시공간의 창조주이신 예수님께서 한밤중에 홀로 밤하늘을 바라보며 요셉을 그리워하셔야 했을까? 우리의 구원을 위해서! 왜 생명의 근본이신 분이 큰 파도가 일어나 배를 덮는 상황에서도 피곤함을 이기지 못하시고 주무셔야 했을까? 우리를 구원하시기 위해서!

[23]배에 오르시매 제자들이 따랐더니 [24]**바다에 큰 놀이 일어나 배가 물결에 덮이게 되었으되 예수께서는 주무시는지라** [25]그 제자들이 나아와 깨우며 이르되 주여 구원하소서 우리가 죽겠나이다(마태복음 8:23-25)

왜 생수의 근원 되시는 분이 십자가 위에서 목마르셔야 했을까? 우리를 구원하시기 위해서!

¹³예수께서 대답하여 이르시되 이 물을 마시는 자마다 다시 목마르려니와 ¹⁴내가 주는 물을 마시는 자는 영원히 목마르지 아니하리니 **내가 주는 물은 그 속에서 영생하도록 솟아나는 샘물이 되리라**(요한복음 4:13-14)

³⁷명절 끝날 곧 큰 날에 예수께서 서서 외쳐 이르시되 **누구든지 목마르거든 내게로 와서 마시라** ³⁸나를 믿는 자는 성경에 이름과 같이 그 배에서 생수의 강이 흘러나오리라 하시니(요한복음 7:37-38)

²⁸그 후에 **예수께서** 모든 일이 이미 이루어진 줄 아시고 성경을 응하게 하려 하사 이르시되 **내가 목마르다 하시니** ²⁹거기 신 포도주가 가득히 담긴 그릇이 있는지라 사람들이 신 포도주를 적신 해면을 우슬초에 매어 예수의 입에 대니 ³⁰예수께서 신 포도주를 받으신 후에 이르시되 다 이루었다 하시고 머리를 숙이니 영혼이 떠나가시니라(요한복음 19:28-30)

그렇게 요셉과 마리아가 넋이 빠져 사흘간 예루살렘을 헤매다가 성전에서 예수님을 만났을 때, 성전에 있는 선생들에게 예수님께서 보이신 태도가 바로 '하브루타 토론' 때 방법론으로 쓰이는 유대인의 전형적인 '공부 방

법[7]인 '후츠파'다. '후츠파'는 '무례, 뻔뻔, 철면피'를 뜻하는 히브리어 단어다. 동시에 긍정적인 의미에서는 '용기, 도전정신, 배짱'을 뜻한다고 알려진 단어다.

이스라엘 대학에 초빙 받은, 유대인이 아닌 교수들이 처음 수업에 들어가서 겪게 되는 난관이 바로 이 '후츠파'다. 초빙 받아 간 이스라엘 대학에서 첫 수업을 시작하자마자 채 1-2분이 되기도 전에 수업에 참여한 대학생들이 손을 들고 하는 질문은 바로 이것이라고 한다. "교수님, 지금 하신 그 말씀이 맞나요? 근거가 무엇인가요? 교수님은 왜 그렇게 생각하시는데요?" 등등 수업시간마다 교수가 하는 말마다 끊이지 않고 질문이 쏟아진다고 한다.

사실 말이 질문이지, 유교 문화권에서 자란 교수들에게 있어서 이런 모욕과 무례는 생애 처음 겪어보는 일일 것이다. 그 때문에 처음에는 엄청 당황하는 동시에 풀리지 않는 불쾌감으로 정말 적응하기 힘들다고 한다. 그리고 이 단계를 넘어서야 비로소 유대인들과 진정한 친분을 쌓을 수 있다고들 말한다.

이들 이방인 출신의 교수들에게 위로 아닌 위로가 있는데, 그것은 오래된 유대인 교수의 수업을 가만히 들여다봐도 자신이 학생들에게 당하는 것과 같은 상황이 매(每) 시간마다 일어나는 것을 보게 될 때라고 한다. 그 순간 이방(異邦)에서 온 교수는 비로소 '아, 이 인간들이 나한테만 그러는 게 아니라 원래 이렇게 공부하는 민족이구나'를 깨닫게 된다.

유대인의 이러한 학습법과 태도는 전 세계 스타트업(Start-Up) 기업 중

---

7 '교육 방법'

30%를 유대인이 세우게 한 순기능도 있으나, 여러 문화권에서 유대인들을 혐오하는 정서가 자라나게 된 원인이 되기도 했다.[8]

어찌 되었든, 열두 살의 예수님은 예루살렘 성전에서 여러 선생들 사이에서 듣기도 하고 묻기도 하며 토론을 벌이고 계셨다. 전형적인 '하브루타' 공부법이었다. 이러한 예수님의 모습을 보고 사흘 밤낮을 제대로 쉬지도 못하고 예루살렘 온 지경을 헤매었을 요셉과 마리아가 예수님에게 말을 건넨다. 유대인 공부법을 공부한 뒤에 가만히 살펴보면, 이 또한 전형적인 '하브루타' 방식의 대화임을 알 수 있다.

"아이야 어찌하여 우리에게 이렇게 하였느냐? 보라 네 아버지와 내가 근심하여 너를 찾았노라." '행동한 이유'를 묻고, '그 행동에 의해 생긴 결과'를 언급하는 것은 전형적인 하브루타 대화법이다. 요셉과 마리아의 말에 예수께서 대답하셨다. "어찌하여 나를 찾으셨나이까? 내가 내 아버지 집에 있어야 될 줄을 알지 못하셨나이까?" 유교 문화권에 있는 신자 중에는 "예수님의 이 대답이 너무 과(過)하신 것이 아닌지?" 생각할 수도 있다. 답은 간단하다. 유대인의 문화에서는 전혀 그렇지 않다. 예수님의 이 대답은 유대인의 전형적인 '하브루타'와 '후츠파'를 따르고 있다. 그러나 예수님의 이 대답의 뜻을 요셉과 마리아는 깨닫지 못했다고 성경은 기록하고 있다.

⁴⁹예수께서 이르시되 어찌하여 나를 찾으셨나이까 내가 내 아버지 집에

---

8 당연한 일이지만 혹시나 해서 언급해 둔다. 이 말은 유대인 혐오가 정당하다는 뜻이 아니다.

있어야 될 줄을 알지 못하셨나이까 하시니 ^{50}그 부모가 그가 하신 말씀을 깨닫지 못하더라(누가복음 2:49-50)

요셉과 마리아가 "어찌하여 나를 찾으셨나이까? 내가 내 아버지 집에 있어야 될 줄을 알지 못하셨나이까?"라는 예수님의 말씀을 깨닫지 못한 것은 당연한 일이었다. 예수님께서 승천하신 후 보내주신 성령 하나님의 내주하심을 받기 전, 마리아도 그리고 예수님의 제자들도 '다윗의 왕권을 가지고 오시는 그 메시아'로서의 예수님의 정체성을 제대로 이해하지 못했기 때문이다. 성령 하나님을 받기 전, 마리아와 예수님의 제자들 모두 예수님을 '다윗과 같이 현실 세계에서 정치적, 군사적 메시아'로서 이스라엘 민족을 구원하실 '다윗의 자손'으로 이해했다.

이러한 이해 덕분에 예수님의 어린 시절 예수님께서는 익명성을 보호받으실 수 있었다. 당시는 로마의 식민지배를 받던 시절이었다. 가는 곳마다 무장한 로마 병사들이 서슬 퍼렇게 있는 상황에서 로마군을 싹쓸이하고 이스라엘 민족에게 독립을 가져다 줄 메시아가 자라나고 있다는 사실이 알려질 경우, 어린 예수님의 안전은 위협받게 마련이다. 이러한 이유로 요셉과 마리아는 예수님을 외부에 최대한 평범하게 보이려 노력했을 것이다. 어쩌다 예수님의 기적을 봤을지 모르는 예수님의 동생들에 대한 입단속은 기본이었을 것이다.^{9} 그 결과 공생애 기간 나사렛을 방문해 회당에서 가르치셨

---

9 가나의 혼인 잔치에서 포도주가 떨어지자 마리아가 예수님에게 포도주를 만들어 줄 것을 요구하는 장면이 나온다. 무슨 말인가? 예수님께서는 공생애 이전에도 필요한 경우 기적을 베풀어 주셨다는 이야기다. 그 덕에 마리아는 예수님의 능력을 알고 있었고, 가나의 혼인 잔치에 포도

던 예수님을 향하여 고향 사람들이 이 말을 던졌던 것이다. "이는 그 목수의
아들이 아니냐?"

이렇듯, 때로는 사람들의 오해가 오히려 유익이 되는 것이 인생이다. 나
사렛 사람들이 예수님의 능력을 예수님의 어린 시절부터 온전히 알고 있었
다면, 예수님의 성장 과정은 순탄치 못했을 것이며 아래와 같은 증언은 불
가능했을 것이다.

> [51]예수께서 함께 내려가사 나사렛에 이르러 순종하여 받드시더라 그 어
> 머니는 이 모든 말을 마음에 두니라 [52]**예수는 지혜와 키가 자라가며 하
> 나님과 사람에게 더욱 사랑스러워 가시더라**(누가복음 2:51-52)

한 가지 사실을 짚고 가자면, 예수님은 '군사적 정치적 메시아'를 뜻하는
'다윗의 자손'이라는 호칭을 좋아하지 않으셨을 지도 모른다.

> [41]바리새인들이 모였을 때에 예수께서 그들에게 물으시되 [42]너희는 그리
> 스도에 대하여 어떻게 생각하느냐 누구의 자손이냐 대답하되 **다윗의 자
> 손이니이다** [43]이르시되 그러면 다윗이 성령에 감동되어 어찌 그리스도
> 를 주라 칭하여 말하되 [44]주께서 내 주께 이르시되 내가 네 원수를 네 발
> 아래에 둘 때까지 내 우편에 앉아 있으라 하셨도다 하였느냐 [45]다윗이

주가 떨어지자 예수님에게 이 일을 해결해 달라고 했던 것이다. 이 부분은 다음 단원에서 자세
히 다룰 것이다.

그리스도를 주라 칭하였은즉 어찌 그의 자손이 되겠느냐 하시니 [46]한 마디도 능히 대답하는 자가 없고 그날부터 감히 그에게 묻는 자도 없더라 (마태복음 22:41-46)

예수님을 대적하는 바리새인들이 모였을 때 예수님께서 그들에게 물으셨다. "너희는 그리스도에 대하여 어떻게 생각하느냐? 누구의 자손이냐?" 바리새인들이 대답했다. "다윗의 자손이니이다." 이때 바리새인들이 대답한 '다윗의 자손'은 '정치적, 군사적 메시아'를 뜻했다. 바리새인들의 대답에 예수님께서 논박하셨다. "그러면 다윗이 성령에 감동되어 어찌 그리스도를 주라 칭하여 말하되, 주께서 내 주께 이르시되 내가 네 원수를 네 발 아래에 둘 때까지 내 우편에 앉아 있으라 하셨도다 하였느냐? 다윗이 그리스도를 주라 칭하였은즉 어찌 그의 자손이 되겠느냐?" 이때 바리새인과 예수님 사이에 이루어진 대화 또한 전형적인 '하브루타'와 '후츠파' 방식을 따르고 있음을 알 수 있다. 이러한 예수님의 대화방식을 예수님에게 교육시킨 하나님의 사람은 당연히 요셉과 마리아였을 것이다.

종교 지도자들에게는 유대인의 전형적인 토론 방법으로 논박하셨던 예수님이셨다. 그러나 예수님은 자신을 방어할 힘이 없는 약자들의 온전하지 못한 고백에는 한없이 관대하셨다. 우리는 이러한 예수님의 모습을 기억하고 배워야 한다.

[46]그들이 여리고에 이르렀더니 예수께서 제자들과 허다한 무리와 함께

여리고에서 나가실 때에 디매오의 아들인 맹인 거지 바디매오가 길 가에 앉았다가 47나사렛 예수시란 말을 듣고 소리 질러 이르되 **다윗의 자손 예수여 나를 불쌍히 여기소서** 하거늘 48**많은 사람이 꾸짖어 잠잠하라 하되** 그가 더욱 크게 소리 질러 이르되 **다윗의 자손이여 나를 불쌍히 여기소서** 하는지라 49예수께서 머물러 서서 그를 부르라 하시니 그들이 그 맹인을 부르며 이르되 안심하고 일어나라 그가 너를 부르신다 하매 50맹인이 겉옷을 내버리고 뛰어 일어나 예수께 나아오거늘 51예수께서 말씀하여 이르시되 **네게 무엇을 하여 주기를 원하느냐** 맹인이 이르되 **선생님이여 보기를 원하나이다** 52예수께서 이르시되 **가라 네 믿음이 너를 구원하였느니라** 하시니 그가 곧 보게 되어 예수를 길에서 따르니라(마가복음 10:46-52)

'바디매오'에서 '바'10는 '아들'을 뜻하는 단어로 '바디매오'는 '디매오의 아들'을 뜻한다. 예수님께서 허다한 무리와 여리고에서 나가실 때, 맹인 거지가 길가에 앉아 있다가 나사렛 예수께서 지나가신다는 말을 듣고 소리쳤다. "다윗의 자손 예수여! 나를 불쌍히 여기소서!" 많은 사람들이 바디매오를 꾸짖으며 그의 입을 막으려 했다. 하지만 예수님께서는 그를 불러 무엇을 원하는지 물어보셨다. 그리고 "보기를 원하나이다."라는 그의 소원대로 그를 고쳐주셨다. 우리는 바디매오가 했던 말 "선생님이여, 보기를 원하나이다."에서 "선생님"이라는 호칭에 주목할 필요가 있다.

---

10 정확히는 '바르'다. 마찬가지로 '바디매오'의 정확한 발음은 '바르티마이오스'다.

바디매오는 예수님께서 당신에게 붙여진 호칭 중 직접 바리새인들에게 반박하셨던 "다윗의 자손"이라는 호칭을 넘어, "주여"가 아니라 바른 신앙고백의 관점에서 볼 때 한참 떨어지는 "선생님"이라는 호칭을 쓰고 있음을 볼 수 있다. 그럼에도 불구하고, 예수님께서는 바디매오를 향하여 "가라 네 믿음이 너를 구원하였느니라."라고 하신다. 그리고 그의 소원을 들어주신다. 이것이 하나님께서 우리 인생을 대하실 때마다 보여주시는 전형적인 방법이다. 그러나 세상은 이와 정반대로 한다는 사실 또한 우리는 잘 알고 있다. 세상은 권력 있는 자의 미흡한 서류에는 합격점을 주지만, 자신을 방어할 힘이 없는 사람의 완벽한 서류는 거절한다. 이것이 바로 선악과 사건 이후 하나님을 반역한 인류 역사 가운데 흔히 일어나는 일이다. 그러나 우리는 바디매오를 대하셨던 우리 주 예수 그리스도의 마음을 배워야 한다.

사실 이러한 마음은 어린 시절부터 '하브루타'와 '후츠파' 방식으로 교육받는 유대인 아이들이 부모로부터 강조 받는 내용이다. 모세 오경과 탈무드를 하브루타와 후츠파 방식으로 교육할 때, 바른 유대인 부모가 가장 강조하는 것이 바로 '1일(日) 1선행(善行)'이라고 한다. '지식'은 '인지적인 능력과 뇌'와 연관된다. 그렇지만 하브루타와 후츠파 방식으로 이루어지는 유대인의 자녀 교육에서 추구하는 '지혜'는 '따뜻한 마음과 머리'를 통해서만 얻어진다. 이토록 따뜻한 마음과 머리를 통해 얻게 되는 '지혜'는 '정해진 답인 정답(正答)'이 아닌 '자신만의 정답인 해답(解答)'을 찾을 수 있는 '판단력(判斷力)과 분별력(分別力)'을 키워준다.

성육신하신 이후 우리와 100% 동일본질인 참사람이 되신 우리 주 예수

그리스도는 어린 시절 누구로부터 이러한 교육을 받으셨을까? 당연히 요셉
과 마리아였을 것이다. 그런 점에서 보면, 요셉을 향하여 '의로운 사람'이라
고 했던 성경의 증언은 진실이었다.

그의 남편 요셉은 의로운 사람이라(마태복음 1:19 상반절)

모든 관계는 상호적(相互的)이다. 이토록 의로운 사람 요셉과 마리아의 보
호 아래 어린 시절을 보내셨던 예수님은 지혜와 키가 자라가며 하나님과 사
람에게 더욱 사랑스러워 가시게 되었다.

51예수께서 함께 내려가사 나사렛에 이르러 순종하여 받드시더라 그 어
머니는 이 모든 말을 마음에 두니라 52**예수는 지혜와 키가 자라가며 하
나님과 사람에게 더욱 사랑스러워 가시더라**(누가복음 2:51-52)

동시에 예수님의 이러한 모습은 요셉과 마리아의 수고에 대한 '하나님의
배려'였음은 두말할 필요가 없을 것이다. 우리 주 예수 그리스도의 모든 고
난 가운데 가장 가까이서 동행했던 인물이 바로 마리아다. 심지어 예수님의
십자가 곁에도 마리아가 서 있었다. 십자가에 못 박혀 죽어가는 아들의 모
습을 보는 마리아, 그 마음의 고통이 어떨지 상상이 가는가?

예수의 십자가 곁에는 그 어머니와 이모와 글로바의 아내 마리아와 막
달라 마리아가 섰는지라(요한복음 19:25)

　예수님의 십자가 곁에 서 있던 마리아는 당연히 예수님께서 지난밤 빌라도에게 고난당하시는 과정에도 동행했을 것이다. 정결 예식을 위해 예수님을 안고 방문했던 예루살렘 성전에서 시므온이 했던 말처럼 칼이 마리아의 마음을 찌르는 시간들이었다.[11]

　그런 점에서 '지혜와 키가 자라가며 하나님과 사람에게 더욱 사랑스러워 가시던' 예수님의 공생애 이전의 시간들은 하나님께서 마리아에게 주신 '배려의 시간'이었다. 이것이 바로 하나님께서 하나님의 사람들에게 주시는 선물이다.

> [36]이에 예수께서 제자들과 함께 겟세마네라 하는 곳에 이르러 제자들에게 이르시되 내가 저기 가서 기도할 동안에 너희는 여기 앉아 있으라 하시고 [37]베드로와 세베대의 두 아들을 데리고 가실새 고민하고 슬퍼하사 [38]이에 말씀하시되 내 마음이 매우 고민하여 죽게 되었으니 너희는 여기 머물러 나와 함께 깨어 있으라 하시고 [39]조금 나아가사 얼굴을 땅에 대시고 엎드려 기도하여 이르시되 **내 아버지여 만일 할 만하시거든 이 잔을 내게서 지나가게 하옵소서 그러나 나의 원대로 마시옵고 아버지의 원대로 하옵소서** 하시고(마태복음 26:36-39)

11　"[34]시므온이 그들에게 축복하고 그의 어머니 마리아에게 말하여 이르되 보라 이는 이스라엘 중 많은 사람을 패하거나 흥하게 하며 비방을 받는 표적이 되기 위하여 세움을 받았고 [35]또 칼이 네 마음을 찌르듯 하리니 이는 여러 사람의 마음의 생각을 드러내려 함이니라 하더라"(누가복음 2:34-35).

우리 주 예수 그리스도의 십자가 고난은 정해진 길이었다. 피할 수 없는 일이었다. 그런 점에서, 하나님의 사람에게 임하는 고난 가운데 이유 없는 고난은 존재하지 않는다. 이런 말을 하는 이유는 이것 때문이다. 선악과 사건 이후, 하나님을 반역한 인류 역사 가운데 하나님의 편에 선다는 것은 고난을 동반하게 마련이다. 그런데 이때 우리가 겪게 되는 고난의 원인을 우리는 은연중에 하나님께 돌리곤 한다. 동시에 그 고난을 하나님께서 기뻐하신다는 착각을 하는 것 같다.

분명한 사실을 구별해서 밝히자면 이러하다. 하나님께서는 타락한 세상 가운데 하나님께로 돌아서는 과정에서 겪게 되는 하나님의 사람의 고난 중, '고난'이 아니라 '하나님께로 돌아서는 당신의 사람'을 기뻐하신다. 그런데 마치 이러한 현상을 보며, 하나님께서는 우리의 고난을 기뻐하신다고 오해하는 성도들이 많다. 쉽지 않겠지만, 우리는 이 점을 정확히 구분할 필요가 있다. 예수님의 고난 가운데 마리아의 마음을 칼처럼 난도질하던 고통은 피할 수 없는 일이었다. 그러나 하나님의 목적은 '인류 구원'이었지, '마리아의 고통'이 아니었다.

우리 모두가 알고 있듯이 사람에게 있어 내 아이의 성장을 보는 것보다 큰 행복은 없다. 동시에 성장하지 못하는 아이를 보는 것만큼 고통스러운 것 또한 없다.[12] "예수는 지혜와 키가 자라가며 하나님과 사람에게 더욱 사랑스러워 가시더라." 하나님께서는 피할 수 없는 경우를 빼고는, 마리아에

---

12 "솔로몬의 잠언이라 지혜로운 아들은 아비를 기쁘게 하거니와 미련한 아들은 어미의 근심이니라"(잠언 10:1). "미련한 자를 낳는 자는 근심을 당하나니 미련한 자의 아비는 낙이 없느니라"(잠언 17:21). "미련한 아들은 그 아비의 근심이 되고 그 어미의 고통이 되느니라"(잠언 17:25).

게 이 가슴 벅찬 행복의 시간을 선물해 주셨다. 이러한 기쁨의 수고가 우리
들 가운데 가득하기를 기도한다.

주께서 인생으로 고생하게 하시며 근심하게 하심은 본심이 아니시로다
(예레미야애가 3:33)

가나
혼인 잔치

복음은
누구를 통하여 전해지는가?

⁹**연회장은 물로 된 포도주를 맛보고도 어디서 났는지 알지 못하되 물 떠온 하인들은 알더라** 연회장이 신랑을 불러 ¹⁰말하되 사람마다 먼저 좋은 포도주를 내고 취한 후에 낮은 것을 내거늘 그대는 지금까지 좋은 포도주를 두었도다 하니라 ¹¹**예수께서 이 첫 표적을 갈릴리 가나에서 행하여** 그의 영광을 나타내시매 제자들이 그를 믿으니라(요한복음 2:9-11)

마리아에 대한 기사가 성경에는 많다고 하면 많다고도 할 수 있고, 동시에 적다고 하면 적을 수도 있는 양이 기록되어 있다. 이제 시간이 20년 가까이 흘렀다. 앞에서도 언급했지만, 요셉은 예수님의 공생애 이전에 소천(召天)했다. 그런 점에서, 지금부터 이야기는 마리아가 홀로 된 이후의 상황이다. 가나의 혼인 잔치 기사는 예수님께서 이제 막 제자들을 부르시던 때의 이야기다. 예수님의 공생애가 이제 막 시작되던 때였다.

예수님께서 이 땅에 오셔서 첫 번째 기적을 일으키신 장소는? "가나의 혼인 잔치" 교회에서 가끔씩 열리는 성경 퀴즈 대회에 흔히 나오는 문제다. 정확히 표현하자면 '성경에 기록된 첫 번째 기적'이 맞을 것이다. 그 근거는 성경에 기록된 이 사건의 앞부분을 읽어보면 쉽게 이해할 수 있다.

> [1]사흘째 되던 날 갈릴리 가나에 혼례가 있어 예수의 어머니도 거기 계시고 [2]예수와 그 제자들도 혼례에 청함을 받았더니 [3]**포도주가 떨어진지라 예수의 어머니가 예수에게 이르되 저들에게 포도주가 없다 하니** [4]예수께서 이르시되 여자여 나와 무슨 상관이 있나이까 내 때가 아직 이르지 아니하였나이다 [5]그의 어머니가 하인들에게 이르되 너희에게 무슨 말씀을 하시든지 그대로 하라 하니라 [6]거기에 유대인의 정결 예식을 따라 두세 통 드는 돌항아리 여섯이 놓였는지라 [7]예수께서 그들에게 이르시되 항아리에 물을 채우라 하신즉 아귀까지 채우니 [8]이제는 떠서 연회장에게 갖다 주라 하시매 갖다 주었더니(요한복음 2:1-8)

예수님께서 가장 사랑하셨던 제자[1] 사도 요한이 기록한 복음서가 바로 '요한복음'이다. 이 요한복음에 따르면 갈릴리 지방 가나에 혼례(婚禮)가 있었다. 그리고 그 혼례에 예수님의 어머니 마리아도 계셨다는 표현으로 볼

---

1 "[25]예수의 십자가 곁에는 그 어머니와 이모와 글로바의 아내 마리아와 막달라 마리아가 섰는지라 [26]예수께서 자기의 어머니와 **사랑하시는 제자가 곁에 서 있는 것을 보시고** 자기 어머니께 말씀하시되 여자여 보소서 아들이니이다 하시고 [27]또 그 제자에게 이르시되 보라 네 어머니라 하신대 그때부터 그 제자가 자기 집에 모시니라"(요한복음 19:25-27).

때, 그 혼례의 혼주(婚主)와 마리아는 인척(姻戚) 관계이거나 아주 가까운 지인(知人) 사이였던 것으로 보인다. 그 혼인 잔치에 예수님과 예수님의 제자들도 청함을 받았다. 예수님의 제자들은 이제 막 예수님의 제자가 된 상황이었다.

그런데 혼인 잔치에 포도주가 떨어져 버리는 불상사가 생기고 만다. 이 사실을 알게 된 마리아는 예수님에게 포도주가 떨어졌다는 사실을 알렸다. 포도주가 떨어졌다는 마리아의 말에 대해 예수님은 이렇게 말씀하셨다. "여자여 나와 무슨 상관이 있나이까? 내 때가 아직 이르지 아니하였나이다." 이러한 예수님의 말씀에도 불구하고 마리아는 그 집 하인들에게 명령했다. "너희에게 무슨 말씀을 하시든지 그대로 하라." 이 대화를 통해 우리는 마리아가 예수님의 기적을 이전에도 여러 번 경험했다는 사실을 쉽게 유추(類推)할 수 있다. 즉 가나의 혼인 잔치는 우리 주 예수 그리스도께서 이 땅에 오셔서 처음 일으키신 기적이 아니라, 성경에 공식적으로 기록된 예수님의 첫 번째 기적이다.

어찌 되었든, 궁금한 부분이 있을 것이다. 예수님과 마리아 사이에 있었던 대화의 흐름이다. 마리아가 예수님에게 포도주가 떨어졌다는 사실을 알렸을 때, 예수님의 반응은 분명히 "여자여 나와 무슨 상관이 있나이까? 내 때가 아직 이르지 아니하였나이다."였다. 무슨 뜻인가? "혼인집에 포도주가 떨어진 것이 나와 무슨 상관이 있나이까?" 예수님의 이 말씀은 포도주를 만들어달라는 마리아의 요구에 대해 포도주를 만들어 주시겠다는 이야기인가? 아니면 만들어 줄 생각이 없으시다는 이야기인가? 당연히 만들어 줄 생각이 없으시다는 이야기다. 그런데 이러한 예수님의 거절에도 불구하고 마리아는 혼인집 하인들을 불러 명령했다. "너희에게 무슨 말씀을 하시든지 그대로 하라."

　로마 가톨릭에서는 이 부분을 예로 들어 일반 신자들에게 '성모송'[2]과 '로사리오 기도'[3]의 효능(效能)을 설명하곤 한다. 성자 하나님이신 '우리 주 예수 그리스도의 이름'으로 기도했음에도 불구하고 기도 응답이 없는 경우, '예수님의 어머니 마리아'를 통해 기도하면 성자 하나님이신 예수님께서 거절하신 기도도 들어주신다는 논리다. 로마 가톨릭의 이 논리대로 한다면, 삼위일체 하나님과 마리아 사이에서 누가 더 높은 존재일까?

　어찌 되었든, 예수님은 위기에 빠진 혼인 잔치를 위해서 물로 포도주를 만들어 주셨다. 요한의 증언에 의하면, 가나의 혼인 잔치 집에는 정결 예식에 쓸 물을 담아두기 위한 항아리가 여섯 개 있었다. 이 당시 잔치를 베푸는 유대인의 집에는 이와 같은 항아리가 준비되어 있었다고 전해진다. 예수님께서는 하인들에게 항아리에 물을 채우라고 하셨다. 그런 후 채워진 물을

---

2 '성모송'으로 불리는 기도문은 이와 같다. "은총이 가득하신 마리아님, 기뻐하소서! 주님께서 함께 계시니 여인 중에 복되시며, 태중의 아들 예수님 또한 복되시나이다. 천주의 성모 마리아님, 이제와 저희 죽을 때에 저희 죄인을 위하여 빌어주소서. 아멘."

3 '묵주기도'라고도 한다. 천주교의 성물(聖物)인 묵주를 이용하여 하는 기도를 말한다. 가톨릭 신자들의 손에 끼어있는 묵주반지나 염주같이 생긴 목걸이 끝에 십자가상이 있는 천주교의 성물을 본 적이 있는 사람들이 있을 것이다. 그것이 바로 묵주다. 그리고 그 묵주의 염주 알 같은 부분을 엄지손가락으로 염주 알 돌리듯이 하나하나 돌리며 하는 기도가 바로 묵주기도다.

포도주로 바꾸어 주셨다. 당시 정결 예식은 샘물에서 나오는 물을 쓰는 것
이 원칙이었다고 한다. 히브리어로 샘물을 '아인'이라고 한다. 그런데 이 '아
인'이라는 단어는 눈(目)이라는 뜻도 가지고 있다.

그렇게 샘물(아인)이 변하여 포도주가 되었다. 그리고 이 모습을 목격한
제자들의 눈(아인) 또한 "인생(人生)들의 혼인 잔치를 보는 눈(아인)"에서 "어
린 양의 혼인 잔치를 볼 수 있는 눈(아인)"으로 바뀌게 되었다. 이러한 사실
을 사도 요한은 아래와 같이 증언한다.

예수께서 이 첫 표적을 갈릴리 가나에서 행하여 **그의 영광을 나타내시
매 제자들이 그를 믿으니라**(요한복음 2:11)

"여자여**⁴** 나와 무슨 상관이 있나이까? 내 때가 아직 이르지 아니하였나

---

4 마리아를 '천상의 모후 성모 마리아'로 높이는 로마 가톨릭의 '마리아 우상화'가 불편한 사람들
이 많이 인용하는 성경 구절이 바로 이 부분이다. 그들은 예수님께서 마리아를 향하여 "어머
니"라고 하지 않고 "여자여"라고 했다는 사실에 주목한다. 그리고 "이것은 예수님께서 훗날 로
마 가톨릭이 마리아를 우상화할 것이라는 사실을 염두에 두고 하신 말씀이다"라고 설명한다.
이러한 주장을 하는 사람들은 예수님께서 마리아를 향하여 "어머니"라고 하신 적이 없으니, 마
리아가 "예수님의 어머니"라고 불려서는 안 된다는 논리를 편다. 하지만 이것은 과도한 해석이
다. : "²⁵예수의 십자가 곁에는 그 어머니와 이모와 글로바의 아내 마리아와 막달라 마리아가 섰
는지라 ²⁶예수께서 자기의 어머니와 사랑하시는 제자가 곁에 서 있는 것을 보시고 자기 어머니
께 말씀하시되 여자여 보소서 아들이니이다 하시고 ²⁷또 그 제자에게 이르시되 보라 네 어머니
라 하신대 그때부터 그 제자가 자기 집에 모시니라"(요한복음 19:25-27).: 성경은 분명히 마
리아를 '예수님의 어머니'라고 칭(稱)한다. 그런데 마리아를 '예수님의 어머니'라고 칭하기를 꺼
려하는 이러한 현상은, 신천지가 대한민국에 생긴 이후 우리 주 예수 그리스도의 재림 시에 있
을 '새 하늘 새 땅'을 '신천지(新天地)'라고 하지 못하고 굳이 말을 풀어서 '새 하늘 새 땅'이라고
하는 것과 같은 맥락의 현상이다. 우리 주 예수 그리스도께서 성육신(成肉身)하신 이후, 성자
하나님이신 예수님에 대한 바른 신앙고백은 이러하다. "그 분은 100% 참 하나님이신 동시에,
100% 우리와 동일본질이신 참 사람이시다." 성육신하신 이후 우리 주 예수 그리스도 안에서

이다." 물로 포도주를 만들어 주시기 바로 직전에 예수님께서 마리아에게 하셨던 말씀이다. 그리고는 포도주를 만들어 주신다. 이렇게 모순되어 보이는 상황을 성경에서 만나게 되는 경우, 우리가 주목해야 할 지점은 겉으로 드러난 모습이나 행동이 아니다. 이럴 때일수록 우리는 그 이면(裏面)에 내재(內在)해 있는 이유를 자세히 살펴보아야 한다. 예수님은 겉으로 볼 때 마리아의 요구대로 포도주를 만들어 주셨다. 하지만 포도주가 떨어져 위기에 처한 혼주를 위해 포도주를 만들어 주고 싶었던 '마리아 쪽에서의 이유'와 포도주를 만들어 주신 '예수님 쪽에서의 이유'는 분명히 달랐다.

가나의 혼인 잔치에 예수님의 어머니 마리아도 계셨다는 표현이 예수님과 예수님의 제자들보다 먼저 언급된 것으로 볼 때, 예수님과 예수님의 제자들은 혼주와 마리아와의 관계를 통하여 그 혼인 잔치에 초대되었던 것으로

'하나님의 신성과 사람의 인성'이 서로 연합되었다. 예수님은 '원죄에 속한 마리아'로부터 인성을 취하셨으나, 성령의 역사로 '거룩해진 인성'을 받으셨다. 우리 주 예수 그리스도께서 동정녀 마리아를 통해 성령으로 잉태되셨다는 것은 예수님의 인성이 "성령으로 조성(造成)되셨음"과 "성령으로 거룩하게 되셨음"을 의미한다. 설명이 너무 어려웠나? 쉽게 표현하면 이렇다. "마리아는 예수님의 어머니가 맞다. 왜냐하면, 우리 주 예수 그리스도께서 마리아의 태(胎)를 통하여 성육신(成育身)하셨고, 마리아로부터 인성(人性)을 취하셨기 때문이다. 그리고 성육신하신 이후 예수님께서 인성을 통하여 하신 일은 모두 예수님께서 하신 일이다. 그러므로 마리아에 대한 바른 관점은 이것이다. 마리아는 '인성(人性)을 따라' 성자 하나님이신 우리 주 예수 그리스도의 어머니다. 그런 점에서 마리아는 성자 하나님의 어머니라고 표현할 수 있다. 그러나 마리아를 '신성(神性)을 따라서도' 성자 하나님의 어머니라고 주장하는 로마 가톨릭의 주장은 거짓이다. 마리아는 분명히 성자 하나님의 피조물이기 때문이다." 이 말도 어려운 것 같은데 … (이러한 표현은 필자가 평생 20대를 상대로 사역한 선교단체 간사라는 점을 감안해서 읽어주기 바란다.), 어찌 되었든, 마리아를 '천상의 모후 성모 마리아'로 숭배하는 동시에 '성자 하나님이신 우리 주 예수 그리스도의 신성을 따라서도 성자 하나님의 어머니'라고 우상화하는 로마 가톨릭의 교리가 먼저 있었고, 이에 대한 반발로 "예수님이 마리아를 향해 '어머니'라고 하지 않고 '여자여'라고 불렀다는 것을 근거로 삼위일체 하나님의 구원 역사에서 마리아의 역할을 '투명인간' 취급하는 경우가 있는데 이러한 시도는 너무 나간 것이다."라는 설명을 하다가 여기까지 왔다.

보인다. 앞서 말했듯이, 혼주와 마리아는 각별한 사이였던 것으로 보인다.

당시 유대 공동체는 '사회적 체면'을 목숨처럼 여겼다. 유대인의 혼인 잔치는 일주일간 열리는 동네잔치였다. 그런데 이러한 잔치의 핵심이 되는 포도주가 떨어져 버린 것이다. 예수님께서 만들어 주신 포도주를 맛본 연회장이 신랑에게 "사람마다 먼저 좋은 포도주를 내고 취한 후에 낮은 것을 내거늘 그대는 지금까지 좋은 포도주를 두었도다."라고 말한 것으로 보아, 포도주가 떨어진 시점(時點)은 잔치가 시작된 지 어느 정도 시간이 흐른 뒤였던 것으로 보인다. 한참 혼인 잔치의 흥이 오르던 때였다. 그런데, 기본 음료이자 잔치의 희락을 돋우고 생명을 기쁘게 하는 포도주가 떨어져 버린 것이다. 이 상황을 방치할 경우 혼인 잔치는 갑자기 파장(罷場) 분위기가 될 것이 분명했다.

잔치는 희락을 위하여 베푸는 것이요 포도주는 생명을 기쁘게 하는 것이나 돈은 범사에 이용되느니라(전도서 10:19)

성경 본문으로 미루어 볼 때, 이 상황은 혼주(婚主) 가족과 혼주와 정말 가까운 사람들만 알고 있었던 것으로 보인다. 혼인 잔치에 손님을 청해놓고 포도주를 충분히 준비하지 못해 벌어진 이러한 일은 혼주 집안에 평생에 남을 수치가 되는 시대였다. 이 사실을 알게 된 마리아가 예수님에게 포도주가 떨어졌다는 사실을 알린다. 무슨 말인가? 예수님의 능력을 누구보다 잘 알고 있었던 마리아 입장에서는 자신과 가까운 사이인 혼주의 사회적 평판

(評判)과 체면(體面)을 위기에서 구해주고 싶었을 것이다. 하지만 우리 주 예수 그리스도는 이 땅에 있는 누군가의 사회적 평판과 체면을 위해 오신 분이 아니셨다. 그래서 하셨던 말씀이다. "여자여 나와 무슨 상관이 있나이까?"

그런데 이 말씀을 하신 후, 예수님께서는 순순히 물로 포도주를 만들어 주신다. 그리고 이 일을 통하여 예수님께서 당신의 영광을 나타내시매 제자들이 예수님을 믿게 되었다고 요한은 증언한다. 즉 예수님은 샘물인 '아인'을 포도주로 바꾸어 주심으로, 이제 막 예수님의 제자로 부르심을 받은 제자들의 눈인 '아인'을 '사회적 체면과 평판에 연연하는 혼인 잔치'를 보는 눈에서 장차 당신께서 십자가를 통하여 이루실 '어린 양의 혼인 잔치'를 볼 수 있는 눈으로 바꾸셨다. 히브리어 '아인'은 '샘물'과 '눈'이라는 뜻 외에도 '근원과 근본'이라는 뜻 또한 가지고 있다. 이제 가나의 혼인 잔치에서 물로 포도주를 만드신 예수님의 첫 번째 기적을 접하게 된 제자들은 그 '근본이 바뀌는 삶'을 살게 될 것이다.

김세윤 박사[5]는 가나의 혼인 잔치에서 물로 포도주를 만들어 주신 예수님의 기적을 '예수님의 행위 설교'라고 설명한다. 그는 "영생(永生)에 대한 개념 정리"로부터 이 부분을 설명하기 시작한다. 김세윤 박사의 설명을 내 방식대로 요약하면 다음과 같다.[6]

---

5 풀러신학대학원 신약학 교수
6 이 부분은 매해 여름과 겨울 1년에 두 번 열리는 CMF전국학생수련회 EBS(Evangelical Bible Study) 트랙(track) 중 금요일 오전에 있는 '정직한 질문, 정직한 대답'에서 나온 질문에 대한 답

으로 내가 인용했던 내용이다. EBS트랙은 초신자나 아직 예수님을 믿지 않는 학생들을 대상으로 하는 수련회다. 당시 질문은 이것이었다. "당신들 한국 교회에 다니는 사람들은 술을 마시지 않는다고 하는데, 당신들의 교주인 예수님은 첫 번째 기적으로 물로 포도주를 만들어 주셨다고 알고 있습니다. 그래서 하는 질문입니다. 한국 교회 교인들은 당신들의 교주인 예수님이 만드신 포도주도 마시지 않으시나요?" 성경 본문 내용을 인용하며 가나의 혼인 잔치에서의 '술의 의미'를 설명했던 기억이 난다. 그리고 한국 교회가 술을 마시지 않게 된 역사를 설명했다. 조선말 이 땅에 처음 선교하러 온 선교사님들의 눈에 조선이 일본의 지배를 받게 된 원인으로 세 가지가 보였다고 한다. 그 세 가지는 '술, 노름, 축첩(畜妾)제도'였다. 그래서 선교사님들이 세례를 받는 조건으로 내세웠던 것이 술과 노름을 끊고 첩을 두지 않는 것이었다. 그렇게 술과 노름에 빠지거나 첩을 둔 사람은 교회 직분을 맡을 수 없는 전통이 한국 교회에 세워지게 되었다. 이렇게 세워진 전통은 시간이 흐르면서, 이 땅에서 '신앙적 이유로 술을 마시지 않는 것'은 기독교인들에게 있어서 '신앙의 진리를 타협하지 않겠노라는 의사 표시'로 여겨지게 되었다. 즉 한국 땅에서 기독교인이 술을 마신다는 것은 '언제든지 신앙적 진리를 세상과 타협할 준비가 되어있다.'라는 메시지로 교회 밖의 사람들에게 인식되기 시작했다. 이러한 역사적 전통이 있는 땅이 바로 우리 대한민국이다. 한국 교회 성도들에게 있어서 술은 '알코올 이상의 의미'를 가지고 있기 때문에 술을 마시지 않는 것이다. 이것은 사도 바울의 고백과 일맥상통한 '신앙의 덕'이다. : "¹우상의 제물에 대하여는 우리가 다 지식이 있는 줄을 아나 **지식은 교만하게 하며 사랑은 덕을 세우나니** ²만일 누구든지 무엇을 아는 줄로 생각하면 아직도 마땅히 알 것을 알지 못하는 것이요 ³또 누구든지 하나님을 사랑하면 그 사람은 하나님도 알아 주시느니라 ⁴그러므로 우상의 제물을 먹는 일에 대하여는 우리가 우상은 세상에 아무 것도 아니며 또한 하나님은 한 분밖에 없는 줄 아노라 ⁵비록 하늘에나 땅에나 신이라 불리는 자가 있어 많은 신과 많은 주가 있으나 ⁶그러나 우리에게는 한 하나님 곧 아버지가 계시니 만물이 그에게서 났고 우리도 그를 위하여 있고 또한 한 주 예수 그리스도께서 계시니 만물이 그로 말미암고 우리도 그로 말미암아 있느니라 ⁷그러나 이 지식은 모든 사람에게 있는 것은 아니므로 어떤 이들은 지금까지 우상에 대한 습관이 있어 우상의 제물로 알고 먹는 고로 그들의 양심이 약하여지고 더러워지느니라 ⁸음식은 우리를 하나님 앞에 내세우지 못하나니 우리가 먹지 않는다고 해서 더 못사는 것도 아니고 먹는다고 해서 더 잘사는 것도 아니니라 ⁹그런즉 너희의 자유가 믿음이 약한 자들에게 걸려 넘어지게 하는 것이 되지 않도록 조심하라 ¹⁰지식 있는 네가 우상의 집에 앉아 먹는 것을 누구든지 보면 그 믿음이 약한 자들의 양심이 담력을 얻어 우상의 제물을 먹게 되지 않겠느냐 ¹¹그러면 네 지식으로 그 믿음이 약한 자가 멸망하나니 그는 그리스도께서 위하여 죽으신 형제라 ¹²이같이 너희가 형제에게 죄를 지어 그 약한 양심을 상하게 하는 것이 곧 그리스도에게 죄를 짓는 것이니라 ¹³**그러므로 만일 음식이 내 형제를 실족하게 한다면 나는 영원히 고기를 먹지 아니하여 내 형제를 실족하지 않게 하리라**"(고린도전서 8장). : 사도 바울의 말을 요약하면 이와 같다. 당시 고린도 지역에서 유통되던 고기는 대부분 이방 신전(특별히 아프로디테 신전)에 바쳐졌던 제물이었다. 하지만 소위 신앙이 강하고 지식이 있다고 자부하는 사람들 사이에서는 이방 신전에 바쳐졌던 고기라 할지라도 이방신이라는 존재는 원래 없는 존재이므로 무시하고 고기를 먹어도 된다는 의견이 있었다. 논리적으로 볼 때, 말이야 맞는 말이다. 그러나 이러한 그들의 교만으로 말미암아 믿음이 약한 형제들이 넘어지게 되는 경우를 사도

　우리 주 예수 그리스도를 통하여 구원받은 하나님의 자녀는 영생한다. 그런데 영생은 지금 우리가 살고 있는 시공간에서 시간을 영원히 늘려서 사는 것을 의미하지 않는다. 생각해 보라. 고3 기간을 혹은 군 생활[7]을 영원히 늘려서 산다고 해보자. 끔찍하지 않은가? 우리 주 예수 그리스도의 재림 이후의 시공간은 우리가 지금 겪고 있는 시공간과는 다른 무엇이다. 우리 주 예수 그리스도를 통하여 구원받은 하나님의 자녀가 누리는 영생은 단순히 시간을 영원히 늘리는 수준의 것이 아니다. '영생'은 삼위일체 하나님의 '신적 영광에 참여하는 삶'이다. 예수님께서 비유로 설명하신 것처럼,[8] 영생은 포도나무 가지가 포도나무 줄기에 접붙임을 받아 포도나무의 모든 진액을 누리듯이 '우리 주 예수 그리스도와 연합'[9]하여 삼위일체 하나님의 모든 영광을 누리는 삶이다. 영생은 아들을 통하여 성령 안에서 삼위일체 하나님과

바울은 경계하고 있다. 믿음이 강하다고 주장하는 사람들이 고기를 먹는 경우, 믿음이 약한 형제는 그 행동의 겉모습을 보고 예수님과 이방신을 같이 섬겨도 된다는 메시지로 받아들일 위험이 있었다. 그래서 사도 바울이 했던 말이다. "그러므로 만일 음식이 내 형제를 실족하게 한다면 나는 영원히 고기를 먹지 아니하여 내 형제를 실족하지 않게 하리라." 술도 마찬가지다. 술을 마신다고 구원받지 못하는가? 아니다. 술과 구원은 전혀 관계가 없다. 구원은 무엇을 먹는지 먹지 않는지와 전혀 관계가 없다. 구원은 "오직 우리 주 예수 그리스도"로 말미암는 것이다. 그래서 한국 땅에서 예수님을 믿는 교인이 술을 마셔도 된다고? 사도 바울이 지금도 살아 있어 한국 교회에 편지를 쓴다면 뭐라고 할까? "그러므로 만일 술이 내 형제를 실족하게 한다면 나는 영원히 술을 마시지 아니하여 내 형제를 실족하지 않게 하리라." 이와 관련하여 자세한 공부를 원하는 독자에게는 『예수님도 한잔 하시죠』(이광우 저, 예영커뮤니케이션)를 읽어볼 것을 권한다.

7　의무 복무 중인 군 생활.

8　"'내 안에 거하라 나도 너희 안에 거하리라 가지가 포도나무에 붙어 있지 아니하면 스스로 열매를 맺을 수 없음 같이 너희도 내 안에 있지 아니하면 그러하리라 [5]나는 포도나무요 너희는 가지라 그가 내 안에, 내가 그 안에 거하면 사람이 열매를 많이 맺나니 나를 떠나서는 너희가 아무것도 할 수 없음이라"(요한복음 15:4-5).

9　'우리 주 예수 그리스도와의 연합'이 바로 '영생'이다.

하나 되어 누리는 '신적 영광에 참여하는 삶'이다.[10]

이러한 풍성함을 누리는 삶의 모형이 에덴동산에서의 삶이었다. 그런데 첫 번째 인류였던 아담이 '하나님과 같이 되고자 하는 욕망'[11]으로 하나님을 반역하는 사건이 일어나고 만다. '인류 스스로 자신의 삶에 대한 주인이 되고자 하는 욕망'[12]으로 선악과를 따먹음으로 말미암아 인류는 그때부터 자신의 삶과 존재에 대해 '스스로 책임'을 지게 되었다. 그 결과 우리가 사는 인생 가운데 '결핍'이 들어오게 되었다.

그때부터 '시간의 결핍' 때문에 '죽음'이, '건강의 결핍' 때문에 '질병'이, '사랑의 결핍' 때문에 '분쟁'이 우리가 사는 인생 가운데 들어오게 되었다. 그때부터 인류는 스스로 자신의 삶의 미래와 안녕을 책임져야만 했다. 이것이 하나님을 반역한 후, 인류 역사 가운데 들어온 비극이었다.

그런데 하나님의 때가 차매, 성자 하나님이신 우리 주 예수 그리스도께서 우리 인류를 구원하시려 육신을 입고 이 땅에 오셨다. 그리고 이 땅에 오신 우리 주 예수 그리스도께서 공생애를 시작하시며 처음 선포하신 말씀은 바로 '하나님 나라'였다.

---

10 삼위일체 하나님께서는 항상 '아들을 통하여 성령 안에서' 우리와 만나주신다.
11 "뱀이 여자에게 이르되 너희가 결코 죽지 아니하리라 ⁵너희가 그것을 먹는 날에는 너희 눈이 밝아져 하나님과 같이 되어 선악을 알 줄 하나님이 아심이니라"(창세기 3:4-5).
12 "또한 그들이 마음에 하나님 두기를 싫어하매 하나님께서 그들을 그 상실한 마음대로 내버려 두사 합당하지 못한 일을 하게 하셨으니"(로마서 1:28).: 이것이 죄성(罪性)의 본질이다.

이때부터 예수께서 비로소 전파하여 이르시되 **회개하라 천국이 가까이 왔느니라** 하시더라(마태복음 4:17)

그렇다면 우리 주 예수 그리스도께서 선포하신 천국은 어떤 곳일까? 그곳은 선악과 사건으로 인류 역사 가운데 들어온 온갖 결핍이 가득한 인생과는 정반대인 곳이다. 즉 포도나무 가지가 포도나무 줄기에 접붙임을 받아 모든 것을 공급받는 것과 같은 곳이 하나님 나라다. 하나님의 영광과 그 풍성하심이 가득한 곳이 하나님 나라다. 하나님 나라는 하나님께서 책임져 주시는 나라다. 예수님께서 이 땅에 오셔서 활동하시던 시절은 먹을 것이 없던 시절이었다. 먹을 것이 희귀한 시절, 우리 주 예수 그리스도께서는 이 천국의 이미지를 정말 많은 잔치를 통하여 나타내셨다.

인자는 와서 먹고 마시매 너희 말이 **보라 먹기를 탐하고 포도주를 즐기는 사람이요** 세리와 죄인의 친구로다 하니(누가복음 7:34)

성경의 기록을 보면 예수님께서는 정말 잘 드셨다는 것을 알 수 있다. 왜 그러셨을까? 먹을 것이 귀한 동시에 글을 모르는 사람이 태반인 시절이었다. 이러한 상황에서 하나님 나라에 대해 눈에 보이는 설명으로 "잔치"보다 확실한 이미지는 없었다. '오병이어(五餠二魚)의 기적'을 생각해 보라. 예수님께서는 끊임없이 행위 설교로서 천국을 선악과 사건 이후 결핍에 시달리던 인류의 현실과는 정반대인 "풍성함"으로 나타내셨다.

그 풍성함의 절정에는 "잔치"가 있었다. 그리고 유대인들에게 있어 잔치 중에 가장 풍성하고 큰 잔치는 "혼인 잔치"였다. 그런데 그 혼인 잔치에 희락과 즐거움을 주는 포도주가 떨어져 버린 것이었다. 이 상황은 선악과 사건으로 인류에 들어온 '결핍'을 상징했다. 혼인 잔치에 포도주가 떨어짐으로 이제 잔치의 희락과 즐거움 또한 끊어지게 되었다. 혼주의 사회적 체면과 평판에만 관심이 있었던 마리아의 의도에는 동의할 수 없었지만, 하나님 나라의 풍성함을 나타내시고자 하셨던 우리 주 예수 그리스도께서는 물로 포도주를 만들어 주셨다. 더군다나 그 자리에는 이제 막 예수님의 부름을 받은 제자들이 있었다. 그렇게 다시 혼인 잔치의 희락과 즐거움 그리고 풍성함이 돌아왔다.

요한복음 2장은 가나의 혼인 잔치에서 있었던 예수님의 첫 기적이 사흘째 되던 날에 일어났다고 기록하고 있다. 그렇다면 어느 사건을 기준으로 사흘째 되던 날이었을까? 요한복음 1장 29절을 인용하면 이와 같다.

> **이튿날 요한이** 예수께서 자기에게 나아오심을 보고 이르되 **보라 세상 죄를 지고 가는 하나님의 어린 양이로다**(요한복음 1:29)

이튿날 세례 요한이 예수님께서 자기에게 나아오시는 것을 보고 말했다. "보라 세상 죄를 지고 가는 하나님의 어린 양이로다." 요한복음 1장 29절 이전에 세례 요한은 그에게 "네가 누구냐?"라고 묻는 제사장들과 레위인들에게 이렇게 대답했다. "나는 선지자 이사야의 말과 같이 주의 길을 곧게 하라고 광야에서 외치는 자의 소리다.”[13]

> [19]유대인들이 예루살렘에서 제사장들과 레위인들을 요한에게 보내어 네
> 가 누구냐 물을 때에 요한의 증언이 이러하니라 [20]요한이 드러내어 말하
> 고 숨기지 아니하니 드러내어 하는 말이 **나는 그리스도가 아니라** 한 대
> [21]또 묻되 그러면 누구냐 네가 엘리야냐 이르되 나는 아니라 또 묻되 네
> 가 그 선지자냐 대답하되 아니라 [22]또 말하되 누구냐 우리를 보낸 이들
> 에게 대답하게 하라 너는 네게 대하여 무엇이라 하느냐 [23]이르되 **나는**
> **선지자 이사야의 말과 같이 주의 길을 곧게 하라고 광야에서 외치는 자**
> **의 소리로라** 하니라(요한복음 1:19-23)

이러한 세례 요한의 분명한 대답에 그들이 다시 따지듯이 묻는다. “네가
만일 그리스도도 아니요 엘리야도 아니요 그 선지자도 아닐진대 어찌하여
세례를 베푸느냐?” 이 질문에 대한 세례 요한의 답은 누구나 들어본 기억이
있을 것이다. “나는 물로 세례를 베풀거니와 너희 가운데 너희가 알지 못하
는 한 사람이 섰으니 곧 내 뒤에 오시는 그이라 나는 그의 신발끈을 풀기도
감당하지 못하겠노라.”

> [24]그들은 바리새인들이 보낸 자라 [25]또 물어 이르되 네가 만일 그리스도

---

13 “외치는 자의 소리여 이르되 너희는 광야에서 여호와의 길을 예비하라 사막에서 우리 하나님
의 대로를 평탄하게 하라”(이사야 40:3).

도 아니요 엘리야도 아니요 그 선지자도 아닐진대 어찌하여 세례를 베
푸느냐 ²⁶요한이 대답하되 **나는 물로 세례를 베풀거니와 너희 가운데 너**
희가 알지 못하는 한 사람이 섰으니 ²⁷**곧 내 뒤에 오시는 그이라 나는 그**
의 신발끈을 풀기도 감당하지 못하겠노라 하더라 ²⁸이 일은 요한이 세례
베풀던 곳 요단 강 건너편 베다니에서 일어난 일이니라(요한복음 1:24-
28)

예수님을 향한 세례 요한의 이러한 증언이 있었던 날의 다음 날, 즉 그
이튿날부터 예수님께서는 제자들을 한 명 한 명 부르기 시작하셨다. 그렇게
이틀이 지나고 사흘째 되던 날, 예수님과 이제 막 예수님의 부르심을 받은
제자들이 가나의 혼인 잔치에 초청되었다. 바로 이 잔치에서 우리 주 예수
그리스도께서 이 땅에 오셔서 첫 번째로 베푸신 기적이 물로 포도주를 만들
어 주신 기적이었다. 이 기적을 통하여 제자들의 눈 '아인'은 어린 양의 혼인
잔치의 풍성함을 볼 수 있는 처음 준비를 마치게 되었다. 성경에 등장하는
인물들의 인생을 살펴보면, 하나님께서는 당신의 사람들을 들어서 쓰시는
과정에서 이와 같은 준비 과정을 오랜 시간 반복해 주시는 것을 쉽게 알 수
있다.

그런데, 예수님께서 물로 포도주를 만들어 주신 사실을 제자들은 어떻게
알게 되었을까? 포도주가 떨어졌다는 것은 혼인 잔치의 연회장도 몰랐던
사실이었다. 사도 요한의 증언으로 볼 때, 이 일의 첫 번째 증인은 혼인 잔
치 현장에서 땀 흘려 일하던 하인들이었다. 성경은 예수님의 지시대로 항아

리에 물을 채웠던 하인들이 예수님의 첫 번째 기적의 증인이었음을 분명히 밝히고 있다.

> [9]**연회장은** 물로 된 포도주를 맛보고도 어디서 났는지 **알지 못하되 물 떠 온 하인들은 알더라** 연회장이 신랑을 불러 [10]말하되 사람마다 먼저 좋은 포도주를 내고 취한 후에 낮은 것을 내거늘 그대는 지금까지 좋은 포도주를 두었도다 하니라(요한복음 2:9-10)

그렇다면, 예수님과 마리아 사이에 있었던 대화를 사도 요한은 어떻게 알았을까?

> [25]예수의 십자가 곁에는 그 어머니와 이모와 글로바의 아내 마리아와 막달라 마리아가 섰는지라 [26]**예수께서 자기의 어머니와 사랑하시는 제자가 곁에 서 있는 것을 보시고** 자기 어머니께 말씀하시되 **여자여 보소서 아들이니이다** 하시고 [27]또 그 제자에게 이르시되 보라 **네 어머니라** 하신대 **그때부터 그 제자가 자기 집에 모시니라**(요한복음 19:25-27)

우리 주 예수 그리스도께서 십자가에 못 박히신 상태에서 당신의 어머니 마리아와 사랑하시는 제자 요한이 곁에 서 있는 것을 보시고 하신 말씀이다. 예수님께서는 먼저 마리아에게 사도 요한을 가리켜 말씀하셨다. "여자여 보소서 아들이니이다." 그리고 사도 요한에게 마리아를 가리켜 말씀하셨다. "네 어머니라." 그때부터 청년이었던 요한이 마리아를 봉양했다고 성경은 증언한다.

교회사에 따르면 장수했던 마리아가 삶을 마감한 뒤에야 비로소 요한은 사도로서의 사역을 '본격적으로' 시작했다고 한다.**14** 마리아를 집에 모시기 시작했을 때 요한은 이제 막 스무 살 정도 되는 청년이었지만, 본격적으로 사역을 시작할 때의 요한은 육십을 훌쩍 넘긴 노년의 나이였다. 바로 이 사도 요한이 기록한 '요한복음과 요한1, 2, 3서 그리고 요한계시록'을 통하여 우리는 다른 복음서에는 기록되어 있지 않은 예수님의 내밀한 이야기들을 만나게 된다. 그렇다면 예수님과 마리아 사이에 있었던 대화를 요한은 어떻

---

14 "¹제 구 시 기도 시간에 **베드로와 요한이 성전에 올라갈새** ²나면서 못 걷게 된 이를 사람들이 메고 오니 이는 성전에 들어가는 사람들에게 구걸하기 위하여 날마다 미문이라는 성전 문에 두는 자라 ³그가 베드로와 요한이 성전에 들어가려 함을 보고 구걸하거늘 ⁴베드로가 요한과 더 **불어 주목하여 이르되 우리를 보라** 하니 ⁵그가 그들에게서 무엇을 얻을까 하여 바라보거늘 ⁶베 드로가 이르되 은과 금은 내게 없거니와 내게 있는 이것을 네게 주노니 나사렛 예수 그리스도 의 이름으로 일어나 걸으라 하고 ⁷오른손을 잡아 일으키니 발과 발목이 곧 힘을 얻고 ⁸뛰어 서 서 걸으며 그들과 함께 성전으로 들어가면서 걷기도 하고 뛰기도 하며 하나님을 찬송하니 ⁹모 든 백성이 그 걷는 것과 하나님을 찬송함을 보고 ¹⁰그가 본래 성전 미문에 앉아 구걸하던 사람 인 줄 알고 그에게 일어난 일로 인하여 심히 놀랍게 여기며 놀라니라"(사도행전 3:1-10).: "은 과 금은 내게 없거니와 내게 있는 이것을 네게 주노니 나사렛 예수 그리스도의 이름으로 일어 나 걸으라" 한국 교회 성도들이라면 누구나 아는 말씀이다. 이 말씀을 들을 때면 마음속에 찬 양이 들리는 듯한 느낌이 들 것이다. 그 자리에 사도 요한이 함께했음을 알 수 있다. 오순절 성 령 강림 후, 당연히 사도 요한은 사역을 쉰 적이 없다. 다만, 마리아를 봉양해야 했던 사도 요 한은 다른 사도들과는 달리 그 활동 반경에 제한이 있었다고 전해진다.: "¹⁴**예루살렘에 있는 사도들이 사마리아도 하나님의 말씀을 받았다 함을 듣고 베드로와 요한을 보내매** ¹⁵그들이 내 려가서 그들을 위하여 성령 받기를 기도하니 ¹⁶이는 아직 한 사람에게도 성령 내리신 일이 없 고 오직 주 예수의 이름으로 세례만 받을 뿐이더라 ¹⁷이에 두 사도가 그들에게 안수하매 성령 을 받는지라"(사도행전 8:14-17).: 사도행전에는 사도 요한의 행적이 많이 남아있다. 그러나 이러한 기록이 사도 요한이 다른 사도들과 같이 제한 없이 활동할 수 있었다는 근거가 될 수는 없다. 마리아를 자기 집에 모셔야 했던 사도 요한의 사역은 마리아가 살아 있는 동안에는 당연 히 제한이 있을 수밖에 없었다.

게 알았을까? 그것은 당연히 요한이 마리아를 봉양(奉養)하는 과정에서 직접 들은 내용이었을 것이다.

"복음은 누구를 통하여 전해지는가?"

모든 사람이 웃고 떠들고 즐기는 가운데, 혼인 잔치를 위해 '뒤에서 땀 흘렸던' 하인들을 통해서 전해진다. 우리 주 예수 그리스도와 공생애를 같이 했던 모든 제자들이 초대교회의 지도자로 활동하는 기간, 예수님의 어머니 마리아를 봉양하며 살았던 요한을 통하여 전해진다.

물론 요한을 포함한 예수님의 제자 모두를 통하여 복음은 전해졌다. 그러나 요한을 통해서만 전해질 수 있었던 복음이 존재했다. 요한에게 예수님에 대한 많은 부분을 전해 주었던 마리아는 당시 유대 사회에서는 증인 자격마저 인정받지 못했던 여성이었다. 가나의 혼인 잔치에서 우리 주 예수 그리스도의 첫 번째 기적 직전에 있었던 예수님과 마리아의 대화는 이와 같이 당시 유대 사회에서 증인 자격마저 인정받지 못했던 마리아의 입을 통하여 요한에게 전해졌다. 그리고 청년의 나이 때부터 노년의 나이가 되도록 마리아를 봉양하며 '반복되는 일상 가운데 땀 흘렸던' 요한을 통하여 우리는 다른 복음서에는 기록되지 않은 많은 복음을 접하게 된다. 특별히 요한복음은 교회 역사 가운데 가장 많은 회심자를 만들어낸 성경으로 유명하다.

이뿐이 아니다. 우리 주 예수 그리스도의 부활 또한 그 첫 번째 증인은 여성이었다.

> ¹안식일이 지나매 **막달라 마리아와 야고보의 어머니 마리아와 또 살로메가 가서 예수께 바르기 위하여 향품을 사다 두었다가** ²안식 후 첫날 매우 일찍이 해 돋을 때에 그 무덤으로 가며 ³서로 말하되 **누가 우리를 위하여 무덤 문에서 돌을 굴려 주리요** 하더니 ⁴눈을 들어본즉 벌써 돌이 굴려져 있는데 그 돌이 심히 크더라 ⁵무덤에 들어가서 흰 옷을 입은 한 청년이 우편에 앉은 것을 보고 놀라매 ⁶청년이 이르되 놀라지 말라 너희가 십자가에 못 박히신 나사렛 예수를 찾는구나 그가 살아나셨고 여기 계시지 아니하니라 보라 그를 두었던 곳이니라 ⁷가서 그의 제자들과 베드로에게 이르기를 예수께서 너희보다 먼저 갈릴리로 가시나니 전에 너희에게 말씀하신 대로 너희가 거기서 뵈오리라 하라 하는지라 ⁸여자들이 몹시 놀라 떨며 나와 무덤에서 도망하고 무서워하여 아무에게 아무 말도 하지 못하더라 ⁹**예수께서 안식 후 첫날 이른 아침에 살아나신 후 전에 일곱 귀신을 쫓아내어 주신 막달라 마리아에게 먼저 보이시니** ¹⁰마리아가 가서 예수와 함께 하던 사람들이 슬퍼하며 울고 있는 중에 이 일을 알리매 ¹¹그들은 **예수께서 살아나셨다는 것과 마리아에게 보이셨다는 것을 듣고도 믿지 아니하니라**(마가복음 16:1-11)

"복음은 누구를 통하여 전해지는가?"

혼인 잔치에 참여하지 못하고 뒤에서 땀 흘렸던 하인들, 당시 법정에서는 증인 자격조차 인정받지 못했던 여성 신분의 마리아, 자신을 제외한 예수님의 모든 제자들이 초대교회의 지도자로 활동하던 시절 마리아를 봉양하는 반복되는 일상 가운데 성실했던 요한과 같은 사람들을 통하여 복음이 전해졌다. 십자가에 못 박혀 죽으신 예수님의 시체에 바를 향품을 사두었다가 안식 후 첫날 매우 일찍이 해 돋을 때에 무덤에 갔던 막달라 마리아를 통하여 우리 주 예수 그리스도의 부활이 전해지기 시작했다.

이 단원은 한국누가회(CMF) 캠퍼스에서 2022년 1학기 초반에 선포한 말씀이다. 그 마지막 부분을 그대로 인용한다.

이제 새 학기가 시작된 지 2주일의 시간이 지났다. 신입생의 경우 합격하던 순간의 환희를 생각한다면 어느덧 매일의 일상에 빠져있는 오늘이 약간 어색할 수도 있다. 이제 몇 주만 지나면 중간고사가 시작될 것이다. 우리는 뭔가 새로운 단계에 진입할 때마다 엄청난 기분에 사로잡힐 것만 같은 상상에 빠지곤 한다. 그러한 상상에 기대어 힘든 일상을 견디는 것도 사실이다. 그러나 "복음은 누구를 통하여 전해지는가?"라는 질문 앞에 우리는 우리의 일상을 가다듬을 필요가 있다. 가슴 벅차는 복된 소식 복음(福音)은 하나님께서 주신 자리에서 땀 흘리며 성실했던 하나님의 사람들을 통해서 전해졌다. 생각해 보면 땀 흘리던 순간 그 하나님의 사람은 자신의 일상이 어떤 도구로 사용될지 알지 못하는 경우가 대부분이었을 것이다. 그러나 때로는 무미건조해 보이는 그의 반복되는 일상을 통해 누군가의 생명을 살리는 가슴 뜨거운 복음이 세대를 이어 역사 속에 퍼져나갔다.

"복음은 누구를 통하여 전해지는가?"

십자가 앞에 선
마리아

[19]의인은 고난이 많으나 여호와께서 그의 모든 고난에서 건지시는도다
[20]**그의 모든 뼈를 보호하심이여 그중에서 하나도 꺾이지 아니하도다**(시편 34:19-20)

인생을 살아보면 알게 되겠지만, 하나님의 사람의 인생에는 고난이 따르게 마련이다. 하나님 편에 선 인생은 고난의 연속인 경우가 허다(許多)하다. 하나님께서는 당신의 사람에게 닥치는 고난을 면제해 주시기보다는 그 고난에서 건지시는 방법을 선택하신다. 어차피 건져주실 고난, 왜 그 고난을 허락하시는지? 그것이 신자인 내가 평생 품었던 불만이었다. 물론 이제는 말로는 정확히 표현할 수는 없지만, 그 이유를 어느 정도 납득하고 있다.

'고난을 주시는 것'과 '고난을 허락하시는 것'은 전혀 다른 의미다. '고난을 주시는 것'은 하나님 쪽에서의 의지의 반영을 의미하며, '고난은 하나님의 뜻'이라는 이야기가 된다. 그러나 예레미야애가 3장 33절 말씀에서도 밝혔

듯이, 인생으로 고생하게 하시며 근심하게 하심은 하나님의 본심이 아니시다. 즉 우리의 고난은 하나님의 뜻이 아니다. 하지만 하나님은 믿음의 사람들에게 고난을 '허락(許諾)'하신다. 이 말은 고난 자체가 하나님의 목적이 아니라는 뜻이다. 고난은 무언가를 위한 '수단'이라는 이야기다. 동시에 우리 인생에 닥친 고난들의 원인 또한 선악과 사건 이후 인류 역사 가운데 가득한 우리의 죄 된 본성과 연관된다.

물론 "의인은 고난이 많으나 여호와께서 그의 모든 고난에서 건지시는도다."라는 시편 34편의 말씀은, 우리 주 예수 그리스도께서 십자가에서 뼈가 꺾이지 않고 빨리 사망하시게 될 것을 예언한 말씀이기는 하다.

> ³¹이날은 준비일이라 유대인들은 그 안식일이 큰 날이므로 그 안식일에 시체들을 십자가에 두지 아니하려 하여 빌라도에게 그들의 다리를 꺾어 시체를 치워 달라 하니 ³²군인들이 가서 예수와 함께 못 박힌 첫째 사람과 또 그 다른 사람의 다리를 꺾고 ³³예수께 이르러서는 이미 죽으신 것을 보고 다리를 꺾지 아니하고 ³⁴그중 한 군인이 창으로 옆구리를 찌르니 곧 피와 물이 나오더라[1] ³⁵이를 본 자가 증언하였으니 그 증언이 참

---

1 "그중 한 군인이 창으로 옆구리를 찌르니 곧 피와 물이 나오더라."라는 성경의 증언을 통해 우리는 예수님께서는 군인이 창으로 옆구리를 찌르기 전에 사망하셨음을 알 수 있다. 이제는 누구나 아는 지식이겠지만, 혈액은 '혈장과 적혈구'로 구성된다. 물론 '백혈구와 혈소판' 그리고 다양한 '면역글로불린(Immuno-globulin)'이 포함되어 있기는 하다. 살아있는 사람의 경우, 즉 심장이 뛰고 혈액이 순환하는 경우 혈장과 적혈구는 나뉘지 않고 섞여 있으나, 심장이 멈추게 되면 자연스럽게 혈장과 적혈구는 나뉘게 된다. 그런 맥락에서 볼 때 성경에 나오는 증언 중, '피는 적혈구'를 의미하며 '물은 혈장'을 의미한다. 즉 "한 군인이 창으로 옆구리를 찌르니 곧 피

이라 그가 자기의 말하는 것이 참인 줄 알고 너희로 믿게 하려 함이
니라 ³⁶이 일이 일어난 것은 그 뼈가 하나도 꺾이지 아니하리라 한 성
경을 응하게 하려 함이라(요한복음 19:31-36)

예수님 당시 십자가형은 '반인륜적인 몹시 참혹한 처벌방법'이었다. 십자
가에 못 박힌 죄수들의 경우, 대부분 오랜 시간 동안의 '탈수와 혈액손실'로
인해 사망에 이르렀다고 알려진다.² 사람의 몸에 못을 박는 경우, 못이 들
어간 부위의 근육은 들어온 못을 잡고 꽉 조이게 된다. 그 결과 다시 못을
빼지 않는 한, 혈액손실은 천천히 일어난다. 길게는 십자가에 못 박힌 지 보
름 가까이 생존한 죄수도 있었다는 말이 전해지는 것으로 보아, 십자가형은
인류 역사상 가장 잔인한 처벌방법이었음에 틀림이 없다. 이러한 연유로 죄
수의 고통을 덜어주려는 목적으로 십자가에 못 박힌 죄수의 다리뼈를 꺾어
서³ 한꺼번에 피를 흘려 사망에 이르게 하는 경우가 흔했다고 한다. 그러
나 우리 주 예수 그리스도는 우리 죄를 대신하여 십자가에 못 박히셨다. 우
리의 대속 제물(代贖 祭物)로 십자가에 못 박히셨다. 그런데 구약성경에 따르
면 뼈가 꺾이거나 흠이 있는 경우 대속 제물이 될 수 없었다.

그러나 그 짐승이 흠이 있어서 절거나 눈이 멀었거나 **무슨 흠이 있으면**

와 물이 나오더라."라는 말은 이미 예수님의 심장이 멈추었음을 의미한다.

2 물론 사지(四肢)에 박힌 못으로 고정된 팔다리와 몸무게에 의해 몸통이 아래로 처지게 되고,
그로 인해 숨을 쉬지 못하고 '질식사(窒息死)'하는 죄수 또한 많았다고 전해진다.

3 의사들은 이러한 경우를 'open fracture'라고 한다.

네 하나님 여호와께 잡아 드리지 못할지니(신명기 15:21)

그러한 이유로 '세상 죄를 지고 가시는 하나님의 어린 양'이신 예수님의 뼈는 꺾여서는 안 되었다. 이러한 일들을 조금의 착오도 없이 이루시는 것이 바로 '보이지 않는 하나님의 손'인 '하나님의 섭리'다. 하나님의 뜻하심은 우리의 뜻과 다르다. '하나님의 뜻하심'은 곧 '성취'를 뜻한다. "하나님은 뜻하신즉 이루시는 분이시며, 이루신즉 그 모든 행사(行事)가 선(善)하신 분이시다."

이튿날 요한이 예수께서 자기에게 나아오심을 보고 이르되 보라 **세상 죄를 지고 가는 하나님의 어린 양이로다**(요한복음 1:29)

그렇다면 예수님은 어떻게 다른 죄수들과 달리 빨리 사망에 이르셨을까? 이유는 간단하다. 십자가를 지시기 전날 밤의 채찍질 때문이었다.

이에 빌라도가 예수를 데려다가 채찍질하더라(요한복음 19:1)

예수님 당시 로마 군인들이 쓰던 채찍의 끝에는 금속 조각이 달려 있었다. 채찍을 휘두를 경우, 가죽으로 만들어진 채찍 끈은 죄수의 몸을 휘감게 된다. 이때 채찍의 끝부분에 달린 금속 조각들이 죄수의 몸을 파고든다. 그 상태에서 다시 채찍을 잡아당기게 되는 경우, 모두가 상상할 수 있듯이 몸 속에 파고든 금속 조각으로 인해 살점이 뜯겨 나가면서 엄청난 양의 상처와 출혈(出血)이 발생하게 되었다. 즉 우리 주 예수 그리스도께서는 십자가에 못 박히시기 전에 이미 상당한 양의 피를 흘리신 상황이었다. 그 결과 십자가 위에서 빨리 사망에 이르셨고, 뼈가 꺾이지 않게 되셨다. 앞에서 언급했듯이, 이 또한 "뜻하신즉 이루시고, 이루신즉 그 모든 행사(行事)가 선(善)하신 하나님"께서 당신이 창조하신 세상 가운데 당신의 뜻을 이루어가시는 '섭리의 방식'이다.

> 6명절이 되면 백성들이 요구하는 대로 죄수 한 사람을 놓아 주는 전례가 있더니 7민란을 꾸미고 그 민란 중에 살인하고 체포된 자 중에 바라바라 하는 자가 있는지라 8무리가 나아가서 전례대로 하여 주기를 요구한대 9빌라도가 대답하여 이르되 **너희는 내가 유대인의 왕을 너희에게 놓아 주기를 원하느냐** 하니 10**이는 그가 대제사장들이 시기로 예수를 넘겨 준 줄 앎이러라** 11그러나 **대제사장들이 무리를 충동하여** 도리어 바라바를 놓아 달라 하게 하니 12빌라도가 또 대답하여 이르되 그러면 너희가 유대인의 왕이라 하는 이를 내가 어떻게 하랴 13그들이 다시 소리 지르되 **그를 십자가에 못 박게 하소서** 14빌라도가 이르되 어찜이냐 무슨 악한 일을 하였느냐 하니 더욱 소리 지르되 **십자가에 못 박게 하소서** 하는지라 15빌라도가 무리에게 만족을 주고자 하여 바라바는 놓아 주고 예수는 채찍질하고 십자가에 못 박게 넘겨 주니라(마가복음 15:6-15)

그렇다면, 왜 십자가형이었을까? 위에 인용한 성경 말씀을 보면 빌라도는 예수님의 무죄를 알고 있었다. 빌라도는 대제사장들이 '예수님에 대한 시기' 때문에 예수님을 체포해 자신에게 넘겼음을 잘 알고 있었다. 마침 유월절 명절 기간이었다. 이 당시 로마 총독은 명절이 되면 백성들이 요구하는 죄수 한 사람을 놓아주는 전통이 있었다. 빌라도는 이 전통을 이용하고 싶었다. 빌라도는 예수님이 이스라엘 대중들로부터 받고 있었던 '종교적 인기'를 알고 있었다.

로마 식민지배를 받을 당시, 유대인들의 최고 의결 기관은 '산헤드린 공의회'였다. 대제사장을 의장으로 하는 산헤드린 공의회는 의장을 제외하고 70명으로 구성되었으며[4] 바리새인과 사두개인이 동수(同數)를 차지했다고 전해진다. 산헤드린 공의회는 바리새인 35명과 사두개인 35명에 항상 사두개인 출신이 차지하는 대제사장 1명을 더해 71명으로 구성된 공의회였다.

> 새벽에 대제사장들이 즉시 장로들과 서기관들 곧 **온 공회와 더불어 의논하고** 예수를 결박하여 끌고 가서 **빌라도에게 넘겨 주니**(마가복음 15:1)

마가복음에 기록된 예수님을 빌라도에게 넘겨준 공회가 바로 '산헤드린 공의회'다. 원래 산헤드린 공의회는 안식일과 절기 그리고 야간에는 열지 않는 것이 원칙이었다. 또한 재판에는 두 명의 증인이 나와야 했으며, 사형

---

4 "[16]여호와께서 모세에게 이르시되 이스라엘 노인 중에 네가 알기로 **백성의 장로와 지도자가 될 만한 자 칠십 명을 모아** 내게 데리고 와 회막에 이르러 거기서 너와 함께 서게 하라 [17]내가 강림하여 거기서 너와 말하고 네게 임한 영을 그들에게도 임하게 하리니 그들이 너와 함께 백성의 짐을 담당하고 너 혼자 담당하지 아니하리라"(민수기 11:16-17).: 의장을 제외한 산헤드린 공의회의 인원수의 근거로 드는 성경 구절이다.

에 해당하는 죄는 반드시 다음날 다시 한번 재판하는 것이 원칙이었다. 그런 점에서 예수님을 죽이려고 소집된 산헤드린 공의회는 불법이었다. 우선 예수님이 산헤드린 공의회에 서셨던 시간은 한밤중이었다. 그리고 유월절 절기 기간이었다. 또한 사형에 해당하는 죄는 재심(再審)하도록 되어 있었음에도 불구하고, 대제사장들과 장로들과 서기관들은 새벽에 곧바로 예수님을 결박하여 끌고 가서 사형시켜 달라고 빌라도에게 넘겨주었다.

새벽에 이들을 맞이한 빌라도는 알고 있었다. 산헤드린 공의회가 그 새벽에 더군다나 유월절 명절 기간에 이방인 출신의 로마 총독인 자신에게 죄수를 넘기는 일은 처음 보는 광경이었다. 그리고 분봉왕 헤롯 아켈라오가 잔인한 통치로 유대 지역의 민심이 동요한 것이 원인이 되어 폐위된 이후 생긴 로마 총독 자리였다. 그러므로 로마 총독으로 임명되는 자마다 항시 촉각을 곤두세웠던 것은 '민심(民心)'이었다.

> 빌라도가 아무 성과도 없이 **도리어 민란이 나려는 것을 보고** 물을 가져다가 무리 앞에서 손을 씻으며 이르되 이 사람의 피에 대하여 나는 무죄하니 너희가 당하라(마태복음 27:24)

이러한 로마 총독과 마찬가지로, 산헤드린 공의회를 구성하고 있었던 바리새인과 사두개인 양쪽 모두의 관심 또한 바로 '민심(民心)'이었다. 로마 황제는 로마의 속주(屬州)인 팔레스타인 지역의 안정과 자신에게 규칙적인 충성과 세금을 바치는 세력이라면 상대가 누구든지 상관없었다. 그러므로 바리새인들과 사두개인들은 이스라엘 대중의 인기를 바탕으로 로마 황제에게 그들 권력의 정당성을 보이려 했다. 그런 그들 앞에 예수님이 나타나셨다. 게다가 이스라엘 백성들은 예수님을 향하여 '유대인의 왕'[5]이라고 외치는 것이었다.

> [12]그 이튿날에는 명절에 온 큰 무리가 예수께서 예루살렘으로 오신다는 것을 듣고 [13]종려나무 가지를 가지고 맞으러 나가 외치되 **호산나 찬송하**
> **리로다 주의 이름으로 오시는 이 곧 이스라엘의 왕이시여** 하더라(요한
> 복음 12:12−13)

빌라도는 대제사장과 산헤드린 공의회 구성원 모두 민심의 향방(向方)에 민감하다는 사실을 잘 알고 있었다. 빌라도 그 또한 팔레스타인 지역의 민심에 온통 관심이 있었기 때문이다. 사람이라는 존재가 원래 그렇다. 사람이 누군가를 비난하거나, 누군가를 공감하는 경우는 한 가지다. 그 누군가와 '같은 관심 혹은 그 무언가'가 그 사람 안에도 똑같이 있을 때다. 그러므로 빌라도는 대제사장이 이스라엘 민중(民衆)의 종교적 인기를 끌고 있는 예수님에 대한 시기심 때문에 예수님을 자신에게 끌고 왔음을 잘 알고 있었다. 빌라도는 이 일에 얽히고 싶지 않았다. 게다가 아내가 전해온 말 때문에 더욱 그랬다.

5　이 당시 팔레스타인 지역에서 '유대인의 왕'이 어떤 의미를 가지는지는 이미 앞에서 충분히 설명했다.

¹⁶그때에 바라바라 하는 유명한 죄수가 있는데 ¹⁷그들이 모였을 때에 빌라도가 물어 이르되 너희는 내가 누구를 너희에게 놓아 주기를 원하느냐 바라바냐 그리스도라 하는 예수냐 하니 ¹⁸이는 그가 그들의 시기로 예수를 넘겨 준 줄 앎이더라 ¹⁹총독이 재판석에 앉았을 때에 **그의 아내가 사람을 보내어 이르되 저 옳은 사람에게 아무 상관도 하지 마옵소서 오늘 꿈에 내가 그 사람으로 인하여 애를 많이 태웠나이다 하더라** ²⁰대제사장들과 장로들이 무리를 권하여 바라바를 달라 하게 하고 예수를 죽이자 하게 하였더니 ²¹총독이 대답하여 이르되 둘 중의 누구를 너희에게 놓아 주기를 원하느냐 이르되 바라바로소이다 ²²빌라도가 이르되 그러면 그리스도라 하는 예수를 내가 어떻게 하랴 그들이 다 이르되 **십자가에 못 박혀야 하겠나이다** ²³빌라도가 이르되 어찜이냐 무슨 악한 일을 하였느냐 그들이 더욱 소리 질러 이르되 **십자가에 못 박혀야 하겠나이다** 하는지라 ²⁴빌라도가 아무 성과도 없이 **도리어 민란이 나려는 것을 보고** 물을 가져다가 무리 앞에서 손을 씻으며 이르되 이 사람의 피에 대하여 나는 무죄하니 너희가 당하라 ²⁵백성이 다 대답하여 이르되 그 피를 우리와 우리 자손에게 돌릴지어다 하거늘(마태복음 27:16-25)

빌라도는 명절에 죄수 한 명을 놓아주는 전통을 들어 예수님의 석방(釋放)을 시도했다. 하지만 대제사장들과 장로들의 충동질에 흥분한 무리가 예수님에 대하여 이렇게 외쳤다. "십자가에 못 박혀야 하겠나이다. 십자가에 못 박혀야 하겠나이다." 결국 빌라도는 무리의 요구대로 바라바를 놓아주고, 예수님을 십자가에 못 박히도록 내어준다. 그렇게 우리 주 예수 그리스도의 십자가는 '언약 백성의 대표인 대제사장'과 '이방인의 대표인 로마 총독 빌라도'를 통하여 성취되었다. 우리 주 예수 그리스도의 십자가는 '대제사장들의 시기'와 불과 얼마 전 "호산나 찬송하리로다 주의 이름으로 오시는 이 곧 이스라엘의 왕이시여"라고 외치던 '무리의 무지(無知)' 그리고 '빌라도의 비겁함'으로 완성되었다.

그렇다면 대제사장들은 무리를 충동하여 왜 예수님을 향하여 "십자가에 못 박혀야 하겠나이다!"라고 외치게 했을까? 예수님을 향하여 대제사장들이 "죽이소서!" 혹은 "죽여라!"가 아니라 "십자가에 못 박혀야 하겠나이다!"라고 무리를 충동질한 이유는 신명기에 나온다.

> ²²사람이 만일 죽을 죄를 범하므로 네가 그를 죽여 나무 위에 달거든 ²³그 시체를 나무 위에 밤새도록 두지 말고 그날에 장사하여 네 하나님 여호와께서 네게 기업으로 주시는 땅을 더럽히지 말라 **나무에 달린 자는 하나님께 저주를 받았음이니라**(신명기 21:22-23)

첫 번째, 예수님을 십자가에 못 박음으로 대제사장들은 예수님의 '종교적 파문'을 원했다. 예수님께서 공생애 기간 하셨던 행위 설교와 모든 말씀은 한 지점을 가리키고 있었다. 예수님 그분은 하나님의 아들, 즉 하나님이셨다. 그런 점에서 예수님을 제거하고자 했던 대제사장들의 입장에서, 예수님은 나무 십자가에서 죽으셔야 했다.

⁶³예수께서 침묵하시거늘 대제사장이 이르되 내가 너로 살아 계신 하나님께 맹세하게 하노니 **네가 하나님의 아들 그리스도인지 우리에게 말하라** ⁶⁴예수께서 이르시되 **네가 말하였느니라** 그러나 내가 너희에게 이르노니 이 후에 인자가 권능의 우편에 앉아 있는 것과 하늘 구름을 타고 오는 것을 너희가 보리라 하시니 ⁶⁵이에 대제사장이 자기 옷을 찢으며 이르되 그가 신성 모독 하는 말을 하였으니 어찌 더 증인을 요구하리요 보라 너희가 지금 이 신성 모독 하는 말을 들었도다 ⁶⁶너희 생각은 어떠하냐 대답하여 이르되 그는 사형에 해당하니라 하고(마태복음 26:63-66)

신명기의 말씀대로 나무에 달려 죽은 자는 하나님께 저주를 받은 자였다. 그러므로 대제사장들의 생각에 예수님을 나무 십자가에 못 박아 죽일 경우, 예수님은 결단코 하나님의 아들 그리스도가 될 수 없었다. 그러나 그것은 대제사장들의 착각이었다. 십자가에 매달려 죽으신 우리 주 예수 그리스도는 분명히 하나님께 저주를 받으셨다. 그러셔야만 했다.

"왜? 누구 때문에? 누구를 위해서?"

"바로 우리 때문에! 바로 우리를 위해서!"

분명히 예수님은 우리를 위해 나무에 매달려 우리를 대신하여 하나님께 저주를 받으셨고, 그 결과 우리는 우리의 죄로 인한 하나님의 저주로부터 자유롭게 되었다.⁶

---

6 "그가 찔림은 우리의 허물 때문이요 그가 상함은 우리의 죄악 때문이라 그가 징계를 받으므로

한 가지를 더 짚고 넘어가자면, 예수님의 죄목은 대제사장들의 입장에서는 분명히 '종교적인 죄목'이었다. 그리고 종교적인 죄목의 경우, 산헤드린 공의회에 처분권이 있었다. 그러나 종교적인 죄목으로 예수님을 처벌할 경우, 십자가형이 불가능했다.[7] 그러한 이유로 그들은 예수님의 죄목을 '정치적인 죄목'으로 변경하여 빌라도에게 넘긴 것이다. 즉 대제사장들이 우리 주 예수 그리스도를 빌라도에게 기소한 것은 불법이었다.

> [12]이러하므로 빌라도가 예수를 놓으려고 힘썼으나 유대인들이 소리 질러 이르되 이 사람을 놓으면 가이사의 충신이 아니니이다 무릇 자기를 왕이라 하는 자는 가이사를 반역하는 것이니이다 [13]빌라도가 이 말을 듣고 예수를 끌고 나가서 돌을 깐 뜰(히브리 말로 가바다)에 있는 재판석에 앉아 있더라 [14]이날은 유월절의 준비일이요 때는 제육시라 빌라도가 유대인들에게 이르되 보라 너희 왕이로다 [15]그들이 소리 지르되 없이 하소서 없이 하소서 **그를 십자가에 못 박게 하소서** 빌라도가 이르되 내가 **너희 왕을 십자가에 못 박으랴** 대제사장들이 대답하되 가이사 외에는

우리는 평화를 누리고 그가 채찍에 맞으므로 우리는 나음을 받았도다"(이사야 53:5).

7 "여호와의 이름을 모독하면 그를 반드시 죽일지니 온 회중이 돌로 그를 칠 것이니라 거류민이든지 본토인이든지 여호와의 이름을 모독하면 그를 죽일지니라"(레위기 24:16). "[63]예수께서 침묵하시거늘 대제사장이 이르되 내가 너로 살아 계신 하나님께 맹세하게 하노니 네가 하나님의 아들 그리스도인지 우리에게 말하라 [64]예수께서 이르시되 네가 말하였느니라 그러나 내가 너희에게 이르노니 이 후에 인자가 권능의 우편에 앉아 있는 것과 하늘 구름을 타고 오는 것을 너희가 보리라 하시니 [65]이에 대제사장이 자기 옷을 찢으며 이르되 그가 신성 모독 하는 말을 하였으니 어찌 더 증인을 요구하리요 보라 너희가 지금 이 신성 모독 하는 말을 들었도다 [66]너희 생각은 어떠하냐 대답하여 이르되 그는 사형에 해당하니라 하고"(마태복음 26:63-66).

우리에게 왕이 없나이다[8] 하니 [16]이에 예수를 십자가에 못 박도록 그들
에게 넘겨 주니라(요한복음 19:12-16)

　두 번째, 예수님을 십자가에 못 박음으로 대제사장들은 예수님을 '사회적
으로 매장'시키고자 했다. 그 당시 십자가형은 신분이 낮은 사람에게만 적
용되는 형벌이었다. "로마 시민에게는 십자가의 그림자도 닿지 못하게 하
라."라는 로마 황제의 칙령이 있을 정도로, 누군가 십자가형을 당했다는 이
야기는 그가 신분적으로 '미천(微賤)한 존재'였다는 것을 의미했다. 당시는
"신분제 사회"였다. 그러므로 예수님이 십자가에 못 박혀 죽으셨다는 사실
은 당시 사람들에게 심각한 걸림돌이었다. 그렇게 미천한 신분의 사람이 어
떻게 그리스도 즉 우리의 구세주가 될 수 있을까? 산헤드린 공의회는 이런
논리로 골치 아픈 예수 사건을 끝내버리고 싶어 했다.

　세 번째, 예수님을 십자가에 못 박음으로 대제사장들은 예수님을 '도덕적
으로 매장'시키고자 했다. 당시 십자가형은 생활고에 의한 절도와 같이 가

8　김세윤 교수는 바로 이 순간을 옛 언약의 종식, 새 언약의 출발점으로 본다. 이 당시 대제사장
들은 언약백성인 이스라엘의 대표였다. 그들이 이방인의 대표인 로마 총독 빌라도 앞에서 공
식적으로 선언한다. "가이사 외에는 우리에게 왕이 없나이다." 우리 모두가 알고 있듯이, 언약
백성의 왕은 하나님이시다. 그러나 이 순간부터 이스라엘의 대표였던 대제사장들의 선언처럼
로마 황제 가이사가 '혈통적' 이스라엘의 왕이 되었다. 그리고 하나님의 구원의 촛대는 우리 주
예수 그리스도의 십자가를 통하여 새롭게 형성된 '새로운 이스라엘 백성들'에게로 옮겨진다.
즉 우리 주 예수 그리스도의 보혈로 새롭게 된 성도들이 '새로운 언약 백성'이 되었다. '진정한
이스라엘 백성'이 되었다. 우리가 이 사실을 통하여 배우고 경계해야 할 점은 바로 이것이다.
우리 한국 교회에 있는 하나님의 구원의 촛대 또한 고정되어 있는 것이 아니다.

벼운 죄에는 적용되지 않는 형벌이었다.[9] 십자가형은 반역죄 혹은 강도나 강간범과 같이 흉악범에게 적용되는 형벌이었다. 그러므로 십자가에 죽으신 예수님이 우리의 구세주라는 말은 당시 사람들에게 있어서 이해할 수 없는 이야기였다.

그리고 십자가는 가장 고통스러운 동시에 모욕적인 죽음의 과정을 겪어야 했던 형벌이었다. 더군다나 예수님께서 못 박히신 '골고다 언덕'은 예수님 당시[10] 예루살렘을 드나드는 사람들이 한눈에 보이는 예루살렘 성의 정문 근처에 있었다. 그곳은 사람들의 눈에 잘 띄는 언덕이었다. 십자가형은 발가벗겨진 채 행해졌고 죽어가는 전 과정이 사람들의 조롱과 구경거리가 되는 형벌이었다. 그 과정에서 십자가형을 받는 죄수의 육체뿐 아니라 영혼까지 철저히 파괴하는 형벌이 십자가형이었다. 즉 대제사장들은 예수님의 죽음 이후까지 겨냥하여 빌라도에게 십자가형을 요구한 것이다. 그들은 예수님을 죽여 없애는 것을 넘어, 예수님에 대한 모든 기억과 흔적을 완벽하게 말살하고자 했다.

그러나, 이러한 대제사장들의 의도는 '우리 주 예수 그리스도의 부활'로

---

9 "[30]도둑이 만일 주릴 때에 배를 채우려고 도둑질하면 사람이 그를 멸시하지는 아니하려니와 [31]들키면 칠 배를 갚아야 하리니 심지어 자기 집에 있는 것을 다 내주게 되리라"(잠언 6:30–31).: 당연한 이야기지만, 이 성경구절을 인용하는 것은 절도를 두둔하려는 의도가 아니다.

10 골고다 언덕은 헤롯 아그립바 1세 시절 예루살렘 성을 증축하는 과정에서 성안으로 들어오게 되었다고 한다.

말미암아 물거품이 되었다.**¹¹**

> **³⁹**우리는 유대인의 땅과 예루살렘에서 그가 행하신 모든 일에 증인이라
> **그를 그들이 나무에 달아 죽였으나 ⁴⁰하나님이 사흘 만에 다시 살리사**
> 나타내시되(사도행전 10:39-40)

유대인들에게 있어서 '부활한 존재'는 '의로운 존재'였다. 그렇지 않은가? 유대인들의 생각에 의로운 존재가 아니고서야, 하나님께서 그분을 죽음에서 다시 살리실 이유는 없었기 때문이다. 십자가에 못 박혀 죽으신 후, 사흘 만에 예수님께서 부활하셨다. 이로써 죄도 모르시는 분이 우리를 위하여 죽으셨다는 사실이 만방(萬邦)에 선포되었다. 예수님은 의로운 존재이셨다는 사실이 증명되었다. '대제사장의 시기심'과 '대중의 무지' 그리고 '빌라도의 비겁함'이 고발당하는 순간이었다.**¹²** 당연히 의로운 존재의 말과 행동은

---

11 이러한 이유로 복음의 대적들이 집중적으로 공격하는 지점이 바로 '우리 주 예수 그리스도의 부활'이다.

12 "**⁵⁴**그들이 이 말을 듣고 마음에 찔려 그를 향하여 이를 갈거늘 **⁵⁵**스데반이 성령 충만하여 하늘을 우러러 주목하여 하나님의 영광과 및 예수께서 하나님 우편에 서신 것을 보고 **⁵⁶**말하되 보라 하늘이 열리고 인자가 하나님 우편에 서신 것을 보노라 한대 **⁵⁷**그들이 큰 소리를 지르며 귀를 막고 일제히 그에게 달려들어 **⁵⁸**성 밖으로 내치고 돌로 칠새 증인들이 옷을 벗어 사울이라 하는 청년의 발 앞에 두니라 **⁵⁹**그들이 돌로 스데반을 치니 스데반이 부르짖어 이르되 주 예수여 내 영혼을 받으시옵소서 하고 **⁶⁰**무릎을 꿇고 크게 불러 이르되 주여 이 죄를 그들에게 돌리지 마옵소서 이 말을 하고 자니라"(사도행전 7:54-60).: "보라 하늘이 열리고 인자가 하나님 우편에 서신 것을 보노라"라는 스데반의 말에 그들이 귀를 막고 큰 소리를 지르며 일제히 스데반에게 달려들어 돌로 친 이유가 바로 이것이다. 타락한 이후에 사람이라는 존재가 그렇게 되었다. 사람은 그 자신의 잘못이 정확하게 지적받을 때, 가장 크게 분노하며 공격성을 보이는 경향이 있다. 로마 카톨릭 신자 중, 이 책을 보고 분노하는 독자가 있다면 스스로를 돌아볼 일이다.

참이다. 그런데 십자가에 못 박혀 죽으시기 전, 예수님께서 행위 설교와 말씀으로 하신 핵심 '메시지(message)'는 무엇이었을까? 그것은 "나는 하나님이다."였다.

우리 주 예수 그리스도께서 십자가에 못 박혀 죽으시고 부활하셔서 승천하신 뒤 보내주신 영, 그때부터는 '예수의 영'이라고 불리우는 '성령 하나님'의 내주(內住)하심을 입은 후 마리아와 예수님의 제자들은 이 모든 사실을 깨닫게 되었다.[13]

동시에 제자들은 이 의문에 대한 사실 또한 깨닫게 되었다. "예수님 그분은 하나님이신데… 예수님 그분은 하나님이신데… 어떻게 하나님이신 그분이 죽으실 수가 있었지?[14] 하나님은 죽으실 수가 없는데 어떻게? 죽으실

---

13 "[19]예수께서 대답하여 이르시되 너희가 이 성전을 헐라 내가 사흘 동안에 일으키리라 [20]유대인들이 이르되 이 성전은 사십육 년 동안에 지었거늘 네가 삼일 동안에 일으키겠느냐 하더라 [21]그러나 예수는 성전된 자기 육체를 가리켜 말씀하신 것이라 [22]죽은 자 가운데서 살아나신 후에야 제자들이 이 말씀하신 것을 기억하고 성경과 예수께서 하신 말씀을 믿었더라"(요한복음 2:19-22).

14 예수님의 죽음을 신학적으로 설명하자면 이러하다. 예수님은 십자가에서 인성(人性)을 따라 죽으셨다. 사람에게 있어서 죽음은 '영혼과 육체의 분리'를 의미한다. 성자 하나님이신 우리 주 예수 그리스도는 100% 우리와 동일본질이신 인성을 따라서 십자가에서 죽으셨다. 즉 인성을 따라서 영혼과 육체가 분리되셨다. 그러나 우리 주 예수 그리스도께서는 신성을 따라서는 죽지 않으셨다. 초대교회 당시 우리 주 예수 그리스도께서 신성(神性)을 따라서도 죽으셨다고 주장하다가 이단(異端)으로 정죄되었던 이들이 있다. 그렇다면, 그 시각 우리 주 예수 그리스도의 신성은 무엇을 하고 계셨을까? 그 모든 과정을 오롯이 견디고 계셨다. 이러한 성자 하나님의 인내와 견디심을 묵상하기 바란다. : "[39]지나가는 자들은 자기 머리를 흔들며 예수를 모욕하여 [40]이르되 성전을 헐고 사흘에 짓는 자여 네가 만일 하나님의 아들이어든 자기를 구원하고 십자가에서 내려오라 하며 [41]그와 같이 대제사장들도 서기관들과 장로들과 함께 희롱하여 이르되 [42]그가 남은 구원하였으되 자기는 구원할 수 없도다 그가 이스라엘의 왕이로다 지금 십자가에서 내려올지어다 그리하면 우리가 믿겠노라"(마태복음 27:39-42).

수 없는 하나님께서 분명히 우리들의 눈앞에서 죽으셨는데, 어떻게 하나님께서 죽으셨지? 죽으실 수 없는 하나님께서 죽으셨다면, 그렇다면 이유가 있을 것 아닌가? 그 이유가 뭘까?" 성령 하나님의 내주하심을 입은 후, 제자들은 깨닫게 되었다. "아, 우리의 구원을 위해서!"

앞에 설명한 내용이 바로 예수님의 '적극적 고난'[15]이다. 이 모든 적극적 고난 가운데 마리아가 함께 했다. 요셉의 죽음 이후였다.

> 예수는 지혜와 키가 자라가며 **하나님과 사람에게 더욱 사랑스러워 가시더라**(누가복음 2:52)

천사 가브리엘로부터 수태고지를 받은 후, 이러저러한 어려움이 있었던 것은 사실이지만 예수님의 십자가 고난 가운데 마리아는 오롯이 혼자였다.[16] 예수님의 성장 과정에서 겪어야 했던 여러 수고들은 요셉과 같이 했던 여정(旅程)이었다. 물론 예수님 외에도 마리아에게는 네 명의 아들과 두 명 이상의 딸이 더 있었다. 하지만, 그들은 그 시각 마리아의 곁에 없었던 것으로 보인다.

---

15 예수님의 고난을 신학적으로 '적극적 고난'과 '소극적 고난'으로 구분한다. 앞에서도 언급했듯이, 소극적 고난은 성육신 이후 우리와 100% 동일본질인 인성으로 말미암아 성자 하나님께서 겪으셔야 했던 인간적인 한계(限界)와 아픔을 의미한다. 당연히 예수님의 이 소극적 고난을 곁에서 가장 많이 목격했던 인물 또한 마리아다.

16 "예수의 십자가 곁에는 그 어머니와 이모와 글로바의 아내 마리아와 막달라 마리아가 섰는지라."라는 성경의 증언에도 불구하고, 아들의 죽음을 보는 고통만은 마리아 홀로 겪어내야 했다.

²³군인들이 예수를 십자가에 못 박고 그의 옷을 취하여 네 깃에 나눠 각
각 한 깃씩 얻고 속옷도 취하니 이 속옷은 호지 아니하고 위에서부터 통
으로 짠 것이라 ²⁴군인들이 서로 말하되 이것을 찢지 말고 누가 얻나 제
비 뽑자 하니 이는 성경에 그들이 내 옷을 나누고 내 옷을 제비 뽑나이
다 한 것을 응하게 하려 함이러라 군인들은 이런 일을 하고 ²⁵예수의 십
자가 곁에는 그 어머니와 이모와 글로바의 아내 마리아와 막달라 마리
아가 섰는지라 **²⁶예수께서 자기의 어머니와 사랑하시는 제자가 곁에 서
있는 것을 보시고 자기 어머니께 말씀하시되 여자여 보소서 아들이니이
다** 하시고 ²⁷또 그 제자에게 이르시되 보라 네 어머니라 하신대 그때부
터 그 제자가 자기 집에 모시니라(요한복음 19:23-27)

예수님을 십자가에 못 박은 로마 군인들이 예수님의 옷을 두고 제비뽑기
를 하는 중이었다. 당연히 마리아는 지난밤 예수님이 끌려다니던 곳을 찾아
헤매는 가운데 한숨도 자지 못한 상태였을 것이다. 십자가에 못 박힌 아들
의 모습을 보며 마리아는 어떤 상태였을까? "예수님의 지혜와 키가 자라가
며 하나님과 사람에게 더욱 사랑스러워 가시던 때"가 떠올랐을까? 이미 세
상을 떠난 요셉의 웃음소리와 환한 얼굴 그리고 행복했던 지난 추억들이 피
로 범벅이 된 아들의 모습 위로 겹쳐져 보였을까?

천사 가브리엘의 수태고지로부터 시작된 일이었다. 가브리엘로부터 수
태고지를 받은 뒤, 엘리사벳을 만나러 바로 일어나 나선 길로부터 시작된
마리아를 향한 하나님의 메시지들은 마치 폭포수와도 같았다. 엘리사벳의
집에 들어선 순간 엘리사벳이 외치던 "내 주의 어머니가 내게 나아오니 이

어찌 된 일인가?"라는 소리가 귓가에 울리는가 싶더니, 예수님이 탄생한 뒤 방문했던 목자들과 동방 박사들의 모습이 마리아의 뇌리를 스쳤을 지도 모른다. 생생한 그들의 목소리에 어지러움을 느꼈을 수도 있다. 예수님 탄생 후 베들레헴에서 정결예식을 위해 방문했던 예루살렘 성전에서 자신을 향해 말하던 하나님의 사람들의 조언들이 어지러이 마리아 그녀를 현재와 과거를 오가게 했을지도 모른다. "칼이 네 마음을 찌르듯 하리니"[17]

가나의 혼인 잔치에서의 장면, 오병이어의 기적과 엄청난 군중이 예수님을 왕으로 세우려던 때 품었던 기대와 자랑스러움, 해마다 유월절이면 방문했던 예루살렘에서 이번 유월절에는 예수님을 향해 백성들이 종려나무 가지를 가지고 맞으러 나와 외쳤다. "호산나! 찬송하리로다! 주의 이름으로 오시는 이 곧 이스라엘의 왕이시여!" 당연히 갈릴리 나사렛으로부터 같이 왔을 아들들과 딸들과 함께 그 장면을 보며, 부풀어 오르던 가슴을 진정시키기가 힘들었는데… 갑자기 분위기가 바뀌고, 아들이 권력자들에게 심판받고 채찍질 당하다 십자가에 못 박히는 모습을 고스란히 다 보아야 했다.

"보라 네가 잉태하여 아들을 낳으리니 그 이름을 예수라 하라 그가 큰 자가 되고 지극히 높으신 이의 아들이라 일컬어질 것이요 주 하나님께서 그 조상 다윗의 왕위를 그에게 주시리니 영원히 야곱의 집을 왕으로 다스리실 것이며 그 나라가 무궁하리라."[18], "주 하나님께서 그 조상 다윗의 왕위를 그

---

17 "³⁴시므온이 그들에게 축복하고 그의 어머니 마리아에게 말하여 이르되 보라 이는 이스라엘 중 많은 사람을 패하거나 흥하게 하며 비방을 받는 표적이 되기 위하여 세움을 받았고 ³⁵또 칼이 네 마음을 찌르듯 하리니 이는 여러 사람의 마음의 생각을 드러내려 함이니라 하더라"(누가복음 2:34-35).

18 누가복음 1:31-33

에게 주시리니… 그 나라가 무궁하리라.", '이제 막 시작인 것 같았는데…
이렇게 십자가에 못 박혀 처참하게 죽어가다니… 내가 그동안 무엇을 듣고
무엇을 보고 무엇을 겪은 것이지? 하나님께서 나에게 그동안 보여주신 그
모든 것은 다 무엇이었지? 이렇게 끝나는 것인가? 왜? 그러면 왜? 왜 그렇
게 말씀하셨지? 왜?'

마리아 곁에는 십자가에 못 박힌 예수님 말고는 혈육이라고는 아무도 없
었던 것으로 보인다. 이러한 상황은 예상된 일이었다.

> [30]이는 그들이 말하기를 더러운 귀신이 들렸다 함이러라 [31]그때에 예
> 수의 어머니와 동생들이 와서 밖에 서서 사람을 보내어 예수를 부르니
> [32]무리가 예수를 둘러 앉았다가 여짜오되 보소서 당신의 어머니와 동생
> 들과 누이들이 밖에서 찾나이다(마가복음 3:30-32)

예수님의 공생애 시절, 예수님이 더러운 귀신에 들렸다는 소문이 돌았
다. 그리고 마리아와 예수님의 남동생들 그리고 여동생들이 예수님을 찾으
러 온 적이 있었다. 무슨 말인가? 예수님의 어머니인 마리아는 그렇다 치
고, 예수님의 친동생들은 예수님을 못 믿는 정도를 넘어 예수님에게 불만과
화가 가득했던 것 같다.[19] 아버지인 요셉이 세상을 떠난 상황이었다. 당연

---

19 "[27]이 말씀을 하실 때에 무리 중에서 한 여자가 음성을 높여 이르되 당신을 밴 태와 당신을 먹
인 젖이 복이 있나이다 하니 [28]예수께서 이르시되 오히려 하나님의 말씀을 듣고 지키는 자가
복이 있느니라 하시니라"(누가복음 11:27-28).: 공생애 기간, 예수님의 이러한 말씀들은 마

히 맏아들인 예수님이 가장으로서 가정을 책임져야 하는 상황이었다. 그리고 가나의 혼인 잔치에서 마리아가 예수님에게 포도주가 떨어졌다고 말한 것과 하인들에게 "너희에게 무슨 말씀을 하시든지 그대로 하라."고 한 것으로 보아, 예수님의 동생들 또한 어린 시절부터 예수님의 능력을 알고 있었을 것이다. 그런데 아버지가 돌아가신 상황에서 예수님이 그들의 기대와는 전혀 다른 길을 가시는 것이다. 이러한 상황은 능력이 없는 것도 아니고, 능력이 있는 형이 아버지의 사후(死後)에 가정을 돌보지 않는 것을 의미했다. 공생애 기간 예수님을 향한 예수님의 동생들의 감정이 어떠했을지 추측할 수 있는 성경 말씀이 있다.

> [3]내가 받은 것을 먼저 너희에게 전하였노니 이는 성경대로 그리스도께서 우리 죄를 위하여 죽으시고 [4]장사 지낸 바 되셨다가 성경대로 사흘만에 다시 살아나사 [5]게바에게 보이시고 후에 열두 제자에게와 [6]그 후에 오백여 형제에게 일시에 보이셨나니 그중에 지금까지 대다수는 살아 있고 어떤 사람은 잠들었으며 [7]**그 후에 야고보에게 보이셨으며** 그 후에 모든 사도에게와 [8]맨 나중에 만삭되지 못하여 난 자 같은 내게도 보이셨느니라(고린도전서 15:3-8)

고린도전서 15장에 언급된 야고보가 바로 야고보서의 저자이며 예수님

리아와 예수님의 동생들에게 그대로 전해졌을 것이다. 인생을 살아본 독자라면 누구나 동의할 것이다. 이런 말은 정말 빠지지 않고 빠른 속도로 전해지는 속성을 가진다.

의 친동생인 야고보다. 부활하신 후, 예수님께서는 친동생인 야고보를 만나서 무슨 말씀을 하셨을까? 당연히 '하나님의 구원 역사'에 대해 설명해 주셨을 것이 분명하다. 그것뿐이었을까? 그럴 리가 없다. 나중에 새 하늘 새 땅이 임한 뒤 예수님께 직접 여쭈어볼 일이지만, 내 생각에는 "미안하다."라는 말씀이 분명히 있었을 것이다. "야고보야, 형으로서 내가 너에게 미안하다." 물론, 야고보를 포함한 우리 모두의 구원을 위한 일이었다. 하지만 야고보에게 있어서 예수님은 구세주(救世主) 이전에 아버지가 세상을 떠난 후 아버지 역할을 대신 해야 하는 '능력 있는 형'이지 않은가? 당연히 야고보의 마음 한가득 친형인 예수님을 향한 원망이 가득했을 것이다.

　이러한 부분은 하나님의 사역자로 부르심을 받은 사람이라면 누구나 느끼는 부분일 것이다. 나는 예수님의 이 기사에서 예수님을 향한 안쓰러운 마음을 느끼곤 한다. 예수님의 비유 중에는 과부가 주인공인 경우가 여러 번 있다. 그 비유들은 이곳에서 따로 인용하지는 않겠다. 성경에는 비유가 아니라 예수님께서 직접 한 과부의 어려움을 돌아보신 기사가 있다. 예수님께서 '나인성 과부'의 아들을 살려주신 기사다.

[11]그 후에 예수께서 나인이란 성으로 가실새 제자와 많은 무리가 동행하더니 [12]성문에 가까이 이르실 때에 사람들이 한 죽은 자를 메고 나오니 이는 한 어머니의 독자요 그의 어머니는 과부라 그 성의 많은 사람도 그와 함께 나오거늘 [13]**주께서 과부를 보시고 불쌍히 여기사** 울지 말라 하시고 [14]가까이 가서 그 관에 손을 대시니 멘 자들이 서는지라 예수께서 이르시되 청년아 내가 네게 말하노니 일어나라 하시매 [15]죽었던 자가 일

어나 앉고 말도 하거늘 예수께서 그를 어머니에게 주시니 [16]모든 사람이 두려워하며 하나님께 영광을 돌려 이르되 큰 선지자가 우리 가운데 일어나셨다 하고 또 하나님께서 자기 백성을 돌보셨다 하더라(누가복음 7:11-16)

예수님께서 나인[20]이란 성으로 가실 때의 일이었다. 성문 가까이 이르자, 사람들이 한 죽은 자를 메고 나오는데 그는 한 어머니의 독자요 그 어머니는 과부였다. 그 장례 행렬을 보시고, 예수님께서 과부를 불쌍히 여기시며 말씀하셨다. "울지 말라." 예수님은 그 과부를 보고 누구를 떠올리셨을까? "마리아!" 당연한 이야기 아니겠는가? 예수님의 공생애 직전 마리아는 과부가 되었다. 과부가 된 마리아의 곁을 지켜야 하는 것은 당연히 맏아들인 예수님의 몫이었다. 그 자리를 동생들에게 맡기고 떠나온 것이 공생애 사역의 길이었다. 성육신하신 이후 100% 우리와 동일본질인 참사람이셨던 성자 하나님 예수님은 공생애 기간 내내 마리아와 동생들이 눈에 밟혔을 것이다. 미안한 마음이 가득했을 것이다. 당연히 과부가 된 마리아와 같은 처지의 여인들이 예수님의 눈에 들어왔을 것이다.

그렇게 공생애를 마무리하며 십자가에 달리신 상황이었다. 예수님의 눈에 당신이 못 박히신 십자가 곁에서 넋을 놓고 있는 마리아가 보였다. 눈물범벅이 된 마리아의 얼굴에 있는 눈동자는 이미 초점을 잃은 상태였을 것이다. 십자가 곁에 서 있는 마리아의 모습은 마치 시체와도 같았을 것이다. 인

---

20 나인성은 나사렛에서 남동쪽으로 약 10km 정도 떨어진 곳에 위치한 지명이다.

류 구원을 위해서 피할 수 없는 길이었다. 하지만, 우리와 100% 동일본질이신 인성(人性)을 따라 우리와 똑같은 감정을 예수님께서는 느끼셨을 것이다. 그 시각 예수님께서 느끼셨을 감정을 우리네 언어로 제대로 표현해낼 수 있을까?

그 많은 동생들은 눈에 보이지 않았다. 공생애 기간 내내 원망이 가득한 동생들의 눈빛을 충분히 겪어낸 상황이었다. 그렇게 넋이 나간 마리아를 혼자 두고 죽으실 수는 없었다. 마침 마리아의 곁에 예수님께서 사랑하시는 제자 사도 요한이 눈에 들어왔다. 예수님께서 마리아에게 요한을 가리켜 말씀하셨다. "여자여, 보소서 아들이니이다." 그리고 요한에게 마리아를 가리켜 말씀하셨다. "보라. 네 어머니라." 그때부터 사도 요한이 마리아를 그의 집에 모셨다. 이전부터 나는 그 점이 궁금했다. 그 많던 마리아의 아들딸들은 다 어디 갔을까?

하지만 정신과 전문의를 취득한 뒤 의사가 아니라 사역자로 평생을 살아보니, 어느 정도는 예측 가능한 부분이 생겼다.[21] 예수님께서 공생애 기간 가족 관계 내에서 겪으셔야 했던 또 하나의 부담과 아픔이 보이기 시작했다. 이러한 부분들이 바로 성육신 이후 100% 우리와 동일본질이신 인성(人性)을 따라 예수님께서 겪으셔야 했던 '소극적 고난'이었다.

---

[21] 물론, 우리 가족은 그런 점에서 보면 하나님께서 나를 사랑하셔서 곁에 보내주신 천사들이라는 생각이 든다.

오순절 성령 강림과
초대교회 시절의 마리아

¹안식일이 지나매 막달라 마리아와 야고보의 어머니 마리아와 또 살로 메가 가서 예수께 바르기 위하여 향품을 사다 두었다가 ²안식 후 첫날 매우 일찍이 해 돋을 때에 그 무덤으로 가며 ³서로 말하되 누가 우리를 위하여 무덤 문에서 돌을 굴려 주리요 하더니 ⁴눈을 들어본즉 벌써 돌이 굴려져 있는데 그 돌이 심히 크더라 ⁵무덤에 들어가서 흰 옷을 입은 한 청년이 우편에 앉은 것을 보고 놀라매 ⁶청년이 이르되 놀라지 말라 너희 가 십자가에 못 박히신 나사렛 예수를 찾는구나 그가 살아나셨고 여기 계시지 아니하니라 보라 그를 두었던 곳이니라(마가복음 16:1-6)

예수님의 부활에 대한 성경의 증언이다. 안식일 다음날 이른 아침 아직 어두 울 때였다. 우리 주 예수 그리스도께서 부활하신 날에 예수님께 바를 향품을 미 리 사두었다가 예수님을 매장한 무덤으로 향했던 여인들의 명단이 나온다. 그 중 예수님의 어머니 마리아와 함께 십자가 앞에 서 있었던 여인의 이름이 보일

것이다.[1]

'막달라 마리아'

그렇다면 예수님의 어머니 마리아는 이 시기 어디에 있었을까? 성경의 기록으로 볼 때, 예수님께서 부활하셨을 때 마리아는 '예루살렘'에 있었던 것으로 보인다.

> [1]안식 후 첫날 일찍이 아직 어두울 때에 막달라 마리아가 무덤에 와서 돌이 무덤에서 옮겨진 것을 보고 [2]**시몬 베드로와 예수께서 사랑하시던 그 다른 제자에게 달려가서 말하되** 사람들이 주님을 무덤에서 가져다가 어디 두었는지 우리가 알지 못하겠다 하니 [3]베드로와 그 다른 제자가 나가서 무덤으로 갈새 [4]**둘이 같이 달음질하더니 그 다른 제자가 베드로보다 더 빨리 달려가서 먼저 무덤에 이르러**(요한복음 20:1-3)

안식일 다음 날 이른 아침에 예수님을 장사한 무덤에 방문한 막달라 마리아는 비어 있는 무덤을 발견했다. 그리고 이 사실을 베드로와 요한에게 알렸다.

> [26]예수께서 자기의 어머니와 사랑하시는 제자가 곁에 서 있는 것을 보시고 자기 어머니께 말씀하시되 여자여 보소서 아들이니이다 하시고 [27]또 그 제자에게 이르시되 보라 네 어머니라 하신대 **그때부터 그 제자가 자**

---

1   "예수의 십자가 곁에는 그 어머니와 이모와 글로바의 아내 마리아와 막달라 마리아가 섰는지라"(요한복음 19:25).

기 집에 모시니라(요한복음 19:26-27)

그런데 십자가에 달리신 예수님께서 요한을 향해 마리아를 가리켜 "네 어머니라."라고 하신 후 사도 요한이 마리아를 자기 집에 모셨다는 기록으로 보아, 이후 마리아가 사망할 때까지 마리아는 요한과 계속 동행했을 것이다.[2] 즉 예수님의 부활 당시 요한이 예수님의 빈 무덤까지 달려갈 수 있는 거리에 있었다면, 마리아도 마찬가지였을 것이다.[3]

그리고 이후 예수님의 말씀대로 마리아와 요한은 갈릴리로 이동했다.

> 가서 그의 제자들과 베드로에게 이르기를 **예수께서 너희보다 먼저 갈릴리로 가시나니 전에 너희에게 말씀하신 대로 너희가 거기서 뵈오리라** 하라 하는지라(마가복음 16:7)

다음에 인용하는 성경본문에 나오는 '디베랴 호수'는 '갈릴리 호수'를 가리키는 또 다른 이름이다.

> [1]그 후에 예수께서 디베랴 호수에서 또 제자들에게 자기를 나타내셨으

---

2 이 내용은 성경 뿐 아니라 교회사에서도 증언되는 이야기다.

3 사도 요한이 예수님의 빈 무덤을 향하여 베드로와 함께 뛰어갈 당시 마리아의 상태는 어떠했을까? 누구나 쉽게 예상힐 수 있을 것이나, 며칠째 넋이 빠져 있는 상태로 주저앉아 있었을 것이다. 다리가 풀려서 예수님의 무덤을 향하여 발을 옮길 힘조차 없었을 것이다.

니 나타내신 일은 이러하니라 [2]시몬 베드로와 디두모라 하는 도마와 갈릴리 가나 사람 나다나엘과 세베대의 아들들과 또 다른 제자 둘이 함께 있더니 [3]시몬 베드로가 나는 물고기 잡으러 가노라 하니 그들이 우리도 함께 가겠다 하고 나가서 배에 올랐으나 그날 밤에 아무것도 잡지 못하였더니 [4]날이 새어갈 때에 예수께서 바닷가에 서셨으나 제자들이 예수이신 줄 알지 못하는지라 [5]예수께서 이르시되 얘들아 너희에게 고기가 있느냐 대답하되 없나이다 [6]이르시되 그물을 배 오른편에 던지라 그리하면 잡으리라 하시니 이에 던졌더니 물고기가 많아 그물을 들 수 없더라 [7]**예수께서 사랑하시는 그 제자가 베드로에게 이르되 주님이시라 하니** 시몬 베드로가 벗고 있다가 주님이라 하는 말을 듣고 겉옷을 두른 후에 바다로 뛰어 내리더라(요한복음 21:1-7)

우리는 요한복음 21장의 기록에서, 예수님께서 부활하신 후 예수님의 제자들과 마리아가 '갈릴리 지역'으로 돌아갔음을 알 수 있다. 예수님은 부활하신 후 승천하시기까지 40일 동안 제자들을 회복시키시고 가르치셨다.

그가 고난 받으신 후에 또한 그들에게 확실한 많은 증거로 친히 살아 계심을 나타내사 **사십 일 동안 그들에게 보이시며 하나님 나라의 일을 말씀하시니라**(사도행전 1:3)

그리고는 승천하시기 전, 예루살렘을 떠나지 말고 "내게서 들은 바 아버지께서 약속하신 것", 즉 "성령 하나님"을 기다리라고 말씀하셨다.

> [4]사도와 함께 모이사 그들에게 분부하여 이르시되 **예루살렘을 떠나지 말고 내게서 들은 바 아버지께서 약속하신 것을 기다리라** [5]요한은 물로 세례를 베풀었으나 너희는 몇 날이 못되어 성령으로 세례를 받으리라 하셨느니라(사도행전 1:4-5)

예수님께서 승천하신 장소는 감람원이라는 산으로 예루살렘에서 가까워 안식일에 가기 알맞은 길이었다고 성경은 증언한다.

> [9]이 말씀을 마치시고 그들이 보는데 올려져 가시니 구름이 그를 가리어 보이지 않게 하더라 [10]올라가실 때에 제자들이 자세히 하늘을 쳐다보고 있는데 흰 옷 입은 두 사람이 그들 곁에 서서 [11]이르되 갈릴리 사람들아 어찌하여 서서 하늘을 쳐다보느냐 너희 가운데서 하늘로 올려지신 이 예수는 하늘로 가심을 본 그대로 오시리라 하였느니라 [12]**제자들이 감람원이라 하는 산으로부터 예루살렘에 돌아오니 이 산은 예루살렘에서 가까워 안식일에 가기 알맞은 길이라**(사도행전 1:9-12)

이렇게 앞에 인용한 성경의 기록들을 종합해 볼 때, 예수님의 십자가 고난 이후 마리아와 예수님의 제자들의 행적은 이렇게 예측할 수 있다. 우선 예수님의 부활 때까지 마리아와 제자들은 예루살렘에 머물렀다. 그리고 요한복음의 증언에 따르면, 부활하신 날 예수님은 막달라 마리아를 먼저 만나신 후 그날 밤에 제자들에게도 나타나셨다. 사도 요한과 함께 있었던 마리아도 이때 예수님을 만났을 것이다.

¹⁷예수께서 이르시되 나를 붙들지 말라 내가 아직 아버지께로 올라가지 아니하였노라 너는 내 형제들에게 가서 이르되 내가 내 아버지 곧 너희 아버지, 내 하나님 곧 너희 하나님께로 올라간다 하라 하시니 ¹⁸**막달라 마리아가 가서 제자들에게 내가 주를 보았다** 하고 또 주께서 자기에게 이렇게 말씀하셨다 이르니라 ¹⁹**이날 곧 안식 후 첫날 저녁 때에** 제자들이 유대인들을 두려워하여 모인 곳의 문들을 닫았더니 **예수께서 오사 가운데 서서** 이르시되 너희에게 평강이 있을지어다 ²⁰이 말씀을 하시고 손과 옆구리를 보이시니 제자들이 주를 보고 기뻐하더라(요한복음 20:17-20)

이후 마리아와 제자들은 갈릴리로 이동했고, 갈릴리에서 예수님은 베드로를 포함한 제자들을 회복시키셨다.

¹⁴이것은 예수께서 죽은 자 가운데서 살아나신 후에 세 번째로 제자들에게 나타나신 것이라 ¹⁵그들이 조반 먹은 후에 예수께서 시몬 베드로에게 이르시되 요한의 아들 시몬아 네가 이 사람들보다 나를 더 사랑하느냐 하시니 이르되 주님 그러하나이다 내가 주님을 사랑하는 줄 주님께서 아시나이다 이르시되 내 어린 양을 먹이라 하시고 ¹⁶또 두 번째 이르시되 요한의 아들 시몬아 네가 나를 사랑하느냐 하시니 이르되 주님 그러하나이다 내가 주님을 사랑하는 줄 주님께서 아시나이다 이르시되 내 양을 치라 하시고 ¹⁷세 번째 이르시되 요한의 아들 시몬아 네가 나를 사랑하느냐 하시니 주께서 세 번째 네가 나를 사랑하느냐 하시므로 베드

로가 근심하여 이르되 주님 모든 것을 아시오매 내가 주님을 사랑하는 줄을 주님께서 아시나이다 예수께서 이르시되 내 양을 먹이라(요한복음 21:14-17)

그리고 예루살렘 근처 감람원이라는 산에서 예수님께서는 제자들이 보는 가운데 승천하셨다. 이러한 사실들로 미루어 보아, 예수님께 처음 제자로 부르심을 받았던 갈릴리에서 다시 소명(召命)을 회복한 제자들은 그 사이 예루살렘으로 거처(居處)를 옮긴 상황이었다.[4] 즉 예수님께서 부활하신 후 승천하시기까지 사십 일 동안의 기간, 제자들은 예루살렘과 갈릴리 사이를 왕복했다는 이야기가 된다. 당연히 제자들은 이 사십일 중 절반에 가까운 시간을 예루살렘과 갈릴리 사이를 이동하는 데 썼을 것이다.

요한과 동행했을 마리아 또한 마찬가지다. 그렇다면 예루살렘에서 갈릴리까지 왕복하는 시간, 마리아는 무엇을 보았을까? 마리아에게 있어서 이 길은 천사 가브리엘로부터 수태고지를 받은 후 홀로 오갔던 곳이었다. 그리고 애굽으로의 피신 기간을 제외하고는, 예수님의 공생애 전까지 요셉을 따라 예수님과 함께 매해 유월절마다 오갔던 길이었다. 당연히 자녀가 한 명 한 명 늘어나면서 온가족이 함께 했던 길이었다. 그 길은 마리아에게 있어서 예수님과의 추억이 가득한 곳이었다.

---

4 "사도와 함께 모이사 그들에게 분부하여 이르시되 예루살렘을 떠나지 말고 내게서 들은 바 아버지께서 약속하신 것을 기다리라"(사도행전 1:4).: 이 말씀으로 볼 때, 예수님의 승천 당시 제자들은 갈릴리에 다녀온 뒤 예루살렘을 다시 떠나려는 상황이었던 것으로 보인다. 그러나 "예루살렘을 떠나지 말고 내게서 들은 바 아버지께서 약속하신 것을 기다리라."라는 예수님의 말씀대로 마가의 다락방에 모여 기도에 힘쓰게 된다.

사실 이 기간 마리아의 눈에 무엇이 보였는지는 별로 중요하지 않을 수 있다. "죽었던 아들이 살아났다. 죽었던 아들이 부활했다." 그렇지 않은가? 그 사실이 중요했다. "죽었던 아들이 살아났다." 이제 마리아에게는 더 이상 원하는 것이 없었다. 십자가에 못 박혀 죽었던 아들이 다시 살아났지 않은가?

사실 이제는 마리아 그녀의 아들이 아니었다. 인성(人性)을 따라서는 마리아의 배 속에서 나왔지만, 이제는 그 분을 아들이라고 부르는 것이 왠지 낯설었다. 망설여졌다. '그분은 하나님이셨다.', '나의 배 속에서 태어나 평생을 같이했지만, 그분은 하나님이셨다.' 그리고 그분이 십자가에 못 박혀 죽으실 때는 보이지 않던 아들들과 딸들이 지금은 마리아의 곁에 있었다. 예수님께서 부활하신 후 당신의 동생을 찾아가신 결과였다.

그렇게 예루살렘을 떠나 갈릴리를 다녀온 뒤, 예수님께서 승천하셨다. 이 기간 제자들을 갈릴리로 부르신 예수님의 의도는 분명해 보인다. 제자들에게 예수님과의 첫 만남을 회상시키고 싶으셨을 것이다. 그리고 "예루살렘을 떠나지 말고 내게서 들은 바 아버지께서 약속하신 것을 기다리라. 요한은 물로 세례를 베풀었으나 너희는 몇 날이 못되어 성령으로 세례를 받으리라. 때와 시기는 아버지께서 자기의 권한에 두셨으니 너희가 알 바 아니요. 오직 성령이 너희에게 임하시면 너희가 권능을 받고 예루살렘과 온 유대와 사마리아와 땅 끝까지 이르러 내 증인이 되리라".[5]라는 예수님의 말씀처럼, 성령 하나님을 기다리며

---

5 "사도와 함께 모이사 그들에게 분부하여 이르시되 **예루살렘을 떠나지 말고 내게서 들은 바 아버지께서 약속하신 것을 기다리라** ⁵요한은 물로 세례를 베풀었으나 너희는 몇 날이 못되어 성령으로 세례를 받으리라 하셨느니라 ⁶그들이 모였을 때에 예수께 여쭈어 이르되 주께서 이스

제자들이 마음을 같이하여 기도하는 자리에 마리아는 그녀의 아들들과 딸들과 함께 할 수 있었다.

> [13]들어가 그들이 유하는 다락방으로 올라가니 베드로, 요한, 야고보, 안드레와 빌립, 도마와 바돌로매, 마태와 및 알패오의 아들 야고보, 셀롯인 시몬, 야고보의 아들 유다가 다 거기 있어 [14]여자들과 **예수의 어머니 마리아와 예수의 아우들과 더불어 마음을 같이하여 오로지 기도에 힘쓰더라** [15]모인 무리의 수가 약 백이십 명이나 되더라(사도행전 1:13-15 전반부)

예수님의 십자가 고난 후, 사십일 남짓한 사이에 일어난 반전(反轉)이었다. 이제는 모든 것이 확실해 보이기 시작했지만, 마리아에게는 여전히 이해되지 않는 부분이 많았다. 물론 "십자가에 죽었던 아들이 다시 살아났다."는 사실 하나만으로도 모든 것이 감사한 상황이었다. 하지만, 마리아는 아직도 수태고지 당시 천사 가브리엘을 통해 주셨던 말씀들이 온전히 이해되지 않았다. 예수님의 동생들 또한 마찬가지였다. 그저 다시 살아나신 예수님이 승천하시기 전 일러주신 대로 함께 마음을 다해 기도할 뿐이었다. 그분이 보내주시겠다고 하신 성령은 무엇일까?

라엘 나라를 회복하심이 이때니이까 하니 [7]이르시되 **때와 시기는 아버지께서 자기의 권한에 두셨으니 너희가 알 바 아니요** [8]오직 성령이 너희에게 임하시면 너희가 권능을 받고 예루살렘과 온 유대와 사마리아와 땅 끝까지 이르러 내 증인이 되리라 하시니라 [9]이 말씀을 마치시고 그들이 보는데 올려져 가시니 구름이 그를 가리어 보이지 않게 하더라"(사도행전 1:4-9).

¹**오순절 날이 이미 이르매** 그들이 다같이 한 곳에 모였더니 ²**홀연히 하 늘로부터 급하고 강한 바람 같은 소리가 있어 그들이 앉은 온 집에 가득 하며** ³**마치 불의 혀처럼 갈라지는 것들이 그들에게 보여 각 사람 위에 하나씩 임하여 있더니** ⁴**그들이 다 성령의 충만함을 받고 성령이 말하게 하심을 따라 다른 언어들로 말하기를 시작하니라**(사도행전 2:1-4)

그렇게 마리아와 예수님의 동생들은 제자들과 함께 오순절 성령을 받은 첫 번째 성도가 되었다.

²⁵내가 아직 너희와 함께 있어서 이 말을 너희에게 하였거니와 ²⁶보혜사 곧 **아버지께서 내 이름으로 보내실 성령 그가 너희에게 모든 것을 가르 치고 내가 너희에게 말한 모든 것을 생각나게 하리라**(요한복음 14:25- 26)

예수님께서는 부활하신 후 당신의 동생 야고보에게 나타나셔서 하나님 나라 의 복음을 설명해 주셨다. 그리고 오순절 성령 강림을 통해 성령 하나님의 내주 하심을 입은 야고보는 '초대교회의 기둥'이 되었다.

⁸베드로에게 역사하사 그를 할례자의 사도로 삼으신 이가 또한 내게 역 사하사 나를 이방인의 사도로 삼으셨느니라 ⁹**또 기둥 같이 여기는 야고 보와 게바와 요한도** 내게 주신 은혜를 알므로 나와 바나바에게 친교의 악수를 하였으니 우리는 이방인에게로, 그들은 할례자에게로 가게 하려

함이라(갈라디아서 2:8-9)

사도 바울이 다메섹 도상에서 우리 주 예수 그리스도의 부르심을 받은 후, 삼 년 만에 처음으로 예루살렘 교회에 방문했을 당시 사도 바울을 세워준 사람은 베드로(게바)와 예수님의 동생 야고보였다. 생각할수록 놀라운 이야기다. 갈라디아서 1장에서 사도 바울은 자신의 '사도의 자격'을 주장하는 과정에서 '우리 주 예수 그리스도를 직접 만난 일'에 더해 그 후 삼 년 만에 '예수님의 친동생인 야고보를 만난 일'을 언급하고 있다.

> **[12]이는 내가 사람에게서 받은 것도 아니요 배운 것도 아니요 오직 예수 그리스도의 계시로 말미암은 것이라** [13]내가 이전에 유대교에 있을 때에 행한 일을 너희가 들었거니와 하나님의 교회를 심히 박해하여 멸하고 [14]내가 내 동족 중 여러 연갑자보다 유대교를 지나치게 믿어 내 조상의 전통에 대하여 더욱 열심이 있었으나 [15]그러나 내 어머니의 태로부터 나를 택정하시고 그의 은혜로 나를 부르신 이가 [16]그의 아들을 이방에 전하기 위하여 그를 내 속에 나타내시기를 기뻐하셨을 때에 내가 곧 혈육과 의논하지 아니하고 [17]또 나보다 먼저 사도 된 자들을 만나려고 예루살렘으로 가지 아니하고 아라비아로 갔다가 다시 다메섹으로 돌아갔노라 **[18]그 후 삼 년 만에 내가 게바를 방문하려고 예루살렘에 올라가서 그와 함께 십오 일을 머무는 동안 [19]주의 형제 야고보 외에 다른 사도들을 보지 못하였노라**(갈라디아서 1:12-19)

그렇다면, 무엇이 예수님의 동생 야고보를 그렇게 변화시켰을까? 야고보는 예수님의 공생애 당시 예수님이 귀신들렸다는 소문에 형님인 예수님을 붙잡아 집으로 데려오려고 나섰던 인물이다. 우리 주 예수 그리스도께서 십자가에 못 박힐 당시 형이 죽어가는 십자가 앞에 그의 어머니 마리아를 홀로 두었던 인물이 바로 야고보였다.

야고보뿐이 아니었다. "보혜사 곧 아버지께서 내 이름으로 보내실 성령 그가 너희에게 모든 것을 가르치고 내가 너희에게 말한 모든 것을 생각나게 하리라."라는 예수님의 말씀처럼 마리아 또한 오순절 성령 강림으로 천사 가브리엘의 수태고지 때부터 시작된 모든 일이 이해되기 시작했다. 그리고 아이러니하게도 "이제는 예수님을 내 아들이라고 감히 주장하지 못하게 되었을 때, 비로소 마리아는 가장 '구세주의 어머니'답게 되었다." 이 모든 것이 하나님의 은혜였다.

> 그리스도는 모든 믿는 자에게 의를 이루기 위하여 **율법의 마침이 되시니라**(로마서 10:4)

그렇게 우리 주 예수 그리스도의 사역은 '오순절 성령 강림'을 통하여 완성(完成)되었다. '오순절 성령 강림'을 통하여 우리 주 예수 그리스도는 '율법의 마침'이 되셨다. '율법의 마침'은 '율법의 폐지'를 의미하지 않는다. '율법의 마침'에서 '마침'에 해당하는 헬라어 '텔로스(τέλος)'는 '완성으로서의 끝'인 '목적'을 의미한다. 즉 예수님의 구원 사역이 모든 믿는 자에게 의를 이루기 위한 '율법의 마침'이 되었다는 뜻은, 율법의 폐지가 아니라 오순절 성령 강림 이후 성령 하

님의 내주하심을 힘입어 "율법의 정신을 온전히 성취할 수 있는 하나님의 백
성의 조성(造成)"을 의미한다.

> [31]여호와의 말씀이니라 **보라 날이 이르리니 내가 이스라엘 집과 유다 집**
> **에 새 언약을 맺으리라** [32]이 언약은 내가 그들의 조상들의 손을 잡고 애
> 굽 땅에서 인도하여 내던 날에 맺은 것과 같지 아니할 것은 **내가 그들의**
> **남편이 되었어도 그들이 내 언약을 깨뜨렸음이라** 여호와의 말씀이니라
> [33]그러나 그날 후에 내가 이스라엘 집과 맺을 언약은 이러하니 **곧 내가**
> **나의 법을 그들의 속에 두며 그들의 마음에 기록하여** 나는 그들의 하나
> 님이 되고 그들은 내 백성이 될 것이라 여호와의 말씀이니라(예레미야
> 31:31-33)

이것이 바로 시내산에서 맺은 '모세 언약'을 갱신하는 '새 언약'이다. 출애굽
이후 시내산에서 모세가 하나님으로부터 십계명과 율법을 받은 것을 기념하는
절기가 바로 '칠칠절'이다. 오순절 성령 강림은 바로 이 '칠칠절'에 일어났다. 시
내산 언약 당시 십계명은 우리 모두가 알고 있듯이 돌판에 새겨졌다. 그러나 하
나님께서 온갖 기적으로 애굽에서 종살이하던 이스라엘 백성의 손을 잡고 약속
의 땅으로 그들을 인도하여 냈지만, 이스라엘 백성은 모세를 통하여 맺은 시내
산 언약을 깨뜨렸다. 하나님께서 그들의 남편이 되어 그들을 보호하셨지만, 그
들은 이방신들과 음행하는 가운데 하나님을 버렸다.

너희는 우리로 말미암아 나타난 그리스도의 편지니 이는 먹으로 쓴 것

이 아니요 오직 살아 계신 하나님의 영으로 쓴 것이며 **또 돌판에 쓴 것이 아니요 오직 육의 마음판에 쓴 것이라**(고린도후서 3:3)

그 결과 하나님께서 선지자들을 통하여 새롭게 약속하신 것이 바로 새 언약이다. 이 새 언약은 시내산에서처럼 돌판에 새겨지지 않을 것이다. 새 언약은 하나님의 백성들의 마음판에 기록될 것이다. 시내산에서 하나님께서는 모세를 통하여 언약백성들과 언약을 맺으셨다. 그러나 새 언약은 하나님 자신을 통하여 당신의 백성들과 맺는 언약이다. 이렇게 '성자 하나님'께서 친히 '모세와 같은 선지자'가 되어 맺으실 '새 언약'을 가리켜 모세는 이렇게 예언했다.

네 하나님 여호와께서 너희 가운데 네 형제 중에서 너를 위하여 **나와 같은 선지자 하나를 일으키시리니 너희는 그의 말을 들을지니라**(신명기 18:15)

이스라엘 자손에 대하여 하나님이 너희 형제 가운데서 **나와 같은 선지자를 세우리라 하던 자가 곧 이 모세라**(사도행전 7:37)

오순절 성령 강림은 모세가 시내산에서 언약을 받았던 칠칠절에 있었다. 이를 통하여 성자 하나님이신 우리 주 예수 그리스도의 구원 사역이 완성되었다. 이제는 성령 하나님의 내주하심을 입은 성도들의 마음판에 하나님의 율법이 새겨지게 되었다. 이제는 성도 가운데 내주하시는 성령 하나님을 힘입어 하나님의 율법을 수행할 수 있게 된 '하나님의 백성들이 조성(造成)'되었다. 이것이 우리 주 예수 그리스도께서 이루신 '율법의 마침'이었으며 '율법의 완성으로서의 끝'이다. 생각해 보라. '성령 하나님을 힘입어 온전히 율법을 지키게 된 하나님의 백성의 탄생'보다 '온전한 율법의 완성'이 존재할 수 있겠는가?

모세가 시내산에서 하나님으로부터 십계명과 율법을 받은 절기인 '칠칠절'에 '오순절 성령 강림'이 있었다. 그리고 그 자리에 예수님의 어머니 마리아가 그녀의 아들딸들과 함께 있었다. 그렇게 성령 하나님의 내주하심을 입게 된 마리아는 천사 가브리엘의 수태고지로부터 시작된 성자 하나님이신 우리 주 예수 그리스도의 긴 구원여정에 동행하며 목격하게 된 모든 일들이 하나하나 깨달아지게 되었다.

이제 마리아 그녀에게는 자신이 받은 하나님의 은혜를 초대교회 가운데 증언하는 일이 남게 되었다. 그 결과 복음서 중 많은 내용이 마리아가 아니고서는 절대 알 수 없는 내용으로 채워지게 되었다. "오순절 성령 강림으로 '온전한 하나님의 자녀'가 된 이후에야 마리아는 비로소 '온전한 구세주의 어머니'가 될 수 있었다." "구세주의 '온전한 첫 번째 동역자'가 될 수 있었다." 이 모든 것은 천사 가브리엘이 그녀에게 처음 했던 인사와 같았다. "은혜를 받은 자여 평안할지어다. 주께서 너와 함께 하시도다." 그렇게 마리아와 함께 하셨던 우리 주 예수 그리스도는 진정한 '우리의 임마누엘'이 되셨다. 이 모든 것은 오직 하나님의 은혜로 말미암은 것이었다. 마리아에게 임했던 이 은혜가 우리 모두에게 임하시기를 기도한다.

보라 처녀가 잉태하여 아들을 낳을 것이요 **그의 이름은 임마누엘이라**

하리라 하셨으니 이를 번역한즉 하나님이 우리와 함께 계시다 함이라

(마태복음 1:23)

로마 가톨릭의
고해 성사의 모순

너는 베드로라
내가 이 반석 위에 내 교회를 세우리니

[이 책은 마리아 인물 설교집이다. 하지만 '천상의 모후 성모 마리아'와 '마리아 4대 교리'를 통하여 '하나님의 사람으로서 마리아의 정당한 자리'를 역설적으로 빼앗아버린 로마 가톨릭의 잘못된 교리를 지적할 필요가 있다는 생각을 했다. 그러한 맥락에서 이 단원을 마리아 인물 설교에 덧붙였다. 그것이야말로 마리아에게 '하나님의 사람'으로서의 정당한 자리를 되찾아주는 길이기 때문이다. 또한 "참 신앙인으로서 마리아의 정당한 자리를 되찾아주고 싶다."라고 한 이 책의 목적에 부합하기 때문이다. 마리아는 인성(人性)을 따라 예수님의 어머니다. 예수님의 어머니를 향한 '우상화'는 곧 마리아를 '이방 여신으로 취급하는 패륜'이다. 우리 주 예수 그리스도께서 이 땅에 오셔서 사역하시는 기간 인성(人性)을 따라 예수님의 어머니 역할에 충실했던 그리하여 성자 하나님이신 우리 주 예수 그리스도께 많은 추억을 선물한 마리아가 제자리를 찾지 못해 못내 마음이 편치 않으실 예수님에 대한 도리를 다하고 싶었다. 세상 어느 아들이 자신의 어머니를 이방 여신으로

취급하는 것에 마음 편하겠는가? 나의 이러한 마음이 본 단원을 '나사렛 여
인, 마리아' 인물 설교집에 덧붙이게 하였다.]

　　또 내가 네게 이르노니 **너는 베드로라 내가 이 반석 위에 내 교회를 세
　　우리니** 음부의 권세가 이기지 못하리라(마태복음 16:18)

　"너는 베드로라, 내가 이 반석 위에 내 교회를 세우리니" 우리 주 예수 그
리스도께서 베드로에게 하셨던 말씀이다. 사실 베드로에게 예수님께서 "너
는 누구다."라는 형식의 말씀을 하신 것은 이때가 처음이 아니었다. 예수님
께서 공생애를 막 시작하시던 때였다.

　　[17]이때부터 예수께서 비로소 전파하여 이르시되 **회개하라 천국이 가까
　　이 왔느니라** 하시더라 [18]갈릴리 해변[1]에 다니시다가 두 형제 곧 베드
　　로라 하는 시몬과 그의 형제 안드레가 바다에 그물 던지는 것을 보시
　　니 **그들은 어부라** [19]말씀하시되 **나를 따라오라 내가 너희를 사람을 낚
　　는 어부가 되게 하리라** 하시니 [20]그들이 곧 그물을 버려 두고 예수를

1　'갈릴리 해변'이라는 말은 '갈릴리 호수'가 아니라 '갈릴리 바다'를 전제로 하는 표현이다. 물론
　"소금이 포함되어 있는 물이냐? 아니냐?"를 기준으로 한다면 '갈릴리 호수'가 맞다. 그러나 호
　수인지 바다인지는 사실 이 본문에서 중요하지 않다. 더군다나 바다와 호수를 가리키는 고대
　히브리어는 '얌'으로 같다. 또한, 갈릴리 호수는 남북으로 21km, 동서로 11km, 호수의 둘레는
　53km, 면적은 166km^{2}에 달할 정도로 넓기 때문에 갈릴리 바다라는 표현이 어색하지 않은 광
　대한 호수다. 성경에는 갈릴리 호수를 '디베랴 호수'라고 부르기도 하는데, 이는 갈릴리 호수
　서안(西岸)에 위치한 항구도시 '디베랴'의 지명을 따른 것이다. : "그 후에 예수께서 **디베랴 호수**
　에서 또 제자들에게 자기를 나타내셨으니 나타내신 일은 이러하니라"(요한복음 21:1).

따르니라(마태복음 4:17-20)

"나를 따라오라. 내가 너희를 사람을 낚는 어부가 되게 하리라." 갈릴리 해변에서 있었던 일이다. 어부였던 베드로는 그 당시 고기를 잡고 있었다. 예수님은 갈릴리 호수에서 물고기를 잡고 있던 베드로에게 이제는 물고기가 아니라 '사람을 낚는 어부'가 되게 해주시겠다고 말씀하셨다. 복음서를 자세히 살펴보면, 예수님은 말씀하시는 순간 눈에 보이는 주변 환경을 자주 예로 드셨음을 알 수 있다.

"너는 베드로라. 내가 이 반석 위에 내 교회를 세우리니 음부의 권세가 이기지 못하리라." 이 말씀을 하실 당시, 예수님과 베드로는 '빌립보 가이사랴' 지방에 계셨다.

> [13]**예수께서 빌립보 가이사랴 지방에 이르러** 제자들에게 물어 이르시되 사람들이 인자를 누구라 하느냐 [14]이르되 더러는 세례 요한, 더러는 엘리야, 어떤 이는 예레미야나 선지자 중의 하나라 하나이다(마태복음 16:13-14)

빌립보 가이사랴는 이스라엘의 맨 북쪽 끝단에 있는 도시다. 우리 한반도를 '백두에서 한라까지'라고 표현하는 것처럼 이스라엘 땅을 표현하면 '단에서 브엘세바까지'가 된다. 빌립보 가이사랴는 최북단 지역인 '단 부근'에 있었다. 빌립보 가이사랴에는 큰 바위로 된 깎아지른 절벽이 있었고 바위로 이루어진 이곳에 요단강의 시작이 되는 샘이 있었다. 헤르몬산의 물은 바위로 스며들어 여러 곳에서 터져 나와 요단강을 이루었는데, 그중 한 곳이 빌립보 가이사랴에 있었다. 또한 빌립보 가이사랴의 바위와 샘 근처에 신전(神殿)이 있었는데, 이 신전은 목축의 신인 '판(Pan)'에게 바쳐진 곳이었다.

예수님께서 베드로에게 "너는 베드로라. 내가 이 반석 위에 내 교회를 세우리니 음부의 권세가 이기지 못하리라."라고 하실 때, 베드로의 눈에는 이방 신전과 요단강의 수원지(水源地)인 반석이 보였을 것이다. 즉 예수님은 양을 기르는 목축의 신인 이방 신전 앞에서 이 말씀을 하셨다. 예수님의 이 말씀은 훗날 부활하신 후 베드로를 회복시키는 과정에서 하셨던 말씀을 연상시킨다. "내 어린 양을 먹이라. 내 양을 치라. 내 양을 먹이라." 그 후, 베드로는 우리의 진정한 목자이신 '예수님의 양을 치는 사도'로 거듭났다.

[15]그들이 조반 먹은 후에 예수께서 시몬 베드로에게 이르시되 요한의 아들 시몬아 네가 이 사람들보다 나를 더 사랑하느냐 하시니 이르되 주님 그러하나이다 내가 주님을 사랑하는 줄 주님께서 아시나이다 이르시되 **내 어린 양을 먹이라** 하시고 [16]또 두 번째 이르시되 요한의 아들 시몬아 네가 나를 사랑하느냐 하시니 이르되 주님 그러하나이다 내가 주님을 사랑하는 줄 주님께서 아시나이다 이르시되 **내 양을 치라** 하시고 [17]세 번째 이르시되 요한의 아들 시몬아 네가 나를 사랑하느냐 하시니 주께서 세 번째 네가 나를 사랑하느냐 하시므로 베드로가 근심하여 이르되 주님 모든 것을 아시오매 내가 주님을 사랑하는 줄을 주님께서 아시나이다 예수께서 이르시되 **내 양을 먹이라**(요한복음 21:15-17)

그렇게 '생수의 근원 되시는 예수님'께서 요단강이 시작되는 반석 앞에서 베드로에게 말씀하셨다. "너는 베드로라. 내가 이 반석 위에 내 교회를 세우리니 음부의 권세가 이기지 못하리라."

¹⁰예수께서 대답하여 이르시되 네가 만일 하나님의 선물과 또 네게 물 좀 달라 하는 이가 누구인 줄 알았더라면 네가 그에게 구하였을 것이요 그가 **생수를 네게 주었으리라** ¹¹여자가 이르되 주여 물 길을 그릇도 없고 이 우물은 깊은데 어디서 당신이 그 생수를 얻겠사옵나이까 ¹²우리 조상 야곱이 이 우물을 우리에게 주셨고 또 여기서 자기와 자기 아들들과 짐승이 다 마셨는데 당신이 야곱보다 더 크니이까 ¹³예수께서 대답하여 이르시되 이 물을 마시는 자마다 다시 목마르려니와 ¹⁴**내가 주는 물을 마시는 자는 영원히 목마르지 아니하리니 내가 주는 물은 그 속에서 영생하도록 솟아나는 샘물이 되리라**(요한복음 4:10-14)

빌립보 가이사랴에서 예수님은 먼저 "사람들이 당신을 누구라고 하는지?" 제자들에게 물으셨다. "사람들이 인자(人子)²를 누구라 하느냐?" 제자들은 그들이 들은 대로 대답했다. "더러는 세례 요한, 더러는 엘리야, 어떤

---

2 예수님께서 당신을 가리켜 즐겨 사용하신 호칭은 바로 "인자(人子), (그) 사람의 아들"이었다. 이 호칭은 다니엘서에 나온다. : "¹³내가 또 밤 환상 중에 보니 인자 같은 이가 하늘 구름을 타고 와서 옛적부터 항상 계신 이에게 나아가 그 앞으로 인도되매 ¹⁴그에게 권세와 영광과 나라를 주고 모든 백성과 나라들과 다른 언어를 말하는 모든 자들이 그를 섬기게 하였으니 그의 권세는 소멸되지 아니하는 영원한 권세요 그의 나라는 멸망하지 아니할 것이니라"(다니엘 7:13-14).

이는 예레미야나 선지자 중의 하나라 하나이다."

이 단원 초반에 인용한 마태복음 4장 17절에 나오듯이 예수님은 공생애를 시작하시는 순간부터 '회개와 심판'을 말씀하셨다. "회개하라. 천국이 가까이 왔느니라."

이러한 예수님의 '메시지(message)'는 사람들에게 '세례 요한과 엘리야 그리고 예레미야'를 떠올리게 했던 것 같다. '세례 요한과 엘리야 그리고 예레미야'가 외쳤던 메시지 또한 '회개와 심판'이었다는 점을 생각해볼 때, 피상적(皮相的)으로 예수님을 알고 있었던 당시 사람들의 이러한 반응은 어쩌면 당연했다. 더군다나 당시 이스라엘 사람들은 말라기의 예언을 알고 있었고, 그 말씀에 기대어 그들은 엘리야를 기다리고 있었다.[3]

> [5]보라 여호와의 크고 두려운 날이 이르기 전에 **내가 선지자 엘리야를 너희에게 보내리니** [6]그가 아버지의 마음을 자녀에게로 돌이키게 하고 자

---

3 "너는 베드로라. 내가 이 반석 위에 내 교회를 세우리니 음부의 권세가 이기지 못하리라."라고 하신 예수님의 말씀은 마태복음 16장에 나온다. 그리고 마태복음 17장에는 그 유명한 예수님의 '변화산 사건'이 나온다. 변화산에서 모세와 엘리야와 더불어 말씀하시는 예수님을 목격한 뒤 베드로와 야고보와 요한이 예수님께 했던 질문으로 보아, 베드로가 마태복음 16장에서 예수님를 향해 "주는 그리스도시요, 살아 계신 하나님의 아들이시니이다."라고 했던 고백은 베드로의 실력에서 나온 것이 아니었음이 분명하다.: "[1]엿새 후에 예수께서 베드로와 야고보와 그 형제 요한을 데리시고 따로 높은 산에 올라가셨더니 [2]그들 앞에서 변형되사 그 얼굴이 해 같이 빛나며 옷이 빛과 같이 희어졌더라 [3]그때에 모세와 엘리야가 예수와 더불어 말하는 것이 그들에게 보이거늘"(마태복음 17:1-3). "[10]제자들이 물어 이르되 그러면 **어찌하여 서기관들이 엘리야가 먼저 와야 하리라 하나이까** [11]예수께서 대답하여 이르시되 엘리야가 과연 먼저 와서 모든 일을 회복하리라 [12]내가 너희에게 말하노니 엘리야가 이미 왔으되 사람들이 알지 못하고 임의로 대우하였도다 인자도 이와 같이 그들에게 고난을 받으리라 하시니 [13]그제서야 제자들이 예수께서 말씀하신 것이 세례 요한인 줄을 깨달으니라"(마태복음 17:10-13).

녀들의 마음을 그들의 아버지에게로 돌이키게 하리라 돌이키지 아니
하면 두렵건대 내가 와서 저주로 그 땅을 칠까 하노라 하시니라(말라기
4:5-6)

그러한 시대적 상황에서, 이번에는 예수님께서 제자들의 생각을 물으셨
다. "너희는 나를 누구라 하느냐?"

이르시되 **너희는 나를 누구라 하느냐**(마태복음 16:15)

그 순간, 베드로의 입에서 "교회의 반석이 되는 신앙고백"이 터져 나왔
다. "주는 그리스도시요, 살아 계신 하나님의 아들이시니이다." 이보다 완
벽한 대답은 없었다.

시몬 베드로가 대답하여 이르되 **주는 그리스도시요 살아 계신 하나님의
아들이시니이다**(마태복음 16:16)

베드로의 대답에 예수님께서 정색(?)을 하고 말씀하셨다. "바요나 시몬
아, 네가 복이 있도다. 이를 네게 알게 한 이는 혈육이 아니요, 하늘에 계신
내 아버지시니라." 예수님께서 베드로에게 정색(?)을 하고(자세를 바로하고)
말씀하셨다는 근거는 이것이다. "바요나 시몬아" 이때 '바요나'에서 '바**4**'는

4　이 책의 앞부분에서 '바디매오'를 설명하면서도 언급했지만, 정확히는 '바르'다.

아들을 의미했다. 즉 "바요나 시몬아"라는 말의 뜻은 "요나의 아들 시몬아"다. 당시 누군가를 향해서 이렇게 이름을 부르는 경우는 공식적인 의식(儀式)을 치를 때뿐이었다고 전해진다. 예수님은 "주는 그리스도시요, 살아 계신 하나님의 아들이시니이다."라는 베드로의 신앙고백에 자세로 바로 하신 뒤 말씀하셨다. "요나의 아들 시몬아, 네가 복이 있도다. 이를 네게 알게 한 이는 너의 혈육의 아버지 요나가 아니라, 하늘에 계신 내 아버지시니라."

> 예수께서 대답하여 이르시되 **바요나 시몬아 네가 복이 있도다 이를 네게 알게 한 이는 혈육이 아니요 하늘에 계신 내 아버지시니라**(마태복음 16:17)

바로 이어 예수님께서는 베드로에게 "복음(福音)의 직임(職任)과 그 특권(特權)"을 맡기신다.

> [18]또 내가 네게 이르노니 **너는 베드로라 내가 이 반석 위에 내 교회를 세우리니 음부의 권세가 이기지 못하리라** [19]**내가 천국 열쇠를 네게 주리니 네가 땅에서 무엇이든지 매면 하늘에서도 매일 것이요 네가 땅에서 무엇이든지 풀면 하늘에서도 풀리리라** 하시고 [20]이에 제자들에게 경고하사 자기가 그리스도인 것을 아무에게도 이르지 말라 하시니라(마태복음 16:18-20)

이 부분이 로마 가톨릭이 주장하는 '칠성사(七聖事)'[5] 중 하나인 '고해 성사'의 근거 구절이다. 결론부터 말하자면, 로마 가톨릭이 주장하는 칠성사 중 '세례와 성찬'을 제외한 다섯 개의 성례(聖禮)는 성경적 근거가 없다.

성경적 근거가 있는 성례(聖禮)는 '세례와 성찬'뿐이다. 세례와 성찬을 간단히 설명하면 다음과 같다. '세례'는 옛사람이 죽고 새사람이 사는 표다. 세례는 우리 주 예수 그리스도께 접붙임을 받은 성도가 하나님의 자녀로서 몸된 교회의 '연합체'에 '입교하는 표징'이다. 세례는 '교회에 들어가는 문'이며 '신앙의 시작'이다.[6]

---

5 칠성사(七聖事)란?
　　1. **세례 성사**: 이마에 물을 부으며 "나는 성부와 성자와 성령의 이름으로 (아무)에게 세례를 줍니다."라는 예절을 통해 받는 성사이며, 원죄를 포함한 모든 죄를 용서 받고, 하나님의 자녀로서 교회 공동체를 이루는 일원이 되게 하는 성사이다.
　　2. **견진 성사**: 세례 받은 신자를 더욱 성숙한 그리스도인이 되도록 성령의 은혜를 받는 성사로서 그리스도의 증인이 되고 말과 행동으로 신앙을 세상에 증거하며 복음을 선포하는 사도가 되게 하는 성사이다.
　　3. **성체 성사**: 교회의 일곱성사 가운데 으뜸이 되는 성사로서 예수 그리스도의 십자가 제사의 재현과 우리에게 넘겨주신 예수 그리스도의 몸과 피를 뜻하며 우리 영혼 생명의 양식이 된다.
　　4. **고해 성사**: 영세 후 하느님과 이웃을 거슬러 저지른 죄를 뉘우치고 교회와 그리스도를 대리하는 사제에게 그 죄를 고백하여 하느님께 용서를 받는 성사로서 죄로 인해 끊어진 하느님과 이웃과 교회와의 관계를 회복시키는 화해의 성사이다.
　　5. **혼인 성사**: 가톨릭 신자인 한 남자와 한 여자가 본당 신부와 증인들 앞에서 자유로이 사랑의 원의를 드러냄으로써 이루어지는 성사로서 부부를 그리스도와 교회와의 사랑에 일치케 하며 그들로 하여금 자녀 출산과 교육을 통해서 사랑과 봉사의 삶을 살아가게 하는 성사이다.
　　6. **신품 성사**: 그리스도의 사제직을 계승하여 하느님의 백성에게 봉사하고 복음을 선포하도록 사제들을 교회의 권위로 축성하는 성사로서 이 성사를 통하여 성직자들에게 필요한 은혜가 베풀어진다.
　　7. **병자 성사**: 죽을 위험에 처한 병자들이 그리스도의 고난과 죽으심(파스카 신비)에 특별한 모양으로 참여하며, 그분의 위로와 용기를 받으며, 필요한 경우 육신의 건강과 영혼의 건강을 얻게 하는 성사이다.: 천주교 모(某)성당 홈페이지에 나오는 내용을 그대로 옮겼다.
6 Inst. 4.18.19 : Inst.는 『기독교 강요』를 뜻하며, 이어지는 세 개의 숫자는 '권. 장. 절'을 의미한

'성찬'은 우리 주 예수 그리스도와 연합한 성도로서 살아감의 표다. 성찬의 '떡'과 '잔'은 우리의 영혼이 그리스도의 살과 피로부터 얻게 되는 '보이지 않는 자양분(滋養分)'을 표상한다. 우리를 위해 살을 찢기시고 피를 흘리신 주께서 '우리 영혼의 유일한 양식'이 되신다. 이 양식을 먹는 자마다 '생명을 살리는 우리 주 예수 그리스도의 십자가 죽음의 능력'으로 말미암아 영원히 살게 된다. 이러한 '은밀한 연합'이 떡과 잔의 표상으로 기념된다.[7] 우리는 살아 계신 하나님께 일용할 양식을 구한다. 성찬은 그 '끊이지 않는 양식'이 다.[8]

성례는 '보이지 않는 은혜의 보이는 표'로서 "보이는 말씀"이라고 불린다. 세례는 '우리 주 예수 그리스도와의 연합'[9]의 시작을 뜻하며, 성찬은 우리 주 예수 그리스도와의 연합의 지속을 의미한다. 세례는 우리 주 예수 그리스도와의 교제의 시작을 뜻하며, 성찬은 우리 주 예수 그리스도와의 교제의 지속을 의미한다. 포도나무 비유를 하신 예수님의 말씀을 인용하여 표현하자면,[10] 세례는 포도나무 줄기에 포도나무 가지가 접붙임을 받는 순간을 뜻

다. 즉, 위에 인용한 세례에 대한 설명은 『기독교 강요 4권』 18장 19절에 나오는 내용이다. 인용한 문장은 총신대학교 신학대학원 '문병호 교수님'의 『30주제로 풀어 쓴 기독교 강요』에서 따왔다.

7 Inst. 4.17.1 : 이 문장 또한 『30주제로 풀어 쓴 기독교 강요』에서 인용했다.

8 Inst. 4.18.19 : 이 문장 또한 『30주제로 풀어 쓴 기독교 강요』에서 인용했다.

9 '우리 주 예수 그리스도와의 연합': 구원론에서 이 표현은 '구원'을 의미한다. 동시에 '믿음'을 의미한다. 포도나무 가지가 포도나무에 붙게 되는 상황을 상상하면 된다. 물론, 세례를 받았다고 구원받는 것은 아니다. 오히려 세례는 구원받은 하나님의 백성의 보이지 않는 구원을 눈에 보이게 표현하는 예식이다. 그런 의미에서, 성례는 '보이지 않는 은혜의 보이는 표'이다.

10 "'내 안에 거하라 나도 너희 안에 거하리라 **가지가 포도나무에 붙어 있지 아니하면** 스스로 열

하며, 성찬은 접붙임의 지속을 의미한다.[11]

세례와 성찬 외에 로마 가톨릭이 주장하는 다섯 가지의 성례는 성경적 근거가 없는 거짓이다. 그 다섯 가지 성례 중 하나인 '고해 성사'의 근거 구절로 로마 가톨릭이 주장하는 성경 말씀이 바로 마태복음 16장이다.

"주는 그리스도시요, 살아 계신 하나님의 아들이시니이다."라는 베드로의 고백에 예수님께서 "바요나 시몬아, 네가 복이 있도다. 이를 네게 알게 한 이는 혈육이 아니요, 하늘에 계신 내 아버지시니라."라고 화답하신다. 그리고 바로 이어 예수님께서는 베드로에게 "복음(福音)의 직임(職任)과 그 특권(特權)"을 맡기신다. "또 내가 네게 이르노니 너는 베드로라. 내가 이 반석 위에 내 교회를 세우리니 음부의 권세가 이기지 못하리라. 내가 천국 열쇠를 네게 주리니 네가 땅에서 무엇이든지 매면 하늘에서도 매일 것이요 네가 땅에서 무엇이든지 풀면 하늘에서도 풀리리라."

이 본문에 대한 로마 가톨릭의 주장은 이와 같다. "예수님께서 사도 베드

매를 맺을 수 없음 같이 너희도 내 안에 있지 아니하면 그러하리라 ⁵나는 포도나무요 너희는 가지라 그가 내 안에, 내가 그 안에 거하면 사람이 열매를 많이 맺나니 나를 떠나서는 너희가 아무것도 할 수 없음이라"(요한복음 15:4-5).

11 세례(洗禮)는 칭의(稱義)를 상징하며, 성찬(聖餐)은 성화(聖化)를 상징하는 '보이지 않는 은혜의 보이는 표'다. 노파심에서 언급하자면, 성례는 '의(義)의 원인'이 될 수 없다. '의의 원인'은 오직 우리 주 예수 그리스도다. 성례로 구원에 이르는 믿음이 생기는 것이 아니다.: "보이는 표징 없이 보이지 않는 성화가 있을 수 있다. 역으로, 참 성화가 없는 보이는 표징이 있을 수 있다." (Inst. 4.14.14): 참 두려운 말이다.

로에게 천국 열쇠를 주셨다. 그 결과 베드로가 땅에서 무엇이든지 매면 하늘에서도 매이게 되고 땅에서 무엇이든지 풀면 하늘에서도 풀리게 되었다. 즉 예수님은 사도 베드로에게 죄를 사할 수 있는 권한을 넘겨주셨다. 천국 문을 여닫을 권리를 넘겨주셨다. 이와 같이 초대 교황인[12] 사도 베드로에게 넘겨진 사죄권(赦罪權)은 후대 교황들에게 계승되었으며, 교황과 함께 '가르치는 교회'[13]로서 사제단이 이 사죄권을 공유하게 되었다." 이것이 고해 성사의 근거다.

우선, 로마 가톨릭의 이러한 주장을 잠시 인정한 채로 이어지는 성경 구절을 살펴보면 이와 같다.

[21]이때로부터 예수 그리스도께서 자기가 예루살렘에 올라가 장로들과

---

12 로마 가톨릭의 주장이다. 사도행전에는 베드로가 감옥에 갇혔다가 풀려나오는 기사가 나온다.: "[6]헤롯이 잡아 내려고 하는 그 전날 밤에 베드로가 두 군인 틈에서 두 쇠사슬에 매여 누워 자는데 파수꾼들이 문 밖에서 옥을 지키더니 [7]홀연히 주의 사자가 나타나매 옥중에 광채가 빛나며 또 베드로의 옆구리를 쳐 깨워 이르되 급히 일어나라 하니 쇠사슬이 그 손에서 벗어지더라 [8]천사가 이르되 띠를 띠고 신을 신으라 하거늘 베드로가 그대로 하니 천사가 또 이르되 겉옷을 입고 따라오라 한 대 [9]베드로가 나와서 따라갈새 천사가 하는 것이 생시인 줄 알지 못하고 환상을 보는가 하니라 [10]이에 첫째와 둘째 파수를 지나 시내로 통한 쇠문에 이르니 문이 저절로 열리는지라 나와서 한 거리를 지나매 천사가 곧 떠나더라"(사도행전 12:6-10).: 이때 천사의 손에 이끌려 감옥을 나온 베드로는 그를 위해 기도하던 교인들을 방문한 뒤 다른 곳으로 떠난다.: "베드로가 그들에게 손짓하여 조용하게 하고 주께서 자기를 이끌어 옥에서 나오게 하던 일을 말하고 또 야고보와 형제들에게 이 말을 전하라 하고 **떠나 다른 곳으로 가니라**"(사도행전 12:17).: 로마 가톨릭의 주장으로는 이때 '다른 곳'은 로마였다. 그러한 이유로 '로마의 주교'가 '교황(敎皇)'이 된다.
13 로마 가톨릭에서는 '가르치는 교회'와 '가르침을 받는 교회'를 구분한다. 이때 '가르치는 교회'는 '신품 성사'를 받은 사제단을 의미한다.

대제사장들과 서기관들에게 많은 고난을 받고 죽임을 당하고 제삼일에 살아나야 할 것을 제자들에게 비로소 나타내시니 ²²베드로가 예수를 붙들고 항변하여 이르되 **주여 그리 마옵소서 이 일이 결코 주께 미치지 아니하리이다** ²³예수께서 돌이키시며 베드로에게 이르시되 **사탄아 내 뒤로 물러 가라** 너는 나를 넘어지게 하는 자로다 네가 하나님의 일을 생각하지 아니하고 도리어 사람의 일을 생각하는도다 하시고(마태복음 16:21-23)

빌립보 가이사랴에서 우리 주 예수 그리스도를 향한 베드로의 놀라운 신앙고백이 있었다. "주는 그리스도시요, 살아 계신 하나님의 아들이시니이다." 베드로의 신앙고백에 빌립보 가이사랴 지역의 반석 앞에서 예수님께서 베드로에게 "복음(福音)의 직임(職任)과 그 특권(特權)"을 맡기셨다. 이러한 성경의 기사를 근거 삼아, 로마 가톨릭에서는 초대 교황(初代 敎皇)인 베드로에게 예수님께서 사죄권(赦罪權)을 맡기셨다고 주장한다. 그리고 초대 교황인 사도 베드로의 계승자들인 로마 가톨릭의 교황들에게 그 사죄권이 계승되고 있다고 주장한다. 이것이 고해 성사의 근거다.

그런데, '로마 가톨릭의 주장과 같은 논리'로 이어지는 성경 말씀을 해석하면 어떤 결론이 도출될까?

이때부터 예수님께서는 당신이 예루살렘에 올라가 장로들과 대제사장들과 서기관들로부터 많은 고난을 받고 죽임을 당하고 사흘 만에 부활하실 것을 말씀하셨다. 예수님은 '십자가 있는 구원과 영광'을 비로소 말씀하시기 시작하셨다. 예수님의 이 말씀에 초대 교황인 베드로가 예수님을 붙들고 항변한다. 우리 말 성경에는 '항변'이라고 번역되어 있으나, 정확한 번역은 "베드로가 예수님을 꾸짖으며 말했다."이다. 그렇게 초대 교황 베드로가 십자가 고난을 말씀하시는 예수님을 꾸짖으며 말했다. "주여 그리 마옵소서. 이 일이 결코 주께 미치지 아니하리이다." 베드로의 이 말은 '십자가 없는 구원과 영광'을 의미했다.[14] 베드로의 이 말은 예수님께서 사십 일간 금식하시던 기간 예수님을 유혹하던 사탄의 논리였다.[15] 이에 예수님께서 초대 교황인 베드로를 향해 말씀하셨다. "사탄아 내 뒤로 물러 가라. 너는 나를 넘어지게 하는 자로다. 네가 하나님의 일을 생각하지 아니하고 도리어 사람의 일을 생각하는도다."

---

14 로마 가톨릭의 잘못된 교리를 다룰 때마다 느끼는 점은 이것이다. 종교 개혁의 후예인 우리 한국 교회는 교리적으로는 로마 가톨릭의 주장을 따르고 있지 않지만, 과연 실존적으로도 로마 가톨릭의 교리로부터 자유롭다고 하나님 앞에 고백할 수 있을까? 지금 우리 한국 교회의 강단에서 선포되는 설교 중에 '십자가 있는 구원과 영광'이 과연 얼마나 될까? '십자가 없는 구원과 영광'의 대표적인 예가 '기독교 승리주의'다. 우리는 '십자가 없는 구원과 영광'을 주장하는 베드로를 향하여 예수님께서 "사탄아 내 뒤로 물러 가라. 너는 나를 넘어지게 하는 자로다. 네가 하나님의 일을 생각하지 아니하고 도리어 사람의 일을 생각하는도다."라고 하셨음을 잊지 말아야 한다.

15 "그때에 예수께서 성령에게 이끌리어 마귀에게 시험을 받으러 광야로 가사 ²사십 일을 밤낮으로 금식하신 후에 주리신지라 ³시험하는 자가 예수께 나아와서 이르되 네가 만일 하나님의 아들이어든 명하여 이 돌들로 떡덩이가 되게 하라 ⁴예수께서 대답하여 이르시되 기록되었으되 사람이 떡으로만 살 것이 아니요 하나님의 입으로부터 나오는 모든 말씀으로 살 것이라 하였느니라 하시니 ⁵이에 마귀가 예수를 거룩한 성으로 데려다가 성전 꼭대기에 세우고 ⁶이르되 네가 만일 하나님의 아들이어든 뛰어내리라 기록되었으되 그가 너를 위하여 그의 사자들을 명하시리니 그들이 손으로 너를 받들어 발이 돌에 부딪치지 않게 하리로다 하였느니라 ⁷예수께서 이르시되 또 기록되었으되 주 너의 하나님을 시험하지 말라 하였느니라 하시니 ⁸마귀가 또 그를 데리고 지극히 높은 산으로 가서 천하 만국과 그 영광을 보여 ⁹이르되 만일 내게 엎드려 경배하면 이 모든 것을 네게 주리라 ¹⁰이에 예수께서 말씀하시되 **사탄아 물러가라** 기록되었으되 주 너의 하나님께 경배하고 다만 그를 섬기라 하였느니라 ¹¹이에 마귀는 예수를 떠나고 천사들이 나아와서 수종드니라"(마태복음 4:1-11).

즉 고해 성사에 대한 로마 가톨릭의 해석을 그대로 적용하면 이러한 결론이 나오게 된다. "결국, 초대 교황 베드로는 사탄이었다. 그리고 사탄인 초대 교황 베드로의 계승자인 로마 가톨릭의 교황은 사탄이다." 그렇다면, 로마 가톨릭교회는 누구를 수장(首長)으로 하는 교회인가?

앞뒤가 맞지 않는 이것이 맞는 해석일까?

우선 우리 모두 알고 있듯이 사도 베드로는 사탄이 아니다.[16] 그런데 로마 가톨릭이 고해 성사의 근거로 제시하는 방식으로 성경을 해석할 경우, 초대 교황 베드로는 사탄이 되고 만다. 다시 한번 말하지만 베드로는 결코 사탄이 아니다. 그렇다면, 한 가지 사실이 분명해진다. 로마 가톨릭의 고해 성사는 '성경에 대한 잘못된 해석인 동시에 거짓말'인 것이다.

그렇다면, 마태복음 16장에 나오는 말씀에 대한 바른 해석은 무엇일까?
먼저, 성경을 해석할 때 우리가 주의해서 봐야 할 지점이 몇 군데 있다. 첫 번째는 '근맥(近脈)'이다. 근맥은 가까운 문맥을 뜻한다. 성경은 그 기사 바로 앞뒤에 '무슨 말을 하다가' 혹은 그 뒤에 '무슨 말을 하려고' 해당 사건

---

16 우리는 이때 "존재와 행위"를 구분해야 한다. '십자가가 있는 구원과 영광'을 말씀하시는 예수님을 막은 베드로의 행위는 예수님의 말씀대로 '사탄의 행위'였다. 그러나 "베드로는 존재로서의 사탄이 아니다." 우리 또한 마찬가지다. 우리는 하나님의 자녀이지만, 때로는 사탄의 행위에 빠지곤 한다. 한국 교회 성도들은 이러한 말에 '백이면 백' 불쾌한 반응을 보인다. 그러나 우리는 불쾌한 감정에 휩싸여 우리 자신을 정직하게 성찰하는 기회를 놓쳐서는 안 된다. 우리는 매 순간 "내가 혹은 우리가 서 있는 자리가 누구의 자리인가?"를 하나님 앞에서 겸손히 성찰해야 한다.

을 언급했는지 살펴야 한다. 즉 성경은 가까운 문맥을 먼저 살펴야 한다. 두 번째는 '원맥(遠脈)'이다. 원맥은 먼 문맥을 뜻한다. 성경은 구약 39권 신약 27권 총 66권으로 구성되어 있다.[17] 성경 말씀은 각 권 내에서 해당 기사가 차지하는 자리를 살펴야 한다. 세 번째, 성경은 성경 66권에 도도히 흐르는 전체 구원역사의 맥락에서 해당 내용을 해석해야 한다. 이것을 '통전적(通典的) 해석'이라고 한다. 마지막으로 성경은 '사맥(史脈)'을 보아야 한다. 사맥을 본다는 것은 역사적 배경을 살핀다는 의미다. 최근 우리 한국 교회에 성경의 배경에 대한 이야기가 많이 강조되고 있다. 이것이 바로 사맥(史脈)이다. 여기서는 사맥을 중심으로 고해 성사에 대한 로마 가톨릭의 잘못된 해석을 살펴보겠다.

　핵심은 "천국 열쇠"에 있다. 21세기 대한민국을 사는 우리와 달리, 예수님 당시 사람들은 천국 열쇠라는 말을 듣자마자 머릿속에 떠오르는 특정 신분의 사람들이 있었다. 그들은 바로 '서기관'이었다. 인쇄술이 없던 시대였다. 그 당시 성경은 성경을 필사하는 사람들에 의해 전해졌고, 성경의 필사는 서기관들의 몫이었다. 그런데 서기관들은 허리춤에 '열쇠 모형'을 만들어 차고 다녔다고 전해진다. 즉 그 당시 사람들은 누구나 예수님께서 말씀하신 천국 열쇠라는 말을 듣는 순간 성경을 필사하고 성경말씀을 선포하고 다녔던 서기관을 떠올렸다.

　그렇다면, 예수님께서 베드로에게 하신 "내가 천국 열쇠를 네게 주리니"

17　로마 가톨릭이 주장하는 '제2 경전' 즉 '외경(外經)'에 대해서는 앞에서 설명했다.

라는 말씀은 무슨 뜻일까? 그것은 서기관들이 성경 말씀을 필사하고 전했듯이, 베드로에게 '복음의 선포권'을 맡기겠다는 뜻이다. 베드로에게 복음을 전할 사명을 맡기겠다는 이야기다. 당연히 복음이 전파되는 곳에는 하늘로부터 우리 주 예수 그리스도의 생명이 넘치게 될 것이다. 복음이 전파되지 않는 곳에는 하늘로부터 우리 주 예수 그리스도의 생명이 전파되지 않을 것이다. 이것이 바로 "내가 천국 열쇠를 네게 주리니 네가 땅에서 무엇이든지 매면 하늘에서도 매일 것이요 네가 땅에서 무엇이든지 풀면 하늘에서도 풀리리라."의 바른 해석이다. 여기까지 듣고 나면 떠오르는 말씀이 있을 것이다.

> [13]누구든지 주의 이름을 부르는 자는 구원을 받으리라 **[14]그런즉 그들이 믿지 아니하는 이를 어찌 부르리요 듣지도 못한 이를 어찌 믿으리요 전파하는 자가 없이 어찌 들으리요** [15]보내심을 받지 아니하였으면 어찌 전파하리요 기록된 바 아름답도다 좋은 소식을 전하는 자들의 발이여 함과 같으니라(로마서 10:13-15)

예수님은 이 말씀을 이스라엘 땅을 적시는 젖줄인 요단강의 근원 앞에서 베드로에게 하셨다. 헤르몬산의 물이 바위로 스며들어 반석 사이로 샘솟는 바로 그곳에서 말씀하셨다. 이 장면을 상상해보면, 예수님께서 부활하신 후 베드로에게 하셨던 말씀 "내 어린 양을 먹이라. 내 양을 치라. 내 양을 먹이라"의 의미가 좀 더 명확하게 보일 것이다.

그렇다면, 베드로가 예수님의 양들에게 먹여야 할 것은 무엇이었을까?

사도 베드로가 예수님의 양들에게 먹여야 했던 그것은 조금 전 그가 예수님께 했던 완벽한 신앙고백이었다.[18] "주는 그리스도시요, 살아 계신 하나님의 아들이시니이다." 이 고백이 바로 음부의 권세가 이기지 못하는 '교회의 반석'[19]이다.

> 또 내가 네게 이르노니 너는 베드로라 **내가 이 반석 위에 내 교회를 세우리니** 음부의 권세가 이기지 못하리라(마태복음 16:18)

이후 베드로가 처음으로 고백했던 "주는 그리스도시요, 살아 계신 하나님의 아들이시니이다."는 모든 사도들의 고백이 되었다. 그리고 구약시대 모든 선지자들이 했던 예언 또한 이 한 문장으로 요약된다. "주는 그리스도시요, 살아 계신 하나님의 아들이시니이다." 이 사실을 사도 바울은 에베소서 2장에서 아래와 같이 증언했다. "너희는 사도들과 선지자들의 터 위에 세우심을 입은 자라. 그리스도 예수께서 친히 모퉁잇돌이 되셨느니라."

---

18 로마 가톨릭의 주장대로 베드로가 초대 교황이라면, 베드로의 후예인 교황들은 마태복음 16장을 근거로 피조물인 사제에게 죄를 사하는 권한이 있다는 고해 성사를 주장할 것이 아니라 "주는 그리스도시요, 살아 계신 하나님의 아들이시니이다."라는 복음을 먹여야 했다. 즉 지금의 교황들이 베드로의 후예라면, 그리고 로마 가톨릭의 주장대로 베드로가 초대 교황이라면, 고해 성사는 초대 교황 베드로에 대한 '모욕의 상징'이다.

19 "형제들아 나는 너희가 알지 못하기를 원하지 아니하노니 우리 조상들이 다 구름 아래에 있고 바다 가운데로 지나며 ²모세에게 속하여 다 구름과 바다에서 세례를 받고 ³다 같은 신령한 음식을 먹으며 ⁴다 같은 신령한 음료를 마셨으니 이는 그들을 따르는 신령한 반석으로부터 마셨으매 그 반석은 곧 그리스도시라"(고린도전서 10:1-4).

그러므로 로마 가톨릭의 주장대로 베드로가 "주는 그리스도시요, 살아 계신 하나님의 아들이시니이다."라는 고백 때문에 예수님으로부터 천국의 열쇠를 받게 되었다면, 이 땅에서의 사죄권은 초대 교황인 베드로뿐 아니라 모든 사도들과 선지자들에게도 있어야 마땅하다.[20] 즉 로마 가톨릭의 고해 성사는 성경적 근거가 전혀 없는 말이다.

> [19]그러므로 이제부터 너희는 외인도 아니요 나그네도 아니요 오직 성도들과 동일한 시민이요 하나님의 권속이라 [20]너희는 사도들과 선지자들의 터 위에 세우심을 입은 자라 그리스도 예수께서 친히 모퉁잇돌이 되셨느니라 [21]그의 안에서 건물마다 서로 연결하여 주 안에서 성전이 되어 가고 [22]너희도 성령 안에서 하나님이 거하실 처소가 되기 위하여 그리스도 예수 안에서 함께 지어져 가느니라(에베소서 2:19-22)

한 가지 사실을 더 지적하는 것으로 이 단원을 마치려 한다. 성경 해석에 대한 다툼은 교회사 내내 있었다. 신학대학원 시절 교수님들께서 항상 하셨던 말씀은 이러했다. "결국, 그 다툼에서 최후의 승자는 언어학자인 경우가 많답니다." 이유는 간단하다. 성경은 '무한하신 하나님의 속성과 사역'을 '유

---

20 "[18]진실로 너희에게 이르노니 무엇이든지 너희가 땅에서 매면 하늘에서도 매일 것이요 무엇이든지 땅에서 풀면 하늘에서도 풀리라 [19]진실로 다시 너희에게 이르노니 너희 중에 두 사람이 땅에서 합심하여 무엇이든지 구하면 하늘에 계신 내 아버지께서 그들을 위하여 이루게 하시리라 [20]두세 사람이 내 이름으로 모인 곳에는 나도 그들 중에 있느니라"(마태복음 18:18-20).: 모든 사도들과 선지자뿐만이 아니다. 예수님께서 마태복음 18장에서 주신 말씀을 볼 때, 로마 가톨릭의 주장을 그대로 적용한다면 고해 성사는 두 사람의 성도만 모여도 가능해야 마땅하다. 즉 로마 가톨릭의 고해 성사는 성경적 근거가 전혀 없는 '거짓 성례(聖禮)'다.

한한 우리네 언어'로 증언한 책이기 때문이다.[21] 물론, 이것이 가능한 것은 성경의 저자이신 성령 하나님께서 오늘도 성도 가운데 내주(內住)하시어 역사하시기 때문이다.[22]

그것에 더해 우리는 이것 또한 기억해야 한다. "우리는 계시의 빛 앞에 먼저 무릎 꿇어야 한다. 그리고 이미 받은 계시는 성령 하나님으로 말미암아 거듭난 이성을 통하여 풍부하게 표현되어야 한다."

"너는 베드로라. 내가 이 반석 위에 내 교회를 세우리니 음부의 권세가 이기지 못하리라."에서 '베드로와 반석'은 같은 헬라어 어근(語根)을 가진 단어다. 그러나 문법 성분이 다르다. 베드로는 '남성 명사(페트로스)'인 반면, 반석은 '여성 명사(페트라)'다. 베드로가 남성 명사인 것은 당연한 이야기다. 베드로는 분명히 남자다. 그리고 반석이 여성 명사라는 점에서 반석이 가리키는 것은 남성인 사도 베드로가 아님이 분명하다. 그렇다면, 예수님께서 말씀하신 "내가 이 반석 위에 내 교회를 세우리니"에서의 '반석'은 무엇일까?

---

21 '무한하신 하나님의 속성과 사역'을 '유한한 우리네 언어'로 주셨음에도 불구하고 성경 말씀을 통하여 우리에게 구원의 진리를 온전히 전해주시는 하나님의 은혜와 위대하심을 묵상해 보기 바란다. 그런 점에서, 세상에 없는 것들까지도 증언하는 성경 말씀은 '공개된 비밀'인 '신비'다. 이 신비는 오직 '믿음'으로만 받아들여질 수 있으며, 동시에 이 신비는 구원받은 하나님의 형상의 '고백'을 통해서만 표현될 수 있다. 헬라어로 고백은 "같이 말한다."를 뜻한다. 누구와 같이 말하는가? 우리 안에 내주하시는 성령 하나님과 같이 말하는 것이 바로 고백이다.

22 성경에 대한 바른 신앙고백은 이러하다. "성경은 100% 삼위일체 하나님의 작품인 동시에, 100% 성경 기자의 작품이다. 그러므로 성경은 100% 참 하나님의 말씀이다." "성경은 말씀의 영이신 성령 하나님의 영감으로 쓰여졌으며, 성도는 그 안에 내주하시는 성령 하나님의 조명하심을 통하여 성경 말씀을 깨닫게 된다."

그 반석은 로마 가톨릭의 주장처럼 '인간 베드로' 혹은 그들의 주장처럼 '초대 교황 베드로'를 가리키는 것이 아니다. 다시 한번 강조하지만, 베드로는 여자가 아니다. 그 반석은 사도 베드로가 사도들 중 처음으로 고백한 '완벽한 신앙고백'을 뜻한다.

"주는 그리스도시요, 살아 계신 하나님의 아들이시니이다."

이 고백이 우리 모두의 고백이 되기를 기도한다. 또한 독자들에게 성령 하나님께서 전해주시는 하나님의 진리를 받아들이는 복된 귀가 활짝 열리기를 기도하며 이 책을 마친다.